como a web transforma o mundo

A ALQUIMIA DAS MULTIDÕES

Dados Internacionais de Catalogação na Publicação (CIP)
(Câmara Brasileira do Livro, SP, Brasil)

Pisani, Francis
Como a web transforma o mundo : a alquimia das multidões / Francis Pisani e Dominique Piotet ; tradução de Gian Bruno Grosso. – São Paulo : Editora Senac São Paulo, 2010.

Título original: *Comment le web change le monde : l'alchimie des multitudes.*
Bibliografia
ISBN 978-85-7359-929-9

1. Internet – Aspectos econômicos 2. Internet – Aspectos sociais 3. Web 2.0 4. Web – Internet e sociedade – Comportamento de uso I. Piotet, Dominique. II. Título.

10-00692 CDD-302.231

Índice para catálogo sistemático:
1. Web : Internet e sociedade : Comportamento de uso 302.231

como a web transforma o mundo

A ALQUIMIA DAS MULTIDÕES

Francis Pisani e Dominique Piotet

Tradução de Gian Bruno Grosso

editora senac são paulo

ADMINISTRAÇÃO REGIONAL DO SENAC NO ESTADO DE SÃO PAULO
Presidente do Conselho Regional: Abram Szajman
Diretor do Departamento Regional: Luiz Francisco de A. Salgado
Superintendente Universitário e de Desenvolvimento: Luiz Carlos Dourado

EDITORA SENAC SÃO PAULO
Conselho Editorial: Luiz Francisco de A. Salgado
Luiz Carlos Dourado
Darcio Sayad Maia
Lucila Mara Sbrana Sciotti
Marcus Vinicius Barili Alves

Editor: Marcus Vinicius Barili Alves (vinicius@sp.senac.br)

Coordenação de Prospecção e Produção Editorial: Isabel M. M. Alexandre (ialexand@sp.senac.br)
Supervisão de Produção Editorial: Pedro Barros (antonio.lbarros@sp.senac.br)

Edição de Texto: Adalberto Luís de Oliveira
Preparação de Texto: Maísa Kawata
Revisão de Texto: Daniel Viana, Edna Viana, Ivone P. B. Groenitz
Projeto Gráfico, Capa e Editoração Eletrônica: Antonio Carlos De Angelis
Imagem da Capa: Lisa Haney/Getty Images
Impressão e Acabamento: Cromosete Gráfica e Editora Ltda.

Gerência Comercial: Marcus Vinicius Barili Alves (vinicius@sp.senac.br)
Supervisão de Vendas: Rubens Gonçalves Folha (rfolha@sp.senac.br)
Coordenação Administrativa: Carlos Alberto Alves (calves@sp.senac.br)

Tradução autorizada da edição francesa:
Comment le web change le monde, L'alchimie des multitudes. Francis Pisani e Dominique Piotet

Editora Senac São Paulo
Rua Rui Barbosa, 377 – 1º andar – Bela Vista – CEP 01326-010
Caixa Postal 1120 – CEP 01032-970 – São Paulo – SP
Tel. (11) 2187-4450 – Fax (11) 2187-4486
E-mail: editora@sp.senac.br
Home page: http://www.editorasenacsp.com.br

Sumário

Nota da edição brasileira

De simples viajantes pela rede, rapidamente os internautas passaram a ser agentes modificadores, ditos web atores, não só dos conteúdos dos diversos sites como criadores de novas formas de troca de informação e relacionamento. Do mundo invisível e "subterrâneo" da web surge uma transformação bastante concreta, que coloca em jogo as forças do próprio mercado consumidor, da ideia de lucro, das práticas "democráticas", do direito autoral e da pirataria.

Essa é a alquimia que a web permite, ao colocar em conexão seu extraordinário contingente de "webnautas". Viver esse momento, e essa leitura, deve ser compreendido como um privilégio, mas que é concedido a muitos, num tempo raro: em que ser alquimista não significa ir para a fogueira.

Como a web transforma o mundo: a alquimia das multidões é mais um lançamento do Senac São Paulo destinado a pessoas interessadas no seu tempo, nas diversas práticas sociais, nos possíveis horizontes que ora se descortinam.

Apresentação à edição brasileira

Um título com esse grau de generalidade ou não inspira ou então precisa ser muito bom. Este livro é muito bom, muitíssimo bem documentado, apoia-se em bibliografia de primeira linha acompanhada de entrevistas com alguns dos principais conhecedores da área. Que área? A que está mudando o mundo, a explosão do conhecimento em todas as áreas de atividade, com foco principal na conectividade.

O quadro geral: o computador permitiu transformar o conhecimento em notação digital, estocá-lo em volumes virtualmente infinitos, articular texto, símbolos, som e imagem, buscá-los de forma inteligente (Boole); a internet permitiu conectar os computadores, colocando-os em rede; a web permitiu conectar os próprios conteúdos dos computadores, sob suas várias formas; a web semântica evolui para conectar tipos de relações. A construção avança, e o conhecimento com o qual trabalhamos já não é o que estocamos na nossa cabeça com anos de educação e experiência: é o conjunto do conhecimento humano disponibilizado em meios digitais. A matéria-prima do conhecimento mudou de lugar.

Os sistemas lógicos avançam no mesmo ritmo. Antigamente eram as classificações, agrupávamos os objetos segundo pertencimentos, características em comum. Depois veio a ideia da árvore, e a hierarquização do conjunto: na árvore do conhecimento, temos o tronco, os galhos, as folhas, as maçãs – as ramificações da vida de Lineus. Nas metodologias facetadas, as classificações já não precisam escolher o critério significativo (mamíferos ou ovíparos pelo tipo de reprodução), pois pode-se reconstruir a classificação completa segundo os mais variados critérios (tamanho, peso, tempo de vida ou o que for), possibilitando os mais variados cruzamentos. Com o *tagging*, passamos a construir sistemas de classificação e relacioná-los com os sistemas de outros pesquisadores: os sistemas de relacionamento passam a se relacionar (Delicious).

A cultura muda, ou tende a mudar: não necessariamente votaremos em quem uma grande emissora nos diz que devemos votar, não necessariamente compraremos o que nos empurram. O espaço da interatividade ganha gradualmente um espaço crescente, sobretudo com a nova geração, e as construções culturais tornam-se sociais. MySpace, Facebook e tantos outros aparecem na nova conectividade social. A música de sucesso não será necessariamente a que terá pago o maior jabá, e sim a que se distingue por filtragem colaborativa dos que gostam de música. Será o ocaso dos gigantes de intermediação cultural? Poderemos nos ver além da Globo?

As novas tecnologias permitem, como o havia previsto Toffler há mais de vinte anos, evoluir para sistemas mais democráticos, pois o conhecimento pode ser usado sem que o seu estoque se reduza. Permitem, mas não garantem. Por seu lado, empresas de telefonia tentam impedir que as pessoas se comuniquem gratuitamente via internet; outras tentam evitar que todos possam produzir música para todos e ouvir o que gostam a qualquer momento, obrigando-nos a comprar caixinhas de plástico com um disco dentro, como se isso fosse necessário na era do imaterial. Para um universo que insiste em tratar a lógica da economia do conhecimento com as leis da era dos bens materiais, tudo é pirataria, violação de propriedade intelectual. É a luta das tecnologias do controle e da apropriação, tentando evitar os processos colaborativos que as novas tecnologias permitem.

Neste livro de Pisani e Piotet, dois franceses que, na Califórnia, pesquisam a linha de frente das transformações, encontramos não conclusões, mas os eixos de mudança, com as suas possíveis e inseguras transformações. Uma bela leitura.

Ladislau Dowbor

Economista político e professor titular da pós-graduação da PUC-SP; presta consultoria para agências da ONU, governos e instituições.

Agradecimentos

Em conjunto agradecemos a...

François Bar, Pierre Chappaz, Jean-François Fogel, Jeff Mignon e Vincent Worms pelos conselhos dados para nos beneficiar. Deveríamos, certamente, tê-los escutado mais atentamente.

Dan Farber e Mary Hodder, que se deram ao trabalho de responder longamente às nossas perguntas desordenadas.

Equipe do Atelier BNP Paribas, na França, em São Francisco e em Xangai, que nos auxiliou com seriedade. *You rock guys!*

Equipe de Monde.fr bem como aos leitores Transnets, cujos comentários nos ensinaram o essencial, nos colocaram diante de boas pistas e nos obrigaram a refletir mais, a colocar melhor algumas boas questões. *You fly people!*

Laetitia Mailhes recebe o nosso reconhecimento caloroso por sua releitura justa, paciente e atenta, bem como por seus conselhos amigáveis.

E, como escrever um livro, mesmo a dois, é também uma aventura íntima (mas não solitária), Dominique agradece a Jeff, por sua atenção e afeto diário, Cécile, que a encorajou muito a escrever e de quem sente falta, Florence, que a sustentou em todos os seus projetos e de quem também sente falta. Francis está maravilhado com os cinco anos de amor paciente, protetor e instigante de Xochitl e com o apoio crescente de Fabien, Emilia e Yara.

Mas o mais inacreditável de tudo isso é que não nos zangamos nem uma só vez (o ranger de dentes não conta, na verdade, não é?). Apreciamos tanto o trabalho a quatro mãos que até estamos considerando recomeçar...

Introdução

> "Nunca confunda movimento com ação."
> Ernest Hemingway

» Dos internautas aos web atores

O número de usuários da internet cresce tão rápido que, no início de 2009, correspondia a quase um quarto da população mundial.[1] Ainda é necessário considerar todas as regiões que escapam à contagem feita nos países desenvolvidos, a velocidade de penetração das tecnologias de informação e de comunicação (TIC) na China e na Índia e o fato de que o acesso aos telefones celulares está aumentando. Mas a quantidade de internautas não passa de uma indicação superficial. O que mais mudou é aquilo que fazemos com e pela internet, pela qual estamos em via de nos transformar em verdadeiros atores.

Em meados de 1990, os primeiros internautas se impressionaram com todas as informações repentinamente disponíveis, a facilidade de acesso graças aos primeiros mecanismos de pesquisa e a potência da co-

---

1 Sobre esse assunto, verificar as estatísticas fornecidas por Internet World Stats (http://www.internetworldstats.com/stats.htm) e as do US Census Bureau (http://census.gov) da população mundial.

municação pelos correios eletrônicos. Eles começaram a comprar pela internet, a realizar encontros, a procurar a alma gêmea, a participar de conversas em grupo. Progressivamente, com pequenos toques, começaram a participar. As ferramentas necessárias tornaram-se corriqueiras e simples de manejar. Os aplicativos gratuitos para a criação de blogs (esses famosos diários na web) permitem-lhes criar sites pessoais e exprimir-se tanto diretamente como deixar comentários sobre os blogs dos outros. Os internautas publicam a próprias fotos no Flickr.com ou no Snapfish.com, por exemplo, para que seus amigos as vejam. Para os vídeos familiares e outros, eles têm agora o YouTube.com e o Dailymotion.com. Os sites de redes sociais – MySpace, Facebook, Beebo, etc. – calculam seus usuários em dezenas de milhões.

Já não são mais navegadores passivos, que consomem, sem reagir, a informação que lhes é proposta nos sites mantidos por especialistas. Os usuários atuais propõem serviços, trocam informações, comentam, envolvem-se, participam. Eles e elas produzem o essencial do conteúdo da web. Esses internautas em plena mutação não se contentam só em navegar, surfar. Eles atuam; por isso, decidimos chamá-los "web atores". Este livro é dedicado a eles.

Para compreender bem esses novos atores é necessário sublinhar a diferença entre a internet e a web. As duas são frequentemente confundidas, por facilidade de linguagem e por sua proximidade indissociável. A internet é a rede de informática mundial que nos permite acessar correios eletrônicos ou websites, por exemplo. A web, ou World Wide Web, é uma das maiores aplicações permitidas pela internet. É um sistema que possibilita consultar, por meio de um navegador, páginas contidas em sites.[2] Temos, então, de um lado, um conjunto de computadores co-

2 Ver a definição na Wikipedia.org, por exemplo.

nectados entre si e, de outro, um conjunto de documentos modificáveis, igualmente conectados entre si.

A internet é a rede, a web é um de seus serviços mais populares. Os primeiros usuários eram inicialmente viajantes, que passavam, graças a essa rede, de site em site da web, sem poder fazer outra coisa senão recolher as informações disponíveis. Mas essas páginas tornaram-se cada vez mais abertas aos usuários e cada vez mais simples de ser criadas e desenvolvidas, mesmo por neófitos. Assim, com o tempo, os usuários passaram do *status* de viajantes na internet (internautas) para o *status* de atores da web, construindo esses sites a sua maneira, propondo serviços e conteúdos próprios, comentando ou discutindo as informações disponíveis. Ao simplificar-se, a web tornou-se uma plataforma mais aberta às pessoas, ao passo que a internet se expandiu, abrindo-se para fluxos crescentes, permitindo o acesso a conteúdos e serviços mais "ricos". Outra relação tornou-se possível e foi assim que nasceram os web atores, esses internautas que se engajam nos sites que visitam, quando não são eles mesmos que os criam. A atitude não é a mesma. Os internautas consultam a Wikipedia.org, a enciclopédia aberta, os web atores escrevem artigos ou corrigem aqueles em que encontram erros.

A transformação é profunda, mas chegou de surpresa, sem que nos tenhamos dado conta.

» Como é que chegamos lá?

Curvar-se para conquistar é uma tática muitas vezes esquecida na estratégia, especialmente na da sedução. A obra clássica do autor irlandês do século XVIII, Olivier Goldsmith, *She Stoops to Conquer*[3] [Ela se curva

---

3 Olivier Goldsmith, *She Stoops to Conquer* (Londres, 1773).

para conquistar], apresenta o jovem e rico Charles Marlow intimidado pelas jovens de sua classe social. Para conquistá-lo, Kate Hardcastle, herdeira abastada, se faz passar por uma empregada. Ao fim de inúmeras peripécias, ela termina, graças ao subterfúgio, vencendo a timidez de seu bem-amado e revela então a verdade, consegue o casamento e pode retomar seu legítimo lugar.

E se a web tivesse seguido o mesmo caminho nesses últimos anos? Inicialmente brilhante até 2000-2001, em seguida modesta depois do estouro da bolha, mas, com esforço, acabou por se impor. A web com que lidamos hoje é mais madura.

Lembremos o primeiro período (antes de 2000). Entraram em cena uns "bárbaros" que deviam romper as correntes de valores da economia dos "imperadores", desmaterializando completamente o ato da compra. Era-nos prometida uma "nova economia", segundo a expressão popularizada pela revista *Newsweek* desde 1995. Ela faria tremer os atores tradicionais em todos os campos. O tempo da internet era contado em "anos caninos" (tudo era tão rápido que um ano de on-line valia o mesmo que sete anos de vida no mundo real). Estando o Vale do Silício na Califórnia, era natural invocar o mito da corrida do ouro: ao desenvolver a rede, a faca e o queijo do dia estavam nas mãos dos operadores de telecomunicação. Os novos garimpeiros de ouro eram os criadores do "ponto-com".

E Wall Street, com o apetite atiçado pelos modelos de negócios exuberantes e pelas expectativas de retorno alto e rápido, estava à espreita de investimentos mirabolantes. Entraram em 2000, na Bolsa de Valores, 78 empresas tecnológicas do Vale do Silício (contra sete em 2005). Dinheiro demais investido rápido demais, quando faltavam bons projetos, e, por falta de usuários em número suficiente, o mercado ainda não estava maduro.

Paradoxo: são os mesmos usuários, esquecidos na primeira onda, que definem os limites dessa nova fase da internet. A revolução popular depois da tentativa de revolução burguesa, de alguma forma...

O século XIX deve ter conhecido os seus entusiasmos desenfreados seguidos por crises de luddismo (nome do movimento operário de rebelião contra a mecanização das tecelagens na Inglaterra). Com menos violência, o século XX também foi sacudido por fases de esperança exagerada em algumas tecnologias, seguidas por decepções, aceitação e difusão. Essas fases diferentes – geralmente acompanhadas por fortes especulações nas Bolsas – são características das "expectativas desmesuradas" (*inflated expectations*, segundo a expressão do Gartner Group),[4] que hoje tendemos a colocar na TIC.

O conceito de *hype cycle* ("ciclo de frenesi", numa tradução literal) foi desenvolvido pelo Gartner Group para representar, de forma gráfica, o ciclo de maturidade, de adoção e de aplicação comercial das diferentes tecnologias.

A análise subjacente retoma a hipótese de um entusiasmo exagerado reforçado por um modismo. Essa expectativa desmesurada – às vezes habilmente orquestrada pelos próprios atores para valorizar suas descobertas – é, em geral, seguida por uma fase de decepção proporcional. As inovações tecnológicas que passam por essa fase com sucesso podem em seguida aspirar à maturidade, associada à rentabilidade e ao desenvolvimento de novas gerações.

O *hype cycle* mais célebre é o consagrado ao *e-business* em 1999.

---

[4] O Gartner Group é um departamento de estudos e de aconselhamento para tecnologias de origem norte-americana.

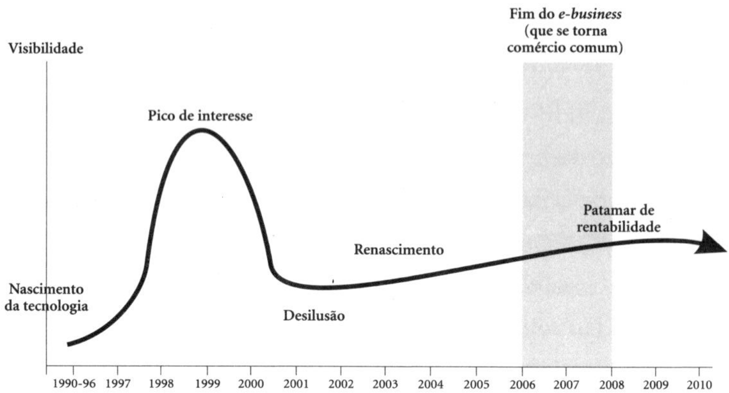

■ **O *HYPE CYCLE* DO GARTNER GROUP APLICADO AO *E-BUSINESS***

Fonte: Gartner Group, 1999.

Ele previa a explosão da bolha da internet por volta do ano 2000, mas também anunciava que o *e-business* alcançaria seu patamar de rentabilidade em torno de 2006-2007. E aqui estamos! Empresas como Yahoo!, Google, eBay ou Amazon, que sobreviveram a essas fases de expectativas desmesuradas, são hoje altamente rentáveis.

Enquanto Wall Street caía e os investidores se livravam como podiam dos "ativos tecnológicos", a internet iniciava o seu verdadeiro crescimento entre o grande público. Os números são eloquentes e a concordância inquietante... Havia 400 milhões de usuários da internet em 2000, o que não era desprezível, mas ainda não era suficiente para gerar um negócio de massa. Apesar do estouro da bolha, havia três vezes mais internautas no outono de 2007.

A internet é uma das redes de comunicação cuja penetração conheceu a progressão mais forte e mais rápida da história. Foi vinte vezes mais veloz que o telefone, dez vezes mais do que o rádio e três vezes mais que a televisão. Sem falar no desenvolvimento das rodovias ou das ferrovias.[5]

O crescimento das conexões em banda larga é particularmente impressionante. Segundo Point-Topic.com, havia cerca de 300 milhões de assinantes de banda larga no mundo no terceiro trimestre de 2007. No mesmo período, na França, a Arcep* calculava 14,3 milhões de lares conectados à internet de banda larga. Para isso, é necessário o aumento constante das velocidades disponíveis, permitindo utilizações cada vez melhores e mais rápidas. Em apenas cinco anos, as velocidades oferecidas pelas tecnologias DSL[6] foram multiplicadas por quarenta, passando de 512 kbits/s para 20 mbits/s. A tecnologia de fibra ótica, que permite hoje velocidades até 100 mbits/s, está em via de desenvolvimento.

A progressão é fulgurante, mas grande parte da população mundial permanece excluída da internet. Resulta disso uma geografia bem particular: nos países desenvolvidos, distinguem-se as zonas rurais e menos favorecidas das zonas urbanas e ricas. Em escala mundial, essa geografia evidencia frequentemente o mapa do desenvolvimento. Apenas 2,9% da população africana está conectada. Calculam-se 3,7% na Índia, 12,3% na China e 19,8% na América Latina.[7] Mas as grandes cidades e especialmente seus bairros mais abastados podem reservar surpresas.

---

[5] Em seguida, ela foi ultrapassada pela telefonia móvel, que passou, segundo Manuel Castells, de 16 milhões de usuários, em 1991, a 2 bilhões, em 2006. (Dados fornecidos em conferência realizada na School of Information da Universidade da Califórnia-Berkeley em 17 de novembro de 2006.)

* Autoridade de Regulamentação das Comunicações Eletrônicas e dos Correios.

[6] *Digital subscriber line*, ou conjunto das tecnologias que permite transmitir dados por linhas telefônicas fixas.

[7] World Internet Usage and Population Statistics: http://www.internetworldstats.com/stats.htm.

» A geração Google e a "economia Google"

Presente em todas as frentes – um pouco demais talvez –, o Google desempenha uma função estruturante da web, quer por sua situação de buscador dominante, quer por sua capacidade de inovação e seu modelo econômico. Foi a introdução na Bolsa de Valores realizada em agosto de 2004 que permitiu ao movimento de criação de empresas reencontrar seu fôlego depois da bolha, evidenciando o interesse e o poder dessas novas aplicações.

Wall Street, 19 de agosto de 2004: Larry Page, cofundador do Google, toca o sino para abrir o pregão da Bolsa. Ele faz o lançamento das ações da empresa que fundara cinco anos antes com Sergeï Brin. O homem tímido e reservado vestiu um terno elegante para a ocasião... histórica, por mais de um motivo.

Inicialmente, o estilo. Recusando o jogo tradicional, a introdução no mercado é feita em agosto, um período tranquilo, até mesmo em Nova York. Os bancos de investimentos não foram convidados para determinar o preço de lançamento, nem mesmo para contribuir para o sucesso da operação com algumas "pré-vendas" bem remuneradas. Os dois fundadores impuseram suas próprias regras ao mercado. Até autorizaram-se algumas liberdades com a legislação, sobretudo dando uma entrevista para a revista *PlayBoy* em pleno período chamado de "silêncio".[8] Um misto de ingenuidade e de rebelião contra as regras estabelecidas acompanhado por uma pitada de provocação. Essa introdução fora das normas tornou-se um sucesso indiscutível. As ações, com preço de lançamento de 85 dólares, alcançaram mais de 470 dólares em janeiro de

---

[8] O "*quiet period*" precede a introdução de uma empresa na Bolsa de Valores. Durante esse período, os dirigentes da empresa devem manter silêncio, a fim de evitar influenciar o mercado antes do lançamento, revelando novas informações que não podem ser validadas pela autoridade de regulação dos mercados norte-americanos, a SEC (Security and Exchange Commission).

2005, apenas seis meses depois, tornando o Google uma das empresas mais capitalizadas do mundo.[9]

Conduzida dessa forma, a operação teve o mérito de mostrar que era novamente possível introduzir na Bolsa de Valores uma empresa de alta tecnologia nascida no Vale do Silício, e que Wall Street estava atenta.

A iniciativa de Larry Page e Sergeï Brin beneficiou-se das críticas formuladas após o estouro da bolha. Bill Draper, um dos pioneiros do capital de risco, disse: "havia dinheiro demais, não muitos bons projetos e muitas especulações, enquanto as condições ainda não estavam reunidas para o sucesso".[10] Entre essas condições: um número suficiente de computadores conectados à internet, a banda larga, um período de aprendizado e a chegada de uma nova geração. O tempo de adoção normal para qualquer nova tecnologia é um pouco perturbador...

O estilo dos dois companheiros saídos de Stanford corresponde também a uma mudança profunda na região da baía de São Francisco. Golpeado mais do que qualquer outro pelo estouro da bolha, visto que o conjunto da economia local é voltado para novas tecnologias, o microcosmo deu rapidamente a impressão de dobrar-se sobre si próprio. Engenheiros e pesquisadores aproveitaram para retornar a seus esboços, enquanto os executivos procuravam novos modelos econômicos. O sucesso do Google reacendeu um motor na economia da região e libertou as energias disponíveis.

Mais importante ainda: as condições nunca foram tão favoráveis à criação de um empreendimento. A generalização da internet, a redução

---

9 Em 1º de fevereiro de 2008, o Google estava avaliado em 172 bilhões de dólares, e a Ford em 14,2 bilhões.

10 Dominique Piotet, "Rencontre avec Bill Draper, roi des capitaux risqueurs, Prince de l'Inde et de Skype", 4 de novembro de 2005, disponível em http://www.atelier.fr/veille-international/10/04112005/rencontre-bill-draper-roi-capitaux-risqueurs-prince-inde-skype-30753;30756.html.

dos custos dos equipamentos e da banda larga, os recursos cada vez mais acessíveis aos computadores fizeram baixar a barreira de entrada para a criação de um empreendimento.[11] O levantamento de recursos, quando necessários, não tinha mais nada a ver com as quantias investidas antes da bolha. E os internautas estão ali, em massa, prontos para utilizar os novos serviços propostos.

A renovação toca tanto os homens como as mulheres. É uma nova geração de empreendedores, de pesquisadores, mas também de usuários que assume o poder. É a geração internet que chega, uma "geração Google" que sobe ao espaço depois da geração Hewlett-Packard (HP), Apple e Microsoft. Os novos atores que contam crescer e estudar com a web. Alguns nunca viveram sem ela. Ela sabe interessar os jovens, como mostra o sucesso do MySpace, mas também WordPress, os sites de blogs, ou ainda Skype, YouTube, Facebook, Flikr, Twitter...

» 1 + 1 = muitos, ou a alquimia das multidões

As ferramentas de criação de blogs, de compartilhamento de fotos, de mensagens instantâneas, de telefonia levam um número espantosamente elevado de usuários a se tornar web atores, porque são mais simples, mais acessíveis, mais claras. Conectados em rede, permitem criar ligações, estabelecer relações quer entre dados, quer entre pessoas, ou entre pessoas e dados. A dimensão social da web encontrou-se, assim, acelerada pelo forte aumento do número de usuários e de ferramentas à disposição deles. Maior o número de web atores, mais relações são estabelecidas, mais o sistema é rico e funciona melhor. São o que chama-

---

[11] Joe Kraus, fundador do Excite, depois do JotSpot, estimava em junho de 2005 que, naquele ano, era preciso 1/30 do dinheiro necessário dez anos antes. Consultar Transnets, o blog de Francis Pisani no *Le Monde*: http://pisani.blog.lemonde.fr/2006/01/23/2006_01_lancer_une_entr/.

mos efeitos da rede dos quais, depois de ter explicado a mecânica muito concreta em uso em alguns dos sites mais conhecidos, evocaremos o funcionamento especialmente no domínio da economia, do empreendimento e da mídia.

Uma publicação num blog gerará comentários, reações, sugestões, revisões. A inserção de um web ator no site de relacionamentos Facebook permite, com alguns cliques, estabelecer relação com milhares de pessoas e trocar, dividir e organizar os acontecimentos.

Na web de hoje, 1 + 1 é rapidamente igual a muitos.

Isso produz sentido, conteúdo, riquezas, novidades, serviços úteis. Uma ferramenta de buscas como o Google aperfeiçoa-se à medida que é utilizada. Cada uma de nossas pesquisas exige do buscador a pertinência de respostas que seu algoritmo propõe. Quanto mais o utilizarmos, mais formos numerosos, melhor ele será. Acontece alguma coisa que nos transcende quando somos muitos participando. As dezenas de milhões de usuários do MySpace, do Facebook ou do Beebo têm maior interesse em fazer parte desses sites do que se fossem só um punhado de pessoas. Cada ação dos web atores, conectados entre si e com os dados, acrescenta alguma pequena coisa, um valor que não existia, e logo a soma do conjunto de ações deságua num terreno que alguns são tentados a chamar de "inteligência coletiva" ou "sabedoria das multidões". Termos, talvez, excessivamente ambiciosos que prometem muito e arriscam decepcionar outro tanto.

Preferimos, de nosso lado, falar de "alquimia das multidões".

É difícil definir o perfil dessa multidão ou desse "coletivo". Os web atores são heterogêneos e diversos, ao sabor de suas implicações, de suas participações... A única coisa certa é o seu grande número; assim, vale reconhecê-los por aquilo que são, multidões. E parece-nos difícil qualificar de "sabedoria" ou de "inteligência" fenômenos ainda tão contraditórios, muito frequentemente decepcionantes. Esses estranhos efeitos podem nos render ouro, mas isso nunca é certo. Encontram-se na Wikipedia artigos equivalentes aos da *Enciclopédia Britânica*, mas a qualidade do conteúdo, que sempre pode ser aperfeiçoada, permanece desigual. É o próprio processo que deseja isso.

Eis por que escolhemos a expressão "alquimia das multidões". Apaixonante, estimulante, promissor, o fenômeno pode ser portador do melhor, mas também do pior, o que nunca se deve esquecer e contra o que é necessário sempre agir. Ilustraremos isso ao longo desta obra.

A alquimia das multidões é a participação dos web atores. É o coração de nossa leitura daquilo que se joga hoje, tanto na web como nas relações desta com o mundo real, na dimensão digital de nossas vidas e em sua dimensão física.

» Nossa abordagem

Falar da web atualmente obriga a nos posicionarmos em relação à expressão "web 2.0", inventada em 2004 e, em seguida, impulsionada pela equipe do editor californiano Tim O'Reilly. Pouco explícita, ela é bastante contestada. O autor e consultor Don Tapscott prefere "wikinomics", que evidencia o papel essencial de colaboração e de compartilhamento (os wikis são as ferramentas simples e abertas de trabalho coletivo em linha). Para alguns, é a noção de inteligência coletiva que é central. Para outros, como o autor e redator-chefe da célebre revista *Wired*, Chris Anderson, caracteriza o momento por aquilo que chamam "a longa rede", para valorizar a emergência de novos modelos econômicos baseados na abundância e na diversidade permitidas por essa internet sem limites. Mas o termo "web 2.0" é aquele que fez sucesso e deu a volta ao mundo. Portanto, decidimos nos posicionar em relação a ele.

A expressão "web 2.0" parece excessivamente redutora e marcada pela ideia de que se trataria de uma "nova versão" da web. Ela permanece bastante enraizada na web de antes, apesar de ser também muito diferente por sua utilização, sua amplitude, pelo desenvolvimento de algumas funcionalidades e pelos novos modelos de negócios que ela induz.

O importante é que a web, como a vemos hoje, é produto de efeitos de rede que surgem quando grande número de internautas realiza boa parte de suas atividades nela, utilizando sua dimensão colaborativa e interativa. Assistimos, de fato, à apropriação da web por web atores conectados uns aos outros em rede.

Os desenvolvimentos mais interessantes articulam-se em torno de seis elementos:

1. *Plataforma* – a web torna-se a plataforma sobre a qual se pode fazer "quase" tudo: correio, compartilhamento de documentos, transações comerciais, conversas telefônicas, etc.
2. *Receber/publicar/modificar* – a plataforma permite interações. Quando a informação é encontrada ou modificada, a conversa inicia. Os usuários contribuem incluindo comentários e "incrementando" o próprio conteúdo nos blogs e wikis.
3. *Banda larga* – os "grandes troncos" pelos quais transitam textos, imagens, música e vídeo atraem cada vez mais os usuários. O essencial é que permitam que os usuários estejam sempre conectados (*always on*). As redes móveis estão em via de acrescentar uma dimensão ao fenômeno.
4. *Contribuições* – a banda larga incentiva as contribuições e facilita as modificações da plataforma.
5. *Efeito rede* – as contribuições se adicionam, a ponto de criar um conjunto que é maior do que a soma de suas partes. Sociedades e tecnologias exploram o conteúdo gerado pelos usuários para de-

senvolver novos tipos de negócios. A natureza do conhecimento muda e deixa entrever a possibilidade de tirar partido das formas emergentes de inteligência coletiva.

6. *A "longa rede"* – a web dá lugar a novas oportunidades de criação de valores, notadamente sobre os mercados de nichos, abrindo caminho a uma economia da diversidade e da abundância.

A web pode, portanto, ser abordada como uma plataforma dinâmica. Por "plataforma dinâmica" entendemos que ela é tanto o lugar em que vamos buscar um conteúdo como o local em que o publicamos, e que ela pode ser modificada a cada instante.

Os elementos tecnológicos radicalmente inovadores são raros. Os serviços originais nascem, em geral, da mistura de tecnologias e/ou de fontes de informações diferentes, os *mashups*. Heterogeneidade e interoperacionalidade tornam-se noções dominantes.

Tudo isso contribui para o nascimento de uma nova economia e de uma nova cultura. É o assunto deste livro.

É NECESSÁRIO DEFINIR A WEB 2.0?

Encontro com Tim O'Reilly

Tim O'Reilly é dono e fundador de uma famosa editora que leva seu nome. Foi também quem popularizou o termo "web 2.0", organizando a I Conferência web 2.0 em São Francisco, em outubro de 2004, e introduzindo as primeiras bases do conceito num texto que podemos encontrar no seu blog.[12]

O'Reilly nos recebeu nas instalações da Russian River, em Sebastopol, Califórnia, longe da efervescência do Vale do Silício. Um homem fácil de tratar, com pensamento rico e original. Aqui estão os elementos mais surpreendentes sobre a web 2.0... hoje.

---

[12] Tim O'Reilly, "What is web 2.0", conferência proferida em 3 de setembro de 2005, disponível em http://www.oreillynet.com/pub/a/oreilly/tim/news/2005/09/30/what-is-web-20.html.

"As definições são construções de linguagem para explicar as coisas. Ora, a web 2.0 não é realmente uma coisa. É mais a descrição de um *tipping point*,[13] um ponto de inflexão, do instante em que um fenômeno mais ou menos único e isolado torna-se comum e generaliza-se. Uma espécie de ponto de ruptura e de passagem para uma nova era, com novos atores e novas regras.

"Para melhor compreendê-la, podemos fazer uma analogia com o desenvolvimento do computador pessoal nos anos 1980. Os computadores tornaram-se progressivamente mais individuais, e num certo momento (difícil dizer com exatidão) o centro de gravidade passou do *mainframe* para o computador pessoal. De repente, os protagonistas, como a IBM, no centro de desenvolvimento dos computadores de que eram os produtores, perdem espaço em benefício de novos atores como a Microsoft, que propõem ferramentas de exploração desse objeto individual. De certa forma, passamos então da era do PC 1.0, com a IBM como protagonista, àquela do PC 2.0, muito mais pessoal, com a Microsoft como ator principal. Não se trata de uma definição, mas de um fato.

"A web 2.0 é muito semelhante. Existe hoje um *tipping point* no desenvolvimento da web. A internet tem 25 anos, a web já tem 15. No início, elas não eram nada mais do que um *plus* entre as aplicações e os serviços utilizados nos PCs. Hoje, estão no centro. O lançamento do Google na Bolsa de Valores, em agosto de 2004, foi certamente significativo para essa virada, mas, de fato, é necessário analisar essa passagem como a chegada da internet no coração dos PCs. O poder deslocou-se novamente."

A web pertence agora àqueles que a utilizam... nos dois sentidos: para receber e para criar, para acessar a informação e partilhá-la, fazê-la circular. Ela é trabalhada pelos web atores, que, por sua vez, se servem dela

[13] O conceito *tipping point*, formalizado pelos sociólogos nos anos 1960, foi retomado e ampliado por Malcolm Gladwell, em seu livro *Ponto da virada*, que obteve um grande sucesso nos Estados Unidos.

para modificar o mundo. Essa mudança de prática (não de ferramenta) está no seio da evolução em curso, daquela que devemos compreender.

Vamos abordá-la em três partes.

A web de hoje – uma análise do que os jovens fazem na web vai nos abrir as primeiras pistas do que está acontecendo, das grandes tendências em ação (capítulo 1). Insistiremos, em seguida, sobre aquilo que parece ser a energia que anima o conjunto: a dinâmica social criada pela participação de bilhões de indivíduos, de empresas, de grupos e de documentos (capítulo 2). A tecnologia, certamente fundamental, é tão melhor que conseguiu deixar o primeiro plano (capítulo 3).

A alquimia das multidões – convencidos de que a entrada em cena dos web atores é essencial, mostraremos como eles operam e o tipo de valores em que creem (capitulo 4). Partindo de uma escuta atenta dos críticos mais sérios da evolução da web, explicaremos a noção de "alquimia das multidões" e proporemos atitudes e ações úteis aos web atores (capítulo 5).

O que muda – para concluir, apresentaremos as mudanças introduzidas por essa dinâmica em três domínios: a economia (capítulo 6), a empresa (capítulo 7) e as mídias (capítulo 8).

A conclusão, por fim, permitirá evocar os principais componentes daquilo que poderá ser a web de amanhã.

Continuaremos esses debates em nossos sites: www.transnets.net e www.alchimie-des-multitudes.atelier.fr.

Boas viagens...

Primeira parte

a web de hoje

1. Os jovens e a web: juntos, nas nuvens

O que os jovens fazem na internet aponta as grandes tendências. Aquelas que vão se generalizar, à medida que eles crescerem e entrarem no mundo do trabalho, carregando consigo a sua utilização da web de hoje. Esses jovens vão disseminar essas aplicações novas ao redor deles: entre amigos, parentes, colegas.

Porque são, inicialmente, os jovens que se apropriam e popularizam a web. No papel de *early adopters* ("usuários de primeira hora"), eles nos mostram o caminho dos usos futuros.

Eles nos mostram também que a tecnologia pouco importa, especialmente se ela conseguir ser simples e não muito invasiva. O que eles realmente amam antes de tudo: as redes de relacionamento sociais e todas as suas ferramentas. Isso traduz uma ruptura de gerações, mas especialmente uma ruptura de usos.

» A web, espaço social da adolescência

A internet, uma vez que permite criar ligações, é uma poderosa ferramenta de relacionamento. Os jovens são grandes apreciadores disso, e um primeiro esclarecimento é necessário. É inicialmente em direção das relações de amizade que foram criados os primeiros sites de relacionamento: a página dos antigos colegas de turma Classmates.com, em 1995, depois a de amigos Friendster, em 2002. Eles permitem aos jovens ficar em contato on-line com seus amigos e conhecer outras pessoas. Mas foi o MySpace o site que permitiu aos jovens criar on-line um espaço pessoal à sua imagem e dividir suas paixões com os amigos, e que popularizou o sistema e conheceu em primeiro lugar um sucesso de grande amplitude. O Facebook, no início uma simples galeria eletrônica de fotos para estudantes universitários, expandiu-se grandemente por volta de 2006 e conheceu um grande sucesso. No mundo profissional, LinkedIn é o mais conhecido. Esse site permite publicar em detalhes o próprio perfil profissional e entrar em contato com colegas e amigos, mas também criar uma rede profissional para procurar emprego, recrutar ou montar um projeto.

■ FACEBOOK, MYSPACE... AS REDES SOCIAIS

Segundo a Wikipedia, "uma rede social é composta de núcleos (que são geralmente compostos de indivíduos ou organizações) ligados entre si por um ou vários tipos de relações, como valores, visões, ideias, trocas financeiras, amizade, gostos ou desgostos comuns, conflitos, comércio, relações sexuais, para só citar algumas possibilidades".[1]

A web substituiu o carro de Harrison Ford em *American Graffiti*,[2] mas também substituiu o estacionamento ou a falésia longínqua, quer dizer, esse lugar onde, no cinema, os jovens se encontram em busca da própria identidade, ao abrigo das intrusões dos adultos. A web é, ao mesmo tempo, a ferramenta social e o espaço em que as relações ocorrem.

---

1 Ver definição de rede social: http://fr.wikipedia.org/wiki/R%C3%A9seau_social.

2 *American Graffiti* (*Loucuras de verão*), Georges Lucas, EUA, 1973.

A esse respeito, o MySpace é um site simbólico. É elaborado por e para os jovens. Os adultos têm, às vezes, dificuldade para entender isso.[3] Se a tecnologia não tem nada de excepcional, sua utilização é própria para transtornar as formas de desenvolvimento pessoal e as relações sociais das novas gerações. Muito apreciado pelos adolescentes norte-americanos, que ele seduz oferecendo um espaço sem igual de expressão livre, o MySpace é um dos sites mais visitados do mundo, em direta competição com os líderes da internet: Yahoo!, Google e MSN.

Lançado por apaixonados por música independente de Los Angeles, o MySpace possuía, no final de 2007, mais de 100 milhões de contas. Em fevereiro de 2006, recebeu 35 milhões de acessos que visitaram 22 bilhões de páginas. Em 2008, ganhou 300 mil novas inscrições por dia. O usuário médio olha quinhentas páginas por mês e 37 páginas por visita. Fluxo considerável que não escapou à atenção de Rupert Murdoch, o magnata das mídias, que adquiriu o site por 580 milhões de dólares em julho de 2005. A partir daí, suas rendas com publicidade começaram a dobrar a cada seis meses.

Vários jovens norte-americanos se identificam muito cedo com o MySpace. Originalmente fixada em 18 anos, a idade mínima passou para 16 anos e depois para 14 anos.[*]

A primeira coisa que faz um novo membro do MySpace é criar um "perfil". Nessa página personalizada, ele informa à comunidade seus gostos, seus desejos, as músicas preferidas, os livros que leu (ou que gostaria de ler), os membros do MySpace que conhece (com links indicando as páginas deles). Clipes, vídeos, músicas e fotos tornam o conjunto agradável... ou *cool*.

---

[3] Consultar, especificamente, *Transnets*, de onde essa passagem foi extraída. Fontes: D. Boyd, "Identity Production in a Networked Culture: Why Youth Heart MySpace", em *American Association for the Advancement of Science*, novembro de 2006, disponível em http://www.danah.org/papers/AAAS2006.html.

[*] Atualmente a idade mínima é de 13 anos. (N. T.)

"Os perfis são como pessoas digitais. São a representação numérica pública da identidade",[4] declara Danah Boyd, antropóloga norte-americana que se especializa na pesquisa de comunidades on-line de jovens (ver entrevista no final do capítulo). Ela acrescenta: "Para os adolescentes, mostrar uma imagem *cool* de si é fundamental. O MySpace lhes permite descrever sua identidade por meio dessas páginas pessoais incríveis. E, assim, isso lhes permite expor uma imagem de si e recolher as reações". Eles definem virtualmente suas imagens por pequenos toques e ajustes em função das reações dos companheiros.

Disso resulta, frequentemente, uma atmosfera especial que só podemos sentir visitando as páginas em questão, com suas colagens ao fundo, na maioria das vezes carregadas de fotos, clipes, vídeos, imagens e textos nem sempre fáceis de ler. "Isso lembra o quarto de um adolescente", sugere Danah Boyd, em referência a uma forma mais tradicional de busca e de afirmação da identidade.

Os comentários deixados pelos visitantes transformam o site num espaço público virtual. É, com a produção da identidade, a outra noção-chave. "Não é a tecnologia que estimula os jovens a passar o tempo conectados, mas sim a falta de mobilidade e de acesso a um espaço real e físico para os jovens, onde possam estar juntos sem ser interrompidos e observados", acrescenta Danah Boyd. Ela explica que a ausência de espaços públicos para se encontrar com os colegas é uma das características da situação da juventude norte-americana de hoje. O MySpace oferece uma alternativa.

À diferença de alguns de seus predecessores (Friendster especialmente), o MySpace escolheu deixar os jovens definir as regras, a cultura. É por isso que eles adoram se encontrar lá.

---

4 Conversa com os autores.

O que está em jogo para os jovens norte-americanos: encontrar espaços públicos de livre expressão com seus amigos, indispensáveis ao próprio desenvolvimento. Esses locais estão cada vez menos disponíveis no mundo real dos jovens dos Estados Unidos. Então eles se digitalizam. Criam espaços onde vai ser jogada boa parte do futuro da web.

» O papel preponderante das redes sociais

Numerosos estudos permitem apreender de forma quantitativa os costumes dos jovens ao redor do mundo. O instituto norte-americano Pew Internet Research é uma das organizações que fornecem de forma regular o material mais abundante sobre os Estados Unidos. Sobre a Europa, os dados são mais dispersos, e estudos sobre a Ásia são de acesso mais difícil.[5] Esses estudos permitem evidenciar algumas divergências, mas especialmente as semelhanças e as grandes tendências. Qualquer que seja o meio de acesso (mais o computador nos Estados Unidos, mais o telefone celular na Ásia e meio a meio na Europa), os costumes parecem convergir: aquilo que os jovens procuram na internet é uma ferramenta poderosa de socialização.

Os jovens norte-americanos

Os jovens norte-americanos vivem "cercados" pelas novas tecnologias. Principalmente a internet e os telefones celulares – estes em menor quantidade no momento – cadenciam suas vidas cotidianas.

---

5 Por esse motivo, vamos ignorar aqui esse mercado, pressupondo que, por um lado, seja muito heterogêneo, e, por outro, amplamente dominado por práticas equivalentes, com acesso essencialmente móvel, uma das características fortes desse continente.

Segundo a Pew Internet Research, o número de adolescentes que utilizam a internet cresceu, nos Estados Unidos, 24% entre 2003 e 2006.[6] Noventa e três por cento dos que têm entre 12 e 14 anos estão conectados, o que significa 21 milhões de jovens. Na mesma faixa etária, 45% possuem telefone celular.

Os adolescentes norte-americanos privilegiam, antes de tudo, as redes sociais, como demonstra um estudo sobre os jovens de 12 a 17 anos realizado pela Pew Internet em 2006:[7]

- 55% dos jovens norte-americanos utilizam as redes sociais. Garotas entre 15 e 17 anos aparecem em maior número (70% contra 54% dos rapazes). Mais do que um em cada dois as acessam cotidianamente;
- 55% dos jovens têm um "perfil" (70% são meninas). Só 31% deles o tornam público, enquanto os outros o mantêm restrito aos amigos;
- 91% deles o fazem para ficar em contato com os amigos mais próximos, 82% para manter contato com os amigos longínquos, 72% para organizar baladas, 49% para criar novos amigos. O papel principal desempenhado pelas redes sociais é ao mesmo tempo o da ferramenta e do cimento cotidiano da relação de amizade;
- Suas atividades preferidas consistem em deixar comentários sobre as páginas de seus colegas (84%) e sobre seus blogs (76%), transmitir mensagens particulares (82%), ou em grupo (61%).

---

6 Pew Internet: http://www.pewinternet.org/, principalmente, http://www.pewinternet.org/PPF/r/162/report_display.asp e http://www.pewinternet.org/PPF/r/230/report_display.asp.

7 Estudo realizado entre 19 de outubro e 19 de novembro de 2006, com uma amostragem significativa de 935 crianças norte-americanas com idades entre 12 e 17 anos.

Os jovens europeus

Na Europa, uma pesquisa NetObserver realizada em cinco países pelo instituto de estudos Novatris/Harris Interactive apresenta chaves muito semelhantes às análises que encontramos nos Estados Unidos, mas acrescentando uma dimensão comparativa interessante, visto que o estudo introduz dados sobre jovens com mais de 25 anos:[8]

- A maioria dos jovens internautas europeus conecta-se à internet várias vezes por dia: 46% dos alemães de 15 a 24 anos passam mais de três horas on-line a cada dia, na frente dos italianos (36%), dos ingleses (32%) e dos franceses (27%). A diferença com a faixa imediatamente superior é significativa. Na Inglaterra, por exemplo, apenas 20% dos que têm mais de 25 anos se conectam três horas por dia.
- Os que estão na faixa de 15 a 24 anos de idade utilizam mais do que os mais velhos as ferramentas de comunicação disponíveis na internet, a começar pelos programas de mensagens instantâneas: 80% dos jovens espanhóis recorrem a eles regularmente (75% dos franceses, 69% dos italianos e 59% dos alemães, que são maiores usuários de *chats* do que seus pares).
- A principal atividade dos jovens europeus consiste em consultar os blogs ou os sites comunitários. Os mais apaixonados nesse campo são os jovens franceses (46%), que são também os que mais deixam comentários. Em seguida, vêm os italianos (41%) e os alemães (40%). Estes últimos, mais uma vez, distinguem-se dos outros europeus por um entusiasmo específico pelos jogos

[8] Conduzido on-line a cada seis meses desde 1998 na França e depois desde 2000 na Europa, o estudo NetObserver segue a evolução do comportamento e da percepção dos internautas de mais de 15 anos, qualquer que seja o local de conexão (domicílio, trabalho, escola, universidade, lugar público...), nos cinco mercados: França, Itália, Espanha, Alemanha e Reino Unido.

on-line (49%). Por fim, os espanhóis ostentam interesse particular para o desenvolvimento do próprio espaço pessoal (30%), seja uma página pessoal ou um blog.

- Os jovens elegeram a publicação e a troca de informações (texto, áudio, vídeo) dentro de uma comunidade (MySpace, Skyblog...). Essa funcionalidade é principalmente apreciada pelos italianos e espanhóis (88%) e em menor medida pelos franceses (81%). Em seguida, vem a personalização das páginas iniciais dos sites, dos blogs ou das páginas pessoais, em particular entre os jovens ingleses e espanhóis (70%). A contribuição ao conteúdo dos *sites colaborativos* vem em terceiro lugar. Ela é especialmente aceita pelos jovens alemães (79% a consideram útil). Os fluxos RSS (*Really simple syndication*, ou fluxos agregadores de informações, aos quais é muito simples associar-se) são as ferramentas de colaboração menos utilizadas pelos europeus de 15 a 24 anos.

A informação e o comércio eletrônico não dão receita

Um estudo realizado pelo Joan Shorenstein Center da Universidade de Harvard mostra que os jovens norte-americanos não se interessam pelas notícias fornecidas pelos meios de comunicação, quer se trate de conflitos no Iraque e no Afeganistão ou da disputa presidencial de 2008.[9]

Sessenta por cento dos adolescentes não prestam atenção às atualidades cotidianas. A relação é de 48% entre os jovens adultos (18 a 30 anos) e de 23% entre os mais velhos.

Mesmo on-line, os noticiários aborrecem os jovens.

Entre as conclusões do estudo:

---

9 "Young People and News", disponível em http://www.ksg.harvard.edu/presspol/carnegie_knight/young_news_web.pdf.

- Os que têm menos de 30 anos utilizam mais a internet dos que os de mais de 30, mas o interesse pelas notícias é tão fraco que os dois grupos reservam quase o mesmo tempo às notícias on-line;
- A leitura cotidiana de um jornal ocupa um adolescente entre vinte deles, um adulto jovem entre cinco e um "com mais de 30" entre cinco.

A natureza da relação com o noticiário também parece mudar. Os que têm menos de 30 anos garimpam informações de diferentes fontes, em mídias diferentes, em momentos diferentes do dia, enquanto se envolvem com outras atividades. Contentam-se frequentemente com uma espiada e uma aproximação superficial. Preferem as notícias sobre celebridades e entretenimentos (*soft news*) a notícias sobre guerra (*hard news*).

A web põe em evidência o fato de que a concepção daquilo que constitui a atualidade difere em função do grupo social, do país, da geração. As mídias tradicionais ainda não conseguiram avaliar todas as consequências.

O poder de compra inferior e os meios de pagamento inadequados fazem com que os jovens europeus de 15 a 24 anos consumam menos na web do que os mais velhos. Isso não significa necessariamente que não recorram à web.

Qualquer que seja o país considerado, 60% dos jovens declaram ter utilizado a internet ao longo dos últimos seis meses para se cadastrar antes de realizar uma compra on ou off-line, contra 70% com mais de 25 anos.

Com exceção do Reino Unido, os jovens internautas têm menor percepção da publicidade on-line do que os mais velhos. Para seduzi-los, as campanhas virtuais devem, portanto, integrar outros dispositivos de expressão pessoal e atuar no campo da diversão.[10]

---

[10] Segundo o estudo NetObserver.

São, assim, as ferramentas da dinâmica social (sobre as quais voltaremos no próximo capítulo) as aprovadas pelos jovens, sem considerar as utilizações mais "clássicas" da internet. A comunidade, a relação, a criação da identidade: a internet tornou-se consubstancial de uma parte da juventude do mundo, de sua formação e sua passagem à idade adulta. Para aqueles que têm acesso..

Rupturas de gerações, rupturas de utilizações

A expressão "*digital natives*", os "autóctones do mundo digital" ou "aqueles que nasceram com", está em via de fazer parte da linguagem corrente, quase da mesma forma que *Google* se tornou um verbo. Ela pode nos ajudar a melhor colocar certas questões concernentes ao futuro da web.

A expressão foi criada pelo consultor e autor especializado em educação e em conhecimento Marc Prensky, inicialmente num artigo de 2001, em seguida retomada num ensaio escrito em 2004 com o título *The Death of Command and Control* [A morte do comando e do controle].[11] Ele se opõe à noção de "*digital immigrants*", os imigrantes do mundo digital, que chegaram tarde para as novas tecnologias da web. A diferença mais importante entre essas duas gerações é, segundo o autor, que os autóctones são os "escribas" do novo mundo, capazes de criar os instrumentos com que se servem na linguagem que outros não compreendem. E, quando não programam os instrumentos com que se servem, eles utilizam à sua maneira os que encontram no mercado. A segunda dimensão revela-se bem mais importante e difusa que a primeira.

---

11 O ensaio encontra-se no site de Mark Prensky: http://www.marcprensky.com. Essa página contém a maior parte de seus artigos, em especial, o ensaio fundador sobre os nativos digitais/imigrantes digitais, disponível para *download*: http://www.marcprensky.com/writing/default.asp.

Prensky considera ao menos dezessete domínios em que os "nativos" agem diferentemente daqueles que chegaram ao ciberespaço em idade mais avançada. Eles comunicam, trocam, criam, se encontram, coordenam suas atividades, apreendem, analisam, evoluem e crescem de forma diferente. Seus jogos não são mais os mesmos, e a sua forma de escrever os programas não é mais a mesma.

Vejamos alguns exemplos: a escrita modifica-se num código incompreensível para os adultos; os SMSs escritos com uma das mãos no bolso; as mensagens instantâneas com dez janelas e dez diálogos simultâneos. Os imigrantes têm tendência a levar uma conversa até o fim antes de passar a outro assunto.

Comumente, no mundo dos negócios, do jornalismo e da política, os blogs dos imigrantes são um "instrumento de compartilhamento de conhecimentos intelectuais". Em contraste, os blogs dos autóctones visam, antes de tudo, compartilhar emoções. Trata-se quase de uma mídia diferente.

Para os autóctones, o eBay ou o Craigslist não servem só para comprar e vender. Nesses lugares, eles encontram empregos, amigos e até parceiros amorosos ou sexuais. Isso não é mais motivo de assombro, mas uma evidência de sua vida ordinária.

A relação deles com a informação é diferente. O excesso não os preocupa e, segundo Prensky, "Ao contrário de seus pais, que adoravam manter suas informações secretas ('Saber é poder' era a divisa deles), os *digital natives* amam partilhar e difundir a informação desde que a recebam (talvez 'Compartilhar o saber é poder' seja seu lema implícito)."

Sua relação com o jogo, especialmente o vídeo, também é diferente. Enquanto os jogos de vídeo mais antigos eram, em geral, individuais, lineares (era necessário matar o maior número possível de personagens para alcançar uma meta facilmente identificável), os mais recentes dependem da participação e da coordenação de dezenas, de centenas, às vezes de milhares de jogadores. "O jogo solitário está ultrapassado – uma reminiscência do tempo em que os computadores ainda não estavam conectados", escreve Prensky. Os jogadores de hoje criam as ferramentas ou as armas, os espaços, os universos e, às vezes, os jogos inteiros. Eles não se contentam mais em utilizar a tecnologia; eles se apropriam dela.

Todavia, os *digital natives* não são todos iguais. Grandes desigualdades de acesso permanecem: diferenças sociais e geográficas têm forte impacto. Ter nascido na era *digital* não garante o *status* de *insider* (membro). A fratura numérica é, de fato, dupla: sem acesso, eles são igualmente afastados daquilo que é considerado um *common knowledge* (conhecimento compartilhado) por toda uma geração. Ser-lhes-á necessário, no dia em que se conectarem, preencher essa vala dupla.

As rupturas que contam são rupturas de utilizações. Se elas são mais fortes e mais visíveis nas jovens gerações, elas existem também nas gerações precedentes.

Assim, os jovens não são os únicos a utilizar as redes sociais. Se o MySpace é marcado pela juventude de sua população, em parte pela presença da forte cultura musical que o sustenta, um site como o Facebook, vindo da cultura universitária, apresenta uma maior mistura. Além disso, sua abertura ao grande público, em setembro de 2006, permitiu a entrada de muitos jovens desejosos de associar-se à cultura da rede das grandes universidades, mas também de pessoas mais velhas. Não houve, portanto, uma ruptura de gerações. O Facebook tornou-se em menos de um ano um dos sites mais utilizados no mundo, não somente graças aos jovens que o usam, mas também graças à reunião de todos os outros que ali encontram um interesse real. Essas rupturas de utilizações contam mais que as rupturas de gerações. Mas são exatamente os jovens nascidos depois da internet que, mais frequentemente, nos revelam essas utilizações novas que moldam a web de amanhã.

» Para onde vai a web?

O exemplo do MySpace e do Facebook, símbolos norte-americanos de sites utilizados pelos jovens, permite esclarecer cinco tendências de fundo.

As tecnologias contam pouco

Os debates relacionados às mídias são, em geral, de interesse dos apaixonados pela tecnologia e pelo desenvolvimento, dos editores ou jornalistas especializados. Ora, os jovens não parecem ser maciçamente atraídos pelas tecnologias complexas nem se interessam por seu funcionamento. As tecnologias de sites como o MySpace não têm nada de excepcional. A do Facebook é mais interessante, mas não fundamentalmente diferente do ponto de vista do usuário. São a funcionalidade, a flexibilidade, a capacidade de criar, de animar uma rede que contam. A simplicidade prima.

A tecnologia desaparece em benefício da utilização que fazemos dela. Os jovens compreenderam logo, não param de explorar o que podem fazer com todas as novas técnicas colocadas a sua disposição. Não são programadores ou *hackers*, longe disso! Mas as barreiras de entrada são frágeis, os conhecimentos necessários à sua utilização, limitados, e o potencial, forte. Não há necessidade de ser engenheiro para utilizar um correio eletrônico instantâneo, criar o próprio perfil em Facebook ou montar um blog.

A apropriação da web pelos usuários é decisiva

A web permite aos jovens utilizar a ferramenta como lhes convém, ajuda-os a construir a própria identidade em relação aos outros e além de qualquer mecânica institucional clássica. Ferramentas como o Facebook, o MySpace ou os blogs lhes permitem isso por serem plataformas abertas, modificáveis e com regras flexíveis. SMS e correios instantâneos permitem-lhes se exprimir espontaneamente, com suas palavras, sua linguagem (ao passo que o correio tradicional introduz a distância da escrita ponderada e o envio diferido). Criar, publicar e modificar o próprio perfil num site de relacionamento social é ajustar a própria identidade por meio de pequenos toques diante dos outros. Criar um blog e escrever sobre o dos amigos é forjar a própria opinião, afirmar-se, dizer o que se pensa e confrontar-se. Todas essas funções, largamente utilizadas pelos jovens, demonstram uma dimensão muito diferente das potencialidades da internet na esfera econômica e social. É sem dúvida por isso que esses sites estão entre os mais visitados e os mais utilizados do mundo. É melhor acompanhá-los de perto.

Comunicar "num mundo à parte"

O telefone ou o e-mail são dirigidos a um destinatário específico, de quem se espera uma resposta, uma interação. É uma comunicação sob controle. A web permite enviar informações deixando aos interessados (os *happy few*,* diria Stendhal) a possibilidade de responder como e quando desejarem. É o que acontece quando um jovem cria seu perfil e o abre a seus amigos, ou quando deixa um comentário na página pública destes (o *wall* do Facebook). Passamos de uma comunicação pró-ativa e institucionalizada para uma comunicação flexível e não controlada. O Twitter, ferramenta que permite a todos os membros de uma comunidade saber continuamente aquilo que os outros membros fazem graças às mensagens instantâneas muito curtas, é o arquétipo dessa utilização nascente.

* Aqueles poucos que encontram a alegria no contato com os livros e a literatura. (N. T.)

A web como espaço e ferramenta social

Para os jovens, o potencial da web é, em princípio, um potencial de relacionamentos: ausência de normas preestabelecidas, liberdade de expressão, multiplicidade de ferramentas e de meios, presença de grande número de usuários, os próximos e os mais afastados. Possibilidade de encontros, de descobertas.

Mesmo os sites como o eBay ou o Craigslist são páginas de relacionamentos, estabelecendo relação entre um vendedor e um comprador, como é o caso do Skype, que nos permite falar com outras pessoas a um custo muito baixo. O potencial de relacionamento da web surge como um pilar da compreensão do seu sucesso.

Mas a possibilidade da relação não será eficaz se ela não puder ser um pouco organizada. A web, concebida como uma plataforma, organiza-se muito bem e muito facilmente em comunidades flexíveis de fronteiras maleáveis. A beleza da solução é que ela parece impelir as fronteiras dessa comunidade para mais longe do que o mundo físico. Um jovem pode, ao mesmo tempo, pertencer ao grupo dos seus amigos no Facebook e no MySpace, mas também ao grupo de fãs do seu cantor favorito, de seu time de futebol e de sua turma da escola. Ele vai agir diferentemente e encontrará pessoas diferentes e proporá uma imagem diferente de si. As possibilidades de pertencer a várias comunidades são maiores; e as possibilidades de participação e de interação, mais fortes. É o poder do efeito da rede.

E, olhando bem de perto, esse fenômeno só diz respeito aos jovens.

Os amadores especializados tomam a palavra

A web que foi construída é uma web de participação, como demonstra abundantemente sua utilização pelos jovens, que não agem como consumidores, pois ainda não o são de verdade, mas sim como atores engajados. É também uma web de amadores que têm acesso às ferramentas de especialistas, começando pelos instrumentos de publicidade e de criação. Isso muda muitas coisas, sobretudo em todas as mecânicas institucionais bem estabelecidas de produção do conhecimento e de sua difusão. Muda pelo fato de que os jovens aprendem, por exemplo, a utilizar a Wikipedia, uma enciclopédia de especialistas amadores coletivos e ativos... em lugar da *Enciclopédia Britânica.*

Por ser aberta, social e comunitária, sendo construída por aqueles que a utilizam e que é mais orientada para usos em via de criação, é difícil teorizar sobre a web. Ela se presta pouco à conceituação e não acompanha os objetivos predefinidos, o que não facilita sua compreensão. A enorme multiplicidade de sites, de utilizações, de serviços e de possibilidades a tornam, finalmente, muito diversificada. É muitas vezes uma resposta a certa necessidade mal assimilada que encontra usuários.

Um bom exercício consiste em interrogar os criadores, muitas vezes eles mesmos bastante jovens, dos sites da moda. Os cofundadores do Google explicam que criaram um mecanismo de buscas porque não estavam satisfeitos com o que encontravam no mercado. Os fundadores do YouTube relatam que não encontravam um site que permitisse a troca fácil de vídeos para compartilhá-los com os amigos. O criador do Facebook procurava simplesmente construir uma comunidade virtual da própria universidade... Tudo isso sem saber muito bem no que iria dar. Foram os usuários que decidiram!

A dificuldade de conceitualização pode tornar trabalhoso compreender a web e submetê-la a julgamento de valores e a análises aproximadas em que não é fácil tomar partido. A expressão "web 2.0" é provavelmente o seu modelo.

Finalmente, são as grandes linhas de força da web que definem a utilização dos jovens. Aquilo que chamamos de dinâmica social pode ser descrita da seguinte maneira:

- As tecnologias estão presentes, mas ficam esquecidas em benefício dos usuários.
- Uma verdadeira flexibilidade da plataforma, que permite a apropriação fácil pelos usuários.
- Uma capacidade de comunicar-se "num mundo à parte" com o maior número de pessoas e de forma muito livre.
- Um espaço social e relacional.
- Dá a palavra aos amadores especializados.

A PALAVRA DE UM ESPECIALISTA: O QUE CONTA É A COMBINAÇÃO DA TECNOLOGIA COM O ESTILO DE VIDA

Entrevista com Danah Boyd, antropóloga e doutoranda da School of Information da Universidade de Berkeley[12]

Por que os adolescentes gostam tanto de sites de relacionamentos?

Os adolescentes não se interessam propriamente pela tecnologia enquanto tal. Em contrapartida, eles se interessam muito por seus amigos e querem passar o tempo com eles (*hanging out*) onde quer que estejam. A maioria de nós teve a possibilidade de sair, passear pelo bairro, passar tempo com os colegas em lugares públicos, como supermercados, parques ou estacionamentos. Hoje, os adolescentes norte-americanos não têm mais essa liberdade. Lenta, mas seguramente, nós lhes fechamos as portas do mundo exterior. Há um belo programa da BBC mostrando que o avô, com 8 anos, tinha o direito de afastar-se vários quilômetros, enquanto, atualmente, as crianças não têm mais o direito de sair do próprio jardim. Então, eles encontram outros meios. Todos os amigos estão ligados, no espaço público da in-

12 Ver principalmente seu blog: http://www.zephoria.org.

formática... um lugar soberbo para *hang out*. Podem-se fazer muitas coisas que nós tínhamos o costume de fazer off-line. Nem todas... mas muitas. Os adolescentes vão aonde se encontram os amigos, na web.

O QUE A SENHORA ENTENDE PELA EXPRESSÃO "*HANGING OUT*"?

Numa sociedade voltada para a produtividade, nós pensamos que tudo deve ser útil e mensurável. "*Hanging out*" é outra coisa: é reunir-se e não fazer nada, ouvir música, falar de sabe-se lá o quê. É uma forma de posicionar-se socialmente em relação aos outros, interagir com eles, criar relações sociais e, portanto, uma identidade. É uma forma de dar uma imagem de si, e que essa imagem seja recebida pelos outros. Não é pelo fato de que não existe uma ação concreta, mensurável, que isso não tem valor. Os adultos compreendem, frequentemente, isso de maneira equivocada e, às vezes, o detestam. Mas isso não é diferente daquilo que fazem em bares com os amigos. Eles não fazem nada. Os adolescentes não fazem nada bebendo seus refrigerantes em lugar de não fazer nada consumindo bebidas alcoólicas.

QUAIS AS FERRAMENTAS QUE OS JOVENS UTILIZAM? E O QUE FAZEM QUE OS ADULTOS NÃO FAZEM?

A primeira ferramenta é o correio eletrônico instantâneo que utilizam para falar com os amigos. Essa é a norma entre os estudantes. À medida que crescem, começam a utilizar os sites de relacionamento social. A decolagem do MySpace, depois do Xanga, realmente marcou uma etapa.

Existem hoje duas ferramentas dominantes entre os adolescentes: os sites de relacionamento social e os telefones celulares. É universal.

Todos eles utilizam o YouTube, mas eles consomem, não produzem vídeos. Salvo, evidentemente, uma minoria mais criativa que teria de qualquer maneira encontrado outros meios de expressão. Eles não veem os mesmos vídeos dos adultos, mas seu comportamento não é muito diferente. No Facebook, por exemplo, fazem o mesmo que seus pais: o *networking* à sua maneira!

O *networking* é a ação explícita e voluntária de tentar encontrar novas pessoas, de construir uma rede e de animá-la. Isso é muito importante num contexto profissional. Melhor dizendo, eles socializam. Eles organizam redes de pessoas que conhecem e trocam entre si.

O que acontece quando esses adolescentes, um pouco mais velhos, entram no mundo do trabalho? Isso muda?

Não necessariamente. Vão usar os e-mails dos quais não se servem mais para se socializar. Durante um tempo, continuam *hanging out* com os amigos, até mesmo quando estão no ambiente de trabalho. Mas param quando começam a pensar em casamento e em filhos. Nos Estados Unidos, a mudança para o subúrbio é o fim do *hanging out*. As loucuras tecnológicas, os aficionados, os obcecados por tecnologia são em menor número. A maioria dos "mais de 20 anos" tem uma pequena atividade, vive com os pais e se socializa com eles.

Apesar disso, eles contribuem para a evolução das ferramentas que utilizam nas empresas – o correio eletrônico, por exemplo, que lhes é muito familiar.

A forma como as pessoas se comunicam espontaneamente é a principal distinção entre gerações no universo do trabalho. Os mais velhos utilizam o telefone, as gerações seguintes utilizam de boa vontade os e-mails e os mais jovens, os serviços de mensagens instantâneas.

Em seus trabalhos recentes, a senhora analisa a diferença entre o MySpace e o Facebook. A senhora tentou sobretudo compreender por que alguns adolescentes trocam um pelo outro. Pode nos explicar?

É necessário, primeiro, lembrar que aqui falamos dos adolescentes dos Estados Unidos. O MySpace emergiu graças aos jovens que não estavam satisfeitos com o Friendster, e tocou os adolescentes graças à cultura musical. É muito diferente da população inicialmente atraída pelo Facebook. Tratava-se de uma aplicação dedicada às grandes universidades americanas. Ele substituiu o anuário de fotos (*facebook* em inglês) físico, uma série de fotografias e de perfis que os estudantes adquiriram o hábito de consultar para ver com quem têm interesse de entrar em contato durante os estudos. Quando o Facebook foi lançado, aqueles que desejavam entrar nessas grandes universidades queriam acessá-lo.

Os especialistas pensaram que todos trocariam o MySpace pelo Facebook quando este foi aberto em setembro de 2006. Mas não foi o que aconteceu. O MySpace continuou a crescer.

Constatamos, de fato, uma espécie de ruptura social de acordo com a origem dos adolescentes. Uma espécie de ruptura de classes. É um tema tabu nos Estados Unidos, difícil de abordar e de quantificar. E isso não é só uma questão de nível econômico. Os hábitos de vida, a origem... definem a classe a que pertencem. Isso não tem nada a ver com o que ocorre na Europa.

Os dois sites têm públicos, mundos muito diferentes que não chegam a se comunicar. Certamente, muitos adolescentes que conhecem pessoas nas duas páginas têm perfis em ambas, mas se comunicam com grupos diferentes.

O QUE VOCÊ PENSA DA DIFERENÇA ENTRE "NATIVOS DIGITAIS"/"IMIGRANTES DIGITAIS"?

Eu não gosto do termo, mas compreendo por que as pessoas o utilizam. De fato, a expressão é útil para políticos. Usando "*nativos digitais*" eles pensam numa parte da população que não é como eles! É uma fonte de problemas porque presumem que todo jovem é um "*nativo digital*", o que é falso.

Inicialmente, a geração que hoje beira os 30 anos está muito mais à vontade com as tecnologias um pouco avançadas e a utilização da web. Sabemos o que é um endereço URL, por exemplo, e como incluí-lo na barra correspondente, enquanto os jovens não têm esse conhecimento. Eles vão utilizar o Google, vão ao MySpace e isso é tudo. São nativos num mundo que teriam dificuldade em imaginar que poderia existir sem a internet. Como nós temos dificuldade em imaginar um mundo em que o telefone não existisse. Mas não nos chamam de "*nativos telefônicos*"!

A verdadeira separação está entre os que utilizam a internet e os que não a utilizam, e ela depende também da profundidade dos usos que dela fazem. Nos Estados Unidos, uma família com um só filho e em que ambos os pais trabalham terá provavelmente um ou dois computadores em casa, aos quais a criança terá acesso quase ilimitado. Numa família mais numerosa, com a mãe em casa e um pai que não tem acesso à internet no trabalho, o computador da residência será tomado de assalto pelos membros da família. O acesso será certamente mais limitado e a utilização de cada um muito diferente. É necessário, portanto, aprofundar mais essa ideia.

Será que a forma como os jovens utilizam a web hoje nos diz alguma coisa do futuro?

O que conta é a combinação da tecnologia com o estilo de vida. A maneira como um adolescente utiliza uma tecnologia é provavelmente diferente da forma como alguém de 30 ou de 60 anos a utiliza.

Aos 16 anos, não temos necessariamente vontade ou necessidade de utilizar um site de encontros. Porém, isso muda quando nos aproximamos dos 30 anos.

Essa geração que vai crescer deverá, provavelmente, utilizar as tecnologias que já usa, mas adaptando-as a suas necessidades e seu estilo de vida, que vai mudar com a idade. Logo, isso não nos diz muito sobre o futuro.

É evidente, por outro lado, que o telefone celular deverá certamente decolar nos Estados Unidos. Há uma pressão muito forte pela "mobilidade". Não queremos ficar presos diante de nosso computador como hoje. As barreiras não são tecnológicas, elas nos são impostas pelos operadores de telefonia móvel.

Como a senhora vê a web de hoje, e o papel dos jovens?

Nós assistimos, de fato, a uma ruptura de usos e a uma reorganização na maneira como as pessoas se informam e se socializam. É a noção mágica "dos amigos".

Os "amigos" são as pessoas com as quais você conversa, aquelas que constituem a sua audiência, aquelas em quem você presta atenção.

O que hoje torna a web tão poderosa é que ela permite às pessoas organizarem suas atividades com a audiência e a comunidade de sua escolha. É uma espécie de pequeno mundo cujo conteúdo é gerado pelos usuários, com uma dimensão de comunicação, de compartilhamento, de socialização, de colaboração entre amigos. As pessoas não têm obrigatoriamente desejo de comunicar-se com estranhos. Preferem passar o tempo com aqueles que convidariam de boa vontade para jantar.

2. Sobre a dinâmica relacional

"a identidade não está só na raiz, mas também na Relação."
Édouard Glissant, *Poética da relação*

A falta de interesse específico dos jovens pela tecnologia e a importância que dão a seus colegas, a forma que utilizam para ficar conectados entre si evidenciam a perfeita compreensão intuitiva daquilo que a web faz de melhor. Reduzida à sua expressão mais simples, a web é nada mais do que uma ferramenta para estabelecer relações entre pessoas, entre dados ou documentos e, mais frequentemente, uma mistura de tudo isso.

O LeMonde.fr, por exemplo, nos põe em contato com os artigos. Eles próprios estão ligados com documentos ou sites de informações por meio de hiperlinks. No mesmo site, blogs e fóruns nos permitem entrar em contato diretamente com as pessoas que escrevem e com aqueles que comentam e participam. O modelo nunca é realmente puro, mas é suficiente debruçar-se sobre qualquer site um pouco recente para dar-se conta que ele é onipresente.

As relações são "concretizáveis" (a palavra é paradoxal porque estamos na esfera virtual) graças aos links (ou hiperlinks) que podemos ativar. Eles são próprios da web e fazem a sua riqueza.

Nossa hipótese é que, depois de 2004, a web deu lugar a uma nova "dinâmica relacional". Evidenciada pelo sucesso de empresas como

Google, YouTube, MySpace ou Facebook, ela é animada pela participação de milhões de indivíduos e de pequenos grupos largamente informais. A tecnologia está lá. Os web atores começaram a servir-se dela de maneira mais intensa.

A web, de fato, desenvolveu-se em duas velocidades. Dezenas de milhões de indivíduos e milhões de pequenos grupos, milhares de iniciantes atiraram-se com determinação pelo mundo todo. Mas o entusiasmo era bem mais tímido e lento nas empresas já estabelecidas no mundo virtual (incluindo aquelas que haviam começado no início da web e sobrevivido à bolha). Algumas perceberam a oportunidade cujo potencial estava sendo revelado pelo assustador sucesso do Google, mas as mudanças necessárias para adaptar-se pareciam excessivamente pesadas.

A dinâmica relacional que caracteriza a web de hoje choca-se com a mecânica institucional de sempre e com toda a herança intelectual e social sobre a qual foi construída.

Entendemos como "dinâmica" o conjunto de movimentos não controlados, não lineares, de múltiplas facetas, gerados pela participação de "todos". Com "dinâmica relacional", indicamos o fato de que essa dinâmica social e tecnológica (participação mais o efeito das redes) está ativa no estabelecimento de relações entre pessoas, grupos e dados.

A mecânica concerne, ao contrário, ao movimento linear, mais lento e mais controlado que caracteriza as empresas tradicionais. Ela repousa numa gestão sistemática de recursos segundo um objetivo de resultados, mais do que num crescimento desordenado e nem sempre coerente do universo relacional.

O exemplo das mídias, que será desenvolvido mais tarde neste livro, ilustra esse ponto. De um lado temos os jornais tradicionais com salas de redação, repórteres profissionais, receitas publicitárias, modelo de comercialização... mecanismos institucionais bem estruturados nos quais as reações dos leitores são ainda, muitas vezes, relegadas a uma pequena seção de "cartas dos leitores", com o conteúdo rigorosamente selecionado. De outro lado, milhões de blogueiros apaixonados, sem modelos de receitas, observam, analisam e divulgam em tempo real, sem preocupar-se com algum controle institucional nem com alguma mecânica. Eles estabelecem relações diretas com os leitores, que comentam, afinam, enriquecem o conteúdo num verdadeiro movimento participativo.

O jornalista da televisão norte-americana Dan Rather, que havia selecionado mal as fontes de um documento duvidoso durante a campanha eleitoral de 2004 nos Estados Unidos, pagou o preço: rapidamente surpreendido por blogueiros que colocaram em dúvida a veracidade do documento, ele teve de pedir demissão alguns meses mais tarde. Existe uma eficácia nessa dinâmica relacional que desafia a lenta mecânica institucional.

"Dinâmica" e "mecânica" são, portanto, dois estilos diferentes de movimentos, cujos modos de desenvolvimento e os objetivos não são os mesmos, mas operam de forma concomitante no espaço social, notadamente naquele que delineia a utilização da web.

A voracidade, a paixão com a qual os web atores se serviram das ferramentas colocadas à sua disposição para estabelecer relações entre eles e com os dados é, sem dúvida, um dos fenômenos mais impressionantes dos últimos anos. Simultaneamente, uma indústria inteira envolveu-se no desenvolvimento e na distribuição dessas ferramentas de que os usuários nunca imaginaram que um dia teriam necessidade. Por exemplo, o leilão eBay, cuja plataforma permite a cada pessoa tornar-se um comerciante profissional.

O eBay e as empresas de sua geração também permitiram à dinâmica relacional da web entrar em concorrência com a mecânica institucional num grande número de setores e de aspectos da vida em sociedade. É o caso das mídias, certamente, mas também de todas as empresas que associam cada vez mais seus usuários ao *design* e à linguagem de seus produtos. Inclusive nos setores em que menos esperamos. É o caso, por exemplo, da Procter & Gamble, quando ela propõe a "quem quiser da web" resolver – em concorrência com os seus próprios centros de pesquisa e desenvolvimento – alguns problemas que tem. E isto é só o começo.

» Links, fluxo e relações

O link é a essência da web. A definição dada no site anglófono da Wikipedia exprime-o sem equívocos: "A *World Wide Web* (a web) é um sistema de documentos em hipertexto ligados entre si pela internet, que é uma série de canais. Graças a um navegador, o usuário pode ver páginas da web que contêm textos, imagens e outras expressões multimídia e navegar entre elas utilizando os hiperlinks.[1]

O texto original, publicado pelos pesquisadores Tim Berners-Lee e Robert Caillau em 12 de novembro de 1990, é claro. Destinado à equipe do Cern (Conselho Europeu pela Pesquisa Nuclear), onde foi concebida, a proposição considera o desenvolvimento de um sistema que permita acesso aos múltiplos documentos dos colaboradores independentemente da plataforma sobre a qual foram escritos e dos servidores em que estão residentes. "Os textos são interligados uns aos outros de forma que é possível ir de um conceito a outro para encontrar as informações necessárias. A rede dessas interligações é chamada web."[2]

---

1 Ver definição de World Wide Web, em http://en.wikipedia.org/wiki/World_wide_web.

2 Tim Berners-Lee & Robert Caillau, "World Wide Web: Proposal for a HyperText Project", disponível em http://www.w3.org/Proposal. Consultar também o primeiro texto de Berners-Lee, escrito em março de 1989, em http://www.w3.org/History/1989/proposal.html.

Considerada a ancestral conceitual desse avanço tecnológico recente, o documento escrito em julho de 1945 pelo engenheiro e pesquisador americano Vannevar Bush não diz outra coisa.[3] Ele também se preocupa com os problemas gerados pela organização tradicional da informação, pela inadequação da estrutura arborescente e pela importância de poder proceder por "associações", como faz a mente humana. Para ele: "É o processo que consiste em religar dois elementos que conta".

Ainda e sempre a conexão, a relação cuja virtude principal é a de facilitar a dinâmica do pensamento.

A web é, portanto, uma ferramenta para criar conexões. Trata-se inicialmente de ligações entre ideias, entre documentos, entre fragmentos de documentos (salientemos que Tim Berners-Lee e Vannevar Bush sempre a classificaram como um "dispositivo multimídia" sem, entretanto, utilizar esse termo).

Esses links nos conduzem para uma multidão de sites, páginas ou documentos. Eles são o coração do funcionamento dos buscadores, que se tornaram os instrumentos de navegação mais importantes da web de hoje.

De fato, esses links entre dados são também as ligações entre nós e os dados. Somos quem frequentemente os estabelecemos, e o valor deles tem a ver com o interesse que despertam em nós, os web atores, mensurados em função da nossa insistência em clicá-los.

Porém, o elemento mais novo, aquele que parece não ter sido visto pelos nossos cientistas, é que a web serve também para estabelecer elos entre as pessoas. É essa a sua dimensão mais popular. Aquela que encontramos nos correios eletrônicos, nos serviços de mensagens instan-

---

[3] Vannevar Bush, "As We May Think, The Atlantic Monthly", julho de 1945, disponível em http://www.theatlantic.com/doc/194507/bush. Ver também o artigo na Wikipedia sobre o Memex em http://en.wikipedia.org/wiki/Memex.

tâneas, na telefonia em linha e todas as formas de comunicação tornadas possíveis pela internet de hoje. Ela representa um papel considerável na dinâmica característica da web.

São os links que formam as redes

De modo geral, podemos igualmente dizer que os links formam a rede. Eles surgem, sob a forma de linhas, em todas as representações gráficas desse tipo de relação. Ao contrário, quando se fala de um país, de uma família, de uma empresa, de uma coletividade, a imagem subjacente invoca geralmente um continente com um interior e um exterior: envelope, saco ou caixa. Estamos dentro ou fora, "conosco" ou "contra nós", pertencemos ou não pertencemos, "amamos" ou "deixamos". Pouco importa finalmente que não estejamos todos conectados uns aos outros. Eu não falei durante trinta anos com o meu primo Éric. Não deixamos, entretanto, de pertencer à mesma família. Justine em Rennes não tem a menor ideia de quem é Tonin em Marselha. Ambos pertencem a uma mesma entidade: a França.

Tudo começa a mudar quando se fala de rede. Se a noção de link prevalece, o envelope pesa menos, a fronteira perde importância e significado. Não estamos mais no mesmo "ambiente"; estamos ligados por fluxos.

A referência mais explícita nos chega no título do livro de László Barabási (um pioneiro de toda a jovem "ciência das redes"), simplesmente intitulado *Linked*[4] ("conectado").

O essencial são os links que ligam pontos (ou *nodes*). Os *nodes* mais importantes – ou *hubs* ("encruzilhadas") – conseguem o papel estratégico não por alguma dimensão para a qual seria necessário encontrar

---

[4] Albert-László Barabási, *Linked: the New Science of Networks* (Cambridge: Perseus, 2002).

um meio de mensurá-los, mas pelo fato de que um maior número de links os colocam em relação com um número elevado de outros *nodes*, como Barabási explicou por e-mail: "A verdadeira mensagem de *Linked* é que os *hubs*, esses *nodes* com grande número de links, permitem a manutenção da rede".

São esses links que formam a rede (e não o envelope) e as relações (e não o fato de pertencer).

E as relações tornaram-se essenciais para compreender o mundo.

László Barabási explicou da seguinte forma numa entrevista:[5] "As redes são a nova geometria do mundo moderno. Compreendê-las tornou-se a disciplina que era a cartografia há alguns séculos".

Mas, se a sua projeção gráfica indica uma rede rodoviária, os links não passam de representações do fluxo, das trocas, das interações e dos movimentos complexos que resultam disso. Eles acrescentam à dinâmica própria de cada *node* (preferimos este termo a "laço" porque este último evoca uma interrupção dos fluxos, contrário àquilo que nos parece essencial) aquela das relações realizadas e futuras. É essa dinâmica atual e potencial que conta, a que deve ser analisada e compreendida quer quanto ao sentido quer quanto à intensidade e à qualidade de tráfego (o sentido em que se realiza cada ativação, o volume que passa pelo link e a natureza do que se passa).

A fase atual foca a sua busca na quantidade, quer dizer na direção dos links que unem diferentes *nodes*. Mas László Barabási disse na entrevista: "Grande número de processos dinâmicos ocorrem ao longo dos links. Compreendê-los é a próxima fronteira da busca em matéria de redes".

---

5 Entrevista por correio eletrônico, realizada em 11 de julho de 2002.

A dinâmica está nos fluxos, representada pelos links, pela diferença, pela distância, pelo que eles induzem como intercâmbio, como mudanças, como movimento.

Aprender a ver os fluxos mais do que os *nodes* é passar de uma concepção estática (e rapidamente conflituosa) da identidade para uma dinâmica relacional sempre feita de tensões... em constante movimento.

Voltemos agora à distinção entre a primeira e a segunda fases da web. Na primeira, a web, literalmente acentuada pelo texto fundador, era no fundo um conjunto de fragmentos de documentos relativamente estáticos. Ia-se de um para o outro ativando os links, mas os fragmentos em questão eram nada mais que destinos e acabávamos ficando na metáfora das viagens, dos deslocamentos.

Mais dinâmica, a segunda fase, que aumenta sua visibilidade a partir de 2004, é mais bem caracterizada pelos fluxos (termo que reencontramos acoplado a uma das ferramentas mais importantes: os fluxos RSS). A informação circula, o site é menos um destino do que um ponto de passagem. A tecnologia Ajax, outro elemento característico da web de hoje, à qual retornaremos mais tarde, surge como uma técnica que permite introduzir a fluidez e, portanto, o movimento na página, o que lhe permite representar um papel ativo na dinâmica relacional.

Nossa primeira aproximação da web, marcada ainda por metáforas vindas das indústrias dos transportes e das comunicações, como "autoestradas da informação", "vazões" ou "canais", nos leva a vê-la como uma estrutura.

A evolução posterior nos convida a dar mais importância às relações, aos fluxos, àquilo que se troca, às redes sociais que se articulam na rede técnica e cujas imagens inspiradas nos encanamentos e nos transportes só dão uma ideia muito aproximada.[6]

---

6 John Arquilla e David Ronfeldt explicam o papel crescente das redes apoiando-se amplamente

Fluxo, metabolismo e sociedade

Temos, assim, duas formas de considerar uma rede. A primeira faz referência aos *nodes* e aos links que os conectam; a segunda insiste nos fluxos que circulam. Tudo se passa como se o mesmo termo, bastante estático, de "ligações" nos impedisse de ver o que está em questão: a rede é feita por fluxos que circulam pelos *nodes*.

É por isso que podemos dizer que eles estão no coração da vida, como explica Fritjon Capra: "O metabolismo é um fluxo ininterrupto de energia que passa numa rede de processos bioquímicos e permite ao organismo se manter, se reparar e se perpetuar. Esse metabolismo é a característica essencial da vida".[7]

Além de seu famoso livro *Tao of Physics*,[*] Capra é, lembremos, o autor de dois livros-chave para compreender a importância das redes: *The Web of Life*[8] e *The Hidden Connections*,[9] nos quais demonstra seu papel biológico, cognitivo e social. Numa entrevista,[10] ele explicou que as vê

---

no recurso às novas tecnologias da informação e da comunicação e no aumento da eficácia que proporcionam. Sem dúvida, é preciso acrescentar o fato de que oferecem tipos de relacionamentos mais maleáveis, mais flexíveis e mais convenientes. É o que compreendemos quando situamos a irrupção de novas tecnologias da informação e da comunicação na evolução social do pós-Segunda Guerra Mundial, a incredulidade diante das metanarrativas e a mutação das relações entre os indivíduos e os grupos. Consultar especialmente John Arquilla & David Ronfeldt, "The Emergence of Noopolitik, Toward an American Information Strategy", em *Rand*, Santa Mônica, 1999, disponível em http://www.rand.org/pubs/monograph_reports/MR1033/index.html.

7 "Networks as a Unifying Pattern of Life Involving Different Processes at Different Levels", entrevista de Fritjof Capra a Francis Pisani, em *International Journal of Communication*, 2007, disponível em http://ijoc.org/ojs/index.php/ijoc/article/view/69/25.

* Edição brasileira: *O tao da física* (São Paulo: Cultrix, 2000). (N. E.)

8 Fritjof Capra, *The Web of Life: a New Scientific: Understanding of Living Systems* (Nova York: First Anchor Book, 1997). [Edição brasileira: *A teia da vida: uma nova compreensão científica dos sistemas vivos* (São Paulo: Cultrix, 1997).]

9 Fritjof Capra, *The Hidden Connections: Integrating the Biological, Cognitive and Social Dimensions of Life into a Science of Sustainability* (Nova York: Doubleday, 2002). [Edição brasileira: *As conexões ocultas: ciência para uma vida sustentável* (São Paulo: Cultrix, 2002).]

10 John Arquilla & David Ronfeldt, "The Emergence of Noopolitik, Toward an American Information Strategy", cit.

como "um conjunto unificante de motivos de organização que atravessa toda a vida, em todos os níveis e em todas as suas manifestações". Mas toma o cuidado de sempre distinguir "o processo do fluxo e a razão da rede". A dinâmica e a arquitetura.

Lázsló Barabási parece ter uma análise semelhante. No final de seu livro,[11] ele coloca a questão do que chama *dinâmica da linkagem*. Questionado sobre o que entendia por isso, ele convida a fazer a seguinte distinção: "as redes representam a arquitetura da complexidade. Como qualquer arquitetura, ela preenche uma função. As pessoas vivem num edifício, caminham de um ambiente para outro e assim por diante. Da mesma forma, as mensagens circulam ao longo dos links da internet; reações químicas realizam-se ao longo das conexões entre as células; a informação é transmitida ao longo dos links das redes sociais".

O conjunto explica-se por uma dinâmica de fluxo sobre uma estrutura reticular. A imagem da rede permite mostrar que é necessário sair da relação arborescente/hierárquica.

Temos o costume de falar de "laço social", de "tecido social", imagens estáticas. "Temos uma sociedade porque as pessoas escolhem interagir", lembra László Barabási. A relação dinâmica está na base do dispositivo social.

Em direção a um "individualismo reticular"

A tecnologia não é suficiente para explicar o sucesso da web de hoje. Ele corresponde a uma dinâmica social preexistente a qual permite expressar-se melhor. Ele nos ajuda a resolver melhor os problemas que a caracterizam.

---

[11] Albert-László Barabási, *Linked: the New Science of Networks*, cit.

Para compreender do que se trata, convém considerar (muito brevemente) a evolução social global dos últimos cinquenta anos. Uma das expressões mais simples para dar-se conta (apesar de todos os exemplos contrários que ela possa suscitar) é "a incredulidade em relação às metanarrativas",[12] base da corrente mal batizada de "pós-moderna". As grandes instituições procuram afirmar a própria legitimidade por meio de grandes relatos das suas origens que temos cada vez mais dificuldade em aceitar sem protestar (desde a religião revelada do *Livro vermelho*,[*] passando pela "missão" das empresas).

Os relatos que representam um papel estruturante na organização social, o ceticismo aumentado diante dos relatos das origens das empresas só podem estabelecer uma relação diferente às formas de organização. A relação entre indivíduos e grupos encontra-se igualmente alterada.

O incontestável crescimento do individualismo faz com que já não suportemos que grupos e comunidades conservem as características tradicionais. Nós os queremos dóceis. Mas queremos que eles se adaptem, não que desapareçam, porque sempre temos necessidades dos outros.

A fórmula mais conhecida (não totalmente satisfatória, mas útil no momento) é a do "individualismo reticular" (*networked individualism*) apresentado por Barry Wellmann, professor da Universidade de Toronto.[13]

Se as relações tradicionais eram essencialmente determinadas pelos lugares (a cidade, o bairro, a chamada de um telefone fixo a outro, por exemplo), a internet e a telefonia celular dão preeminência às relações

---

[12] Jean-François Lyotard, *La condition postmoderne* (Paris: Minuit, 1979). [Edição brasileira: *A condição pós-moderna* (Rio de Janeiro: José Olympio, 2002).]

[*] *Citações do presidente Mao Tsé-Tung*, também conhecidas como *O livro vermelho*. (N. E.)

[13] Barry Wellmann, "The Rise (and Possible Fall) of Networked Individualism", 2002, disponível em http://www.insna.org/PDF/Connections/v24/2001_I-3-4.pdf.

de pessoa a pessoa e aos grupos adaptáveis. Em vez de depender de uma única comunidade, inicialmente local, somos cada vez mais conduzidos a nos conectar a uma grande variedade de redes menos densas e mais dispersas geograficamente. Wellmann utiliza o termo "glocalizados" para indicar que são ao mesmo tempo locais e globais. Nós preferimos o termo "translocados", na medida em que muito poucos grupos, instituições ou fenômenos são efetivamente globais. Eles implicam, por outro lado, indivíduos participantes em múltiplos locais ou pessoas e grupos que têm atividades semelhantes em vários lugares (imigrantes, trabalhadores sazonais, profissionais viajantes, turistas, empresas multinacionais, etc.). Pouco importa que esses lugares incluam bairros da mesma cidade, cidades de um mesmo país ou situadas em países diferentes. E pouco importa que todo o planeta esteja envolvido.

Wellmann define o individualismo reticular como uma atitude na qual o indivíduo conta mais na gestão de suas redes que o grupo (quer se trate da família ou da empresa na qual ele ou ela trabalham).[14]

Num artigo de referência escrito em 2001, ele opõe essa noção à de "caixinha", assim definida: "Os membros das sociedades tradicionais organizados em caixinhas têm frequentemente de se relacionar com membros diferentes daqueles que pertencem a seu grupo: em casa, no bairro, no trabalho. [...] Esses grupos, muitas vezes, têm limites para distinguir quem está incluído e uma organização estruturada e hierárquica: contramestres e empregados, pais e filhos, pastores e fiéis, dirigentes e membros. Numa sociedade assim, cada interação encontra o seu lugar: um grupo de cada vez".[15]

Algumas pessoas, lembra Wellmann, continuam funcionando essencialmente em "caixinhas" tradicionais, e a maioria de nós passa uma

---

[14] *Ibidem.*

[15] *Ibidem.*

parte do tempo nesses grupos. Mas agimos cada vez mais "em múltiplas comunidades parciais" de parentes, vizinhos, amigos ou colegas. E, aspecto importante, nossas "atividades e relações são mais informais do que estruturadas de forma organizada".

A evolução é fácil de compreender se a ilustrarmos pela evolução das chamadas telefônicas. O número de uma linha fixa corresponde a um lugar que pertence frequentemente a um grupo tradicional (empresa, lar, etc.). Um número de telefone celular permite, por outro lado, uma comunicação de pessoa a pessoa independentemente da localização e do grupo. "A passagem para um mundo sem fio, personalizado, abre a porta ao individualismo reticular sempre que cada um muda quando quer de local e de rede."[16] As pessoas conservam suas conexões, certamente, mas elas o fazem enquanto indivíduos, e cada uma gera as suas redes para conseguir, conforme suas necessidades de informações, uma colaboração, um apoio afetivo, ou um sentimento de pertencer a um grupo.[17]

"Outrora, pertencíamos a um grupo e não tínhamos muita margem de manobras", explicou Jeffrey Boase, um dos colaboradores de Wellmann. "Num povoado, todo mundo conhece todo mundo. Hoje, as nossas redes são mais diversificadas e mais disseminadas. Temos mais liberdade para escolher entre diferentes tipos de relações e para manter aquelas que queremos. O e-mail ajuda muito." É particularmente útil para guardar os contatos na rede extensa e dispersa. Isso é ainda mais verdadeiro nos serviços de mensagens instantâneas.

A evolução do mercado de trabalho, em que equipes efêmeras (*ad hoc*) são formadas em torno de um projeto, com profissionais frequen-

---

16 *Ibidem.*

17 Barry Wellmann, "Little Boxes, Glocalization, and Networked Individualism", em http://www.chass.utoronto.ca/~wellman/publications/littleboxes/littlebox.PDF.

temente separados de qualquer estrutura empresarial e que mudam de equipe a cada três ou seis meses, constitui outra ilustração interessante do fenômeno que descrevemos aqui.

O que quer que seja, a noção de "individualismo reticular" tem o mérito de indicar que é a relação que muda e o inconveniente de fazer pender a balança para o lado do indivíduo. Ela indica que é necessário pegar uma pessoa "de outra maneira" sem mostrar que os grupos também mudam. A confusão é largamente mantida nos Estados Unidos em particular, pelo abuso da palavra "comunidade"; talvez fosse necessário equilibrá-la com a noção de "comunidade reticular", outra forma de designar o que temos o hábito de chamar hoje de rede social. É para dar conta desses dois polos e da dinâmica que os anima que utilizamos a expressão "dinâmica relacional".

Intitulado *The Stregth of Internet Ties*[18] [A força dos laços da internet], um estudo realizado pelo Pew Internet Project and American Life Project mostra, baseado em estatísticas, que a internet representa papel importante na vida de cerca da metade (45%) dos norte-americanos. Ela é "crucial" para dezenas de milhões deles para:

- Obter formação profissional complementar (21 milhões).
- Ajudar uma pessoa gravemente doente (17 milhões).
- Escolher uma escola para si ou para uma criança (17 milhões).
- Comprar um carro (16 milhões).
- Fazer um investimento ou tomar uma decisão financeira importante (16 milhões).
- Encontrar um novo lugar para morar (10 milhões).
- Mudar de emprego (8 milhões).

---

[18] Ver http://www.pewinternet.org/report_display.asp?r=172.

Não satisfeitos em procurar informações na web, os indivíduos procuram o apoio e os conselhos de seus amigos e de suas relações. O tempo que passamos nela não afeta nossas relações pessoais. Pelo contrário. "O estudo confirma que, quanto mais enviamos e-mails, mais tempo passamos com as pessoas ou falamos ao telefone",[19] explica Jeff Boase. "Ele confirma também que, quanto mais encontramos pessoalmente as nossas relações, mais lhes enviamos e-mails." "Em geral, os usuários da internet recebem mais que os não usuários o apoio dos membros de suas redes sociais quando enfrentam acontecimentos importantes da vida", acrescenta ele.

Dizendo de outra maneira, as relações alimentam as relações (mesmo quando utilizam mídias diferentes). Daí a noção de "dinâmica relacional".

A flexibilidade crescente nas relações entre indivíduos e grupos caracteriza a nossa época. Sem renunciar às relações de pertencimento, tendemos a multiplicar as relações reticulares transitórias de alcance limitado, menos rígidas e mais dinâmicas.

Chegando a uma fase de maturidade, a web é uma ferramenta que somos cada vez mais levados a utilizar, visto que o ambiente social tradicional está em plena evolução e que as estruturas organizacionais (instituições e mercados) satisfazem cada vez menos.

Isso se traduz na utilização crescente pelos usuários da dimensão participativa da web tanto para trocar como para publicar, como mostramos na introdução.

Somos todos web atores...

---

[19] Conversa telefônica realizada em 3 de fevereiro de 2006.

Ao ver isso, investidores, investidores de risco, *start-ups*[*] e grandes companhias acorreram, como ilustra o extraordinário poder de atração das palestras sobre a "web 2.0" organizadas por Tim O'Reilly. Desde a terceira edição, no final de 2006, ele se viu obrigado a ampliar e acrescentar, no "fim" do outono, uma "exposição" de primavera na qual participaram diversas pequenas empresas atraídas pela perspectiva de surfar uma onda portentosa.

No verão de 2007, elas começaram a dar a impressão de serem excessivamente numerosas.

Se considerarmos as comunidades criadas ao redor de aplicativos e de serviços de trocas de documentos (música, fotos, vídeo, etc.), somos obrigados a constatar que a originalidade deles só surge por um formidável esforço de imaginação. Isso não significa que estamos na presença de uma bolha madura pronta para explodir, mas simplesmente que uma consolidação do mercado é inevitável. "O capitalismo necessita de algumas boas degringoladas para permanecer no caminho certo", lembrava, há pouco, Gerard Baker no *Times* de Londres.[20]

As instituições, por seu lado, não são insensíveis à onda. Mas elas só avançam muito lentamente, como veremos em inúmeros casos abordados neste livro. Por trás das múltiplas razões invocadas, encontramos quase sempre uma hesitação compreensível: na ausência de modelos econômicos de alto rendimento, os riscos são evidentes, enquanto as perspectivas de lucros permanecem aleatórias, sobretudo nos mercados de pequena dimensão.

Tem-se a ideia, além disso, de que a participação dos usuários, a possível emergência de uma inteligência coletiva e a ameaçadora sabedoria

---

[*] Empresa jovem ou recém-criada ainda em fase de constituição, implementação e organização de suas operações. (N. T.)

[20] "Cheer up. A Bit of a Crisis Does us no Harm", 24 de agosto de 2007, disponível em http://www.timesonline.co.uk/tol/comment/columnists/gerard_baker/article2317283.ece.

das multidões impressionam e assustam aqueles que têm uma forma de pensamento tradicional. Tanto mais que essa participação implica, em algum lugar, num instante qualquer, um desafio para as estruturas e as formas de funcionamento tradicionais do poder.

A razão pela qual as instituições veem a dinâmica social relacional com desconfiança é quase sempre o medo de perder o controle. Vemos nos sites das mídias tradicionais que elas ainda se recusam a aceitar os comentários, que poderiam ser colocados ao lado de seus artigos, ou que se preocupam em verificá-los antes de publicá-los.

E, entretanto, elas giram, ou melhor, "elas se movem". Quer sob a ação do mercado, de alguns dirigentes mais audaciosos, ou porque seus funcionários (especialmente os mais jovens) exigem isso, as instituições avançam em ritmo próprio e com o cuidado de conservar certo equilíbrio.

A tensão que resulta com o impulso social é manifesto, como ilustra de maneira bastante clara a adaptação das empresas e notadamente das empresas de serviços.

» Em busca da eficácia social

Nesse contexto, a época parece marcada pela tensão entre o esforço social impulsionado por um grande número de web atores e de iniciantes, de um lado, e pela lentidão da mecânica institucional, de outro.

A busca espontânea e desordenada de novas formas de relações e de organizações choca-se com a resistência (às vezes) e com a lentidão (sempre) das instituições e de sua mecânica prudente.

Ao mesmo tempo, a dinâmica de movimento sem freios em alguns espaços parece levar a um início de reserva diante das ofertas como as do Twitter ou do Facebook.

TWITTER

Twitter.com é um híbrido do SMS – mensagens instantâneas – e blogs. Ele permite enviar e receber, no celular ou no computador, mensagens com no máximo 140 caracteres.

O site convida os que se inscrevem a responder a uma única pergunta: "O que você está fazendo?".

As respostas literais são diversas: "Eu acabei de perder o ônibus" ou "Eu terminei o meu sanduíche". Se os blogs permitem publicar para milhões de usuários o relato da vida de um gato, podemos, graças ao Twitter, acompanhá-la a cada minuto e nos manter, assim, informados do instante em que ele se coça, ronrona ou devora sua comida.

Vocês podem verificar indo diretamente para a página de acesso em que todas as mensagens chegam, ou melhor, visitando Twittervision.com. Encontrarão ali um mapa do mundo sobre o qual as mensagens aparecem, acompanhadas da foto de seus autores à medida que se conectam. Fascinante.

As mensagens assim enviadas podem ser vistas por todos ou limitadas a uma rede de amigos. Cada um pode inscrever-se no sistema de distribuição que melhor lhe convenha.

Em suma, de forma simples e rápida, o serviço oferece uma instantaneidade sem esforço tanto para as redes sociais mais simples como para as mais densas.

A palavra *twitter* pode ser traduzida por "importunar" e *twit* por "idiota". O fundador, Evan Williams,[21] é conhecido por sua participação na criação do Blogger, um programa de blogs comprado pelo Google.

Cada usuário consegue limitar as mensagens que recebe. A ferramenta pode servir para pequenos grupos cujos membros queiram manter contato intenso ou tenham uma tarefa precisa para realizar num tempo razoavelmente curto. Ela permite, então, coordenar as atividades das equipes de trabalho; por exemplo, jornalistas durante uma grande manifestação ou uma catástrofe.

---

[21] Sobre Evan Williams, ver http://en.wikipedia.org/wiki/Evan_Williams_%28blogger%29.

Pode também ser muito útil para difusão de informações curtas a diversas pessoas. Alguns blogueiros servem-se dela regularmente. Nos Estados Unidos, a campanha presidencial de 2008 foi claramente marcada pela utilização que candidatos, ativistas e jornalistas fizeram dessa ferramenta.

Mas o problema desse site, muito em moda na primavera de 2007, é que terminou soterrado por uma avalanche de informações de utilidade duvidosa. A saturação incomoda e esses tipos de serviços se multiplicam (o próprio Williams criou o Pownce.com, que permite trocar documentos). É o que afirmava a blogueira e fundadora da empresa Mary Hodder, em junho de 2007, ao apresentar a noção de "excesso de informações sociais".[22]

"É terrível. Sei tantas coisas – nos menores detalhes – sobre os amigos que estão nas mesmas redes que eu que não temos mais nada para nos dizer quando nos encontramos. Eu já sei tudo o que eles fazem. Eles me aborrecem", ela nos confiou durante uma entrevista.

A dinâmica relacional da web permite satisfazer uma profunda necessidade social, mas tende a perder as medidas. A "besta" (quer dizer, nós que a compomos) necessita encontrar o seu equilíbrio, a sua maturidade. O mercado necessita disso, se quiser evitar o superaquecimento; os web atores também, se não quiserem sucumbir ao excesso de informações sociais; da mesma forma as instituições, se desejarem manter-se atualizadas.

Depois do entusiasmo suscitado pela descoberta de uma dinâmica relacional nova, muitos usuários começam a se perguntar se não têm interesse em administrá-la de forma mais eficaz, sob pena de ficarem ultrapassados.

---

[22] Mary Hodder, "Social Information Overload", disponível em http://napsterization.org/stories/archives/000657.html.

Quer queiramos ou não, a tendência é a busca de uma maior eficácia social.

O verdadeiro desafio consiste em tirar partido de todas as oportunidades que essas novas ferramentas nos oferecem e dos efeitos de rede que elas permitem sem deixar-se sobrecarregar. A história que relatamos neste livro é a da emergência de uma dinâmica relacional acrescida e da passagem à busca de uma maior eficácia da qual ainda não conseguimos vislumbrar os contornos.

3. As técnicas discretas da web de hoje

> "As tecnologias mais poderosas são aquelas que desaparecem. Elas se fundem no tecido da vida de todos os dias de tal forma que não mais conseguimos distingui-las."
> Mark Weiser[1]

Paradoxalmente, a web de hoje "não é uma tecnologia, é uma forma de juntar computadores e negócios", segundo o blogueiro Dion Hinchcliffe.[2] Com efeito, ela não traz inovações tecnológicas importantes. E os grandes atores que dividem os títulos de primeira página não são os grandes editores de computação como nos anos 1990, ou os grandes fabricantes de computadores como nos anos 1980. A tecnologia existe, ela é acessível a todos e a preço acessível. Assim, os custos de infraestrutura técnica baixaram 72% em seis anos, segundo o índice de preços de computadores (Computer Price Index) publicado todos os anos pelo governo americano.

---

1 Antigo diretor científico do centro de pesquisas da Xerox, o célebre Xerox Parc de Palo Alto.

2 Dion Hinchcliff, http://web2.wsj2.com/the_state_of_web_20.htm.

■ MAIS BARATO

Joe Kraus, fundador do Excite, um dos primeiros portais da internet, declarou, na conferência Web 2.0 de outubro de 2005:[3] "Nunca houve momento melhor para tornar-se empreendedor, porque isto nunca foi tão barato. O Excite custou 3 milhões de dólares, entre a ideia e o lançamento. JotSpot, a minha nova empresa, 100 mil dólares".

Ele atribui essa redução de trinta vezes ao menos a quatro fatores:

- Materiais mais baratos.
- Programas gratuitos baseados em fontes abertas.
- O acesso a mão de obra abundante e barata (especialmente na Índia e na China).
- O *marketing* ligado a buscadores (*search engine marketing*), permitindo o acesso global e a bom preço a nichos de mercado (escala planetária especialmente).

Nada mais simples na web do que criar um site, lançar o próprio blog, publicar um vídeo feito e montado "em casa", ou fazer a própria difusão radiofônica. E com sucesso! Criar um negócio no mundo virtual SecondLife e viver dele tornou-se possível, até mesmo banal. Existem dezenas de milhares de internautas que o fizeram, sem nenhuma especialidade tecnológica. E são vários milhões de pessoas que vivem disso, ao menos parcialmente, de comércio on-line sobre plataformas como eBay, sem dominar nenhuma ferramenta de programação. Bem real, a tecnologia aprendeu a tornar-se discreta a ponto de muitas vezes desaparecer por trás de interfaces simples.

A utilização profundamente inovadora da web só conseguiu generalizar-se e começar a atingir um número maior de usuários graças a essa

---

3 Citado em John Musser, *Web 2.0, Principles and Best Practices* (Sebastopol: O'Reilly Radar, 2007).

discrição progressiva. Provavelmente seja o maior esforço realizado pelas empresas que tiveram sucesso nesses últimos anos. O Google, com a famosa página em branco decorada por uma estreita janela de diálogos, é o arquétipo. Desde o armazenamento até o acesso de dados, passando pelos algoritmos de busca, ele dissimula a tecnologia complexa desenvolvida por milhares de engenheiros e matemáticos que estão entre os melhores do mundo.

YOUTUBE: A SIMPLICIDADE A SERVIÇO DO VÍDEO COMPARTILHADO

O YouTube é um serviço gratuito de compartilhamento de vídeos na internet, cujo sucesso estrondoso parece não conhecer limites. Nele encontramos de tudo, desde a filmagem do primeiro dente do último recém-nascido até os clipes da moda, mas também vídeos de criações artísticas ou de animação e segmentos de transmissões televisivas. O conjunto dos conteúdos é postado pelos internautas. Os espectadores ativos apontam as gravações de que gostam e as que detestam. Alguns vídeos são vistos vários milhões de vezes e estrelas surgem do anonimato! Para interessar ou fazer empalidecer de inveja as maiores redes de televisão.

Especialistas estimam que o YouTube utilizou, em 2007, o equivalente à totalidade da banda passante da internet de 2000. Como muitas empresas de sucesso no Vale do Silício, esse site nasceu de uma necessidade simples de seus fundadores: o desejo de trocar facilmente entre amigos um vídeo gravado num aniversário e de permitir que grande número de pessoas pudesse vê-lo.

O site ilustra perfeitamente o conceito de encobrimento tecnológico. O YouTube é muito simples de utilizar. Publica-se o vídeo no site a partir do próprio computador pessoal. E isso é tudo... Podemos até colocá-lo no blog. Coisa de crianças. Não é mais necessário o conhecimento sutil de códigos, a necessidade de um servidor e adquirir a banda larga: o site tem tudo e é transparente para o usuário. A eficácia é decuplicada pelo encobrimento das tecnologias. Em benefício de um maior número de pessoas e de suas relações com os outros: alguns vídeos permitiram a alguns artistas tornar-se conhecidos do grande público, ou simplesmente a desconhecidos entrarem em contato com um público verdadeiro. Esses vídeos, acima de tudo, permitiram às pessoas exprimir-se.

Qualidade muito desigual, legalidade às vezes duvidosa e contestada, mas os interesses continuam pelo encontro. O Google não se enganou: em outubro de 2006, a sociedade adquiriu o YouTube por pouco menos de 1,7 bilhão de dólares.

Falamos de uma nova era, aquela depois do PC, aquela da internet e da web. A evolução atual da web não passa da ilustração de um *tipping point*,[4] um ponto de virada, num movimento muito mais abrangente. As principais tecnologias da web alcançam agora a maturidade. Abertura e colaboração estão no foco dos últimos desenvolvimentos e permitem à web representar plenamente o seu papel de plataforma. Esta permite aos sites, mais abertos e mais leves que seus predecessores, colocar dados no centro de sua mecânica. O acréscimo de novos "meios de transporte" de dados, como o fluxo RSS[5] (de *real simple syndication*, ou "sistema de assinaturas realmente simples"), aumenta a fluidez da circulação da informação. Só resta então enriquecer esse dado e dar-lhe um sentido maior para tornar a web uma poderosa ferramenta de reforço da inteligência coletiva. É este o movimento que está em andamento.

---

4 Para retomar a expressão que ficou célebre pelo autor norte-americano Malcolm Gladwell em *The Tipping Point: How Little Things Can Make a Big Difference* (Nova York: Back Bay Books, 2002). [Edição brasileira: *O ponto da virada: como pequenas coisas podem fazer uma grande diferença* (Rio de Janeiro: Sextante, 2008).]

5 Os fluxos RSS permitem o acesso, de maneira muito simples, aos fluxos de informações de todos os tipos, que são recebidas no local de escolha.

» Abertura e colaboração

A WEB É UMA PLATAFORMA

"A web é uma plataforma",[6] insistia o editor Tim O'Reilly no final de 2004, quando constatou que alguma coisa mudara na forma como as pessoas a utilizavam.

Na era dos computadores individuais, dos PCs, uma empresa como a Microsoft mostrou com sucesso a importância estratégica de não criar simplesmente aplicativos (World, Excel, Internet Explorer, por exemplo), mas integrá-los nas plataformas lógicas (Windows, Office, Exchange, etc.). A maioria dos produtos Microsoft são peças proprietárias de uma estrutura mais completa (as famosas suítes do Office, ou o sistema de exploração) sobre a qual todo o ecossistema está construído. É o que faz o sucesso tecnológico e comercial da Microsoft nesses últimos trinta anos.

A evolução é fatal:

- De início por causa da migração de padrões proprietários para padrões abertos. A internet é hoje uma plataforma global, que repousa sobre padrões estabelecidos, abertos e compartilhados.[7]
- Em seguida, pela evolução dos sites da web. Passamos de uma primeira geração de sites estáticos (o conteúdo só muda pela intervenção de seu administrador, quer dizer, muito raramente), para uma segunda geração dinâmica (mais rápida e mais rica, o conteúdo muda também de forma automática, interagindo com os algoritmos e os usuários). Vemos surgir hoje uma terceira geração de sites, como YouTube, MySpace, Flickr ou LinkedIn, que

---

6 Tim O'Reilly, "What is web 2.0", 30 de setembro de 2005, disponível em http://www.oreillynet.com/pub/a/oreilly/tim/news/2005/09/30/what-is-web-20.html.

7 Esses protocolos são, por exemplo: XML, TCP/IP ou http. Mas também os quase protocolos como Lamp (Linux, Apache, MySQL e PHP), um conjunto de métodos de desenvolvimento que utiliza *softwares* livres.

não são somente destinos, mas sim plataformas, que propõem ao mesmo tempo os dados (vídeos, fotos, textos, informações...) e os serviços necessários para fazer funcionar os novos ecossistemas (sistema de publicação, de classificação, de busca, de indexação, de compartilhamento...).

- Pelo surgimento de plataformas de compartilhamento entre os web atores: o sistema do *peer-to-peer*, que lhes permite buscar livremente sobre o disco rígido de um utilizador conectado o que lhes interessa (música, vídeo...), ou utilizar o disco rígido e a conexão de um usuário conectado para ter acesso a um serviço ou a uma rede maior, sem arcar com o custo (é o sistema utilizado pelo aplicativo de telefonia on-line Skype).
- Pela evolução dos próprios aplicativos, enfim. Contrariamente ao modelo tradicional, que impõe dispor no seu computador do programa necessário para o funcionamento de um aplicativo (Word para a edição de texto, ou Excel para uma planilha de cálculos, por exemplo), uma plêiade cada vez maior de programas está disponível na internet, não sendo necessário o *download*. Encontramos hoje na internet ferramentas de edição de texto muito variáveis (Zoho, Thinkfree...), planilhas (Spreadsheet, do Google, por exemplo), programas para retocar fotos, para montar vídeos... Eles são frequentemente gratuitos e ricos em aplicações que permitem aos usuários colaborar on-line, compartilhando os seus arquivos e enriquecendo-os.

O *peer-to-peer*: a web, plataforma de intercâmbio e de compartilhamento

O *peer-to-peer* (par a par ou entre pares, em português) é um sistema, apresentado ao grande público em 1999, com o programa de compartilhamento de música Napster. Ele permite a vários computadores comunicar-se via internet e simplesmente compartilhar arquivos: pastas, músicas, vídeos e também fluxos de mídia (*streaming*). Necessita de um programa especial que permita aos computadores formar uma rede. Os exemplos mais conhecidos são os sites controversos (especialmente pela sua legalidade) de compartilhamento de músicas: Napster, Kazaa, Gnutella, eDonkey e BitTorrent, por exemplo. Mas o Skype, o programa de telefonia na internet, utiliza o mesmo princípio para criar a sua rede de comunicação. Ao baixar o Skype, cada usuário aceita tornar-se um ponto de passagem de uma vasta rede de telefonia, desviando-se assim da rede clássica. O sistema é uma das pedras de base da utilização da web como um sistema poderoso de relacionamento, de compartilhamento e de intercâmbio. Bastante simples do ponto de vista tecnológico, esses programas terão profundos impactos econômicos transtornando o modelo econômico de indústrias bem instaladas, como as dos grandes selos musicais.

Os benefícios dos aplicativos abertos

As APIs (*application programming interfaces* ou, em português, "interfaces de programação de aplicativos") são portas voluntariamente abertas pelos elaboradores dos programas para permitir a outros programadores apropriar-se de funções interessantes e acrescentá-las a seus próprios aplicativos.

Um dos exemplos clássicos é o Google Maps. Ao abrir as APIs do seu serviço de cartografia e de localização na internet, o Google suscitou numerosas aplicações entre os programadores ou editores de websites de todos os tipos: desde a localização de lojas à integração de mapas geográficos nos sites imobiliários. O Housemapping.com, que permite localizar casas e apartamentos para locação e venda, e Zillow.com, graças ao qual podemos ter todas as informações desejadas (tamanho, preço aproximado, etc.) de todo o parque imobiliário dos Estados Unidos, são bons exemplos.

As APIs não são novas. Na era dos PCs, elas eram tipicamente propostas – muitas vezes mediante pagamento ou participação nos lucros – pelos editores de sistemas como Microsoft ou Apple, ou pelos editores mais originais como RedHat, promotor dos primeiros programas abertos.

As principais APIs são apresentadas hoje pelos grandes sites de serviços on-line gratuitamente. O eBay é um dos primeiros sites, desde o ano 2000, a permitir o acesso livre a algumas partes de seu código. A empresa propôs um programa livre para os programadores, permitindo-lhes reforçar e difundir suas ferramentas de leilão e de *marketing*. Hoje, cerca de 50% de todos os lances no eBay são feitos via terceiros que desenvolveram as ferramentas a partir dessas APIs.[8]

As APIs não são somente um meio de abrir o código para enriquecer uma aplicação. Elas são também potencialmente uma fonte de receitas derivadas para o editor que autoriza a utilização de seu sistema.

As ferramentas em permanente evolução: o "beta perpétuo"

Estávamos acostumados, na era do PC, a receber, com certa regularidade, novas versões de *software* trazendo um conjunto de melhorias e de novidades. Os exemplos mais conhecidos são as novas entregas dos nossos sistemas operacionais pelos grandes editores: o SO Tiger e Leopard para o Apple, e o Vista para a Microsoft. Essa geração ainda não foi, evidentemente, ultrapassada, mas está em via de ser marginalizada.

---

[8] Laurie Sullivan, "eBay Developpers Create Huge Software as a Service Community", em Techweb, 3 de março de 2006, disponível em http://www.techweb.com/wire/ebiz/181500918.

Quem espera pela última versão do Google? Programa que não baixamos, mas que acessamos diretamente on-line. Entretanto, esses aperfeiçoamentos chegam e são entregues num ritmo regular. É o "beta perpétuo". O termo "beta" é tradicionalmente utilizado para descrever um programa que funciona, mas ainda está em teste, inacabado. E, portanto, em geral, ainda não é vendido. No "beta perpétuo", tudo está em obras, o tempo todo. Mas de forma transparente. O usuário pode satisfazer-se em aproveitar as novidades e as atualizações sem ter de se preocupar...

Quando os equipamentos e os programas estão permanentemente conectados à internet, os aplicativos não são mais simples "expressões" de *software*; são serviços contínuos e on-line. Isso tem impacto muito significativo sobre a forma como são desenvolvidos e entregues. Não há mais CD para instalar: nada fica no computador, tudo está on-line.

Não é mais só o desenvolvimento do *software* que conta, mas sim seu funcionamento no dia a dia. O sucesso do Google não tem a ver com a excelência do programa PageRank e do algoritmo que o mantém, mas sim com a perfeita disponibilidade de servidores, com a rapidez com que afixa os resultados e com a sua pertinência. E isso supõe que o sistema seja um perpétuo canteiro de obras, visto que ele não é conservado no computador do usuário, mas em uma plataforma on-line.

Hoje o usuário não pensa mais em programas, mas em serviços. E espera que estejam disponíveis e se aperfeiçoem sem versões, sem instalações e sem necessidade de atualizações. Graças às APIs, ele pode até tornar-se coprogramador do sistema proposto pelo editor.

Um dos benefícios para os editores é estar mais em contato com o mercado. O Flickr, site de compartilhamento de fotos on-line, apresentou dezenas de novas versões de seu programa entre fevereiro de 2004 e agosto de 2005. Durante esse período, a Microsoft não apresentou nenhuma nova versão do Windows... e a do Vista, seu novo sistema operacional, estava atrasada havia meses.

A utilização da versão "beta", que significa oficialmente "em obras", permite associar fortemente os usuários ao desenvolvimento, recebendo suas observações e melhorando o produto em funcionamento, sem no entanto ignorar ou mascarar os problemas. O Google Maps, lançado em fevereiro de 2005, permaneceu na versão beta durante oito meses. Um atraso que permitiu ao Google colher informações preciosas de parte dos usuários, acrescentar com regularidade novas funções (por exemplo, a impressionante visão por satélite) e de impor-se no mercado, beneficiando-se da vantagem de ser o primeiro a enfrentar a Microsoft e o Yahoo!.

» Aliviar e inserir inteligência nos dados

A web atual repousa sobre sites cada vez mais ricos (fotos, músicas e vídeos vieram juntar-se ao texto), dinâmicos e interativos. Isso supõe funcionamentos cada vez mais complexos.

Dessa forma, facilitar o acesso e fornecer inteligência aos dados para fazer com que se comuniquem uns com os outros é um dos elementos-chave da tecnologia. Um de seus fatores de sucesso.

Será que isso é uma verdadeira novidade?

Ajax: "refazer a pintura, mas não os muros"

Em nosso contexto, o Ajax não designa nem uma marca de produtos do lar nem o rei de Salamina, filho de Télamon, em quem Sófocles se inspirou para a sua célebre tragédia.

Trata-se do acrônimo de *Asynchronous JavaScript and XML*, uma das linguagens utilizadas hoje para o desenvolvimento de aplicativos de informática e de websites.

Não se trata de uma tecnologia propriamente dita, mas de um método de elaboração muito apreciado que utiliza várias tecnologias da web.

O Ajax visa a resolver várias dificuldades:

- Os aplicativos on-line estão cada vez mais pesados por causa da introdução maciça da multimídia.
- O conjunto do movimento atual é levado pela interatividade, pela possibilidade de consumir, mas também de criar conteúdo.
- Dispomos de melhores taxas de transferência, então, solicitamos à rede que nos forneça mais dados, mais rapidamente.

O termo "Ajax" foi utilizado pela primeira vez em fevereiro de 2005, num artigo de Jesse James Garrett, especialista em arquitetura da informação.[9] Mas as bases não são novas. Foi a Microsoft que desenvolveu uma das tecnologias que é o coração do Ajax, o XMLhttp, desde 1999 (ver a entrevista no final do capítulo). Isso ilustra bem o fato de que a novidade tecnológica da web nasce frequentemente da combinação de tecnologias maduras, ou usos antigos, que encontram em novas montagens e novas utilizações uma segunda vida, mais rica.

O princípio do Ajax é muito simples... no papel. Em lugar de obrigar o navegador da internet a carregar completamente uma página web cada vez que uma nova informação se apresenta ou é solicitada, o Ajax permite que só se carregue o que for novo e útil. Assim, quando você consulta o seu correio eletrônico na internet (Gmail, o sistema do Google, por exemplo), o navegador só procura as novas mensagens recebidas durante a seção e não carrega nem os logos nem os e-mails antigos. Ganha-se tempo, agilidade, em capacidade de reação. Para ilustrar, vou repetir uma imagem sugerida pelo investidor franco-

---

9 O artigo criador de Ajax, de Jesse James Garrett, está disponível em http://www.adaptivepath.com/publications/essays/archives/000385.php.

-americano Jean-Louis Gassée: "O Ajax permite refazer a pintura sem refazer os muros".[10]

Por fim, é mesmo a noção estrita de página web que desaparece em benefício daquela de tela, constituída por componentes que são executados localmente pelo navegador. Cada componente pode mudar os dados estruturados com um servidor web. Uma verdadeira dinâmica social se estabelece entre os dados.

■ NETVIBES: A PÁGINA WEB PERSONALIZÁVEL

Um bom exemplo que ilustra a aplicação do Ajax é dado pelo Netvibes, um serviço gratuito de páginas personalizáveis.

Todos nossos dados preferidos podem estar ali: caixa do correio, fontes de informações, blogs e *podcasts*, *gadgets*, meteorologia, Bolsa de Valores...

Cada tipo de informação aparece num retângulo horizontal que contém somente o nome do site de origem e o número de mensagens ou artigos não lidos. Passar o cursor sobre um título permite ler a primeira frase. Cada retângulo pode ser editado ou deslocado com um simples clique do *mouse*.

Essas barras que se abrem ou se fecham à vontade permitem ter grande número de módulos por página sem correr o risco de asfixia. Quando uma página está pesada em excesso, é possível criar outra que será indicada por um identificador e será acessível imediatamente. Uma para noticiário do dia, uma para notícias internacionais, uma para música, uma para cinema, etc.

As informações são atualizadas à medida que são publicadas: as notícias da agência France-Press assim que são divulgadas, a Bolsa de Valores a cada quinze minutos, a meteorologia todos os dias, a caixa de correio a cada nova mensagem... sem que tenhamos de nos preocupar com o que quer que seja. Isso graças ao Ajax, associado à tecnologia dos canais RSS apresentados em seguida.

---

10 Conversa com os autores.

Fluxo RSS: os dados chegam ao web ator

Para tornar os dados inteligentes, é necessário torná-los ativos e dinâmicos.

A primeira geração de sites era constituída por páginas estáticas, propondo um conteúdo, o qual era acessado navegando-se de link para link, ou com a ajuda de buscadores. Depois, o aumento irresistível do número de páginas rapidamente fez com que a busca de dados se tornasse difícil.

Além dos buscadores, dois elementos permitiram trazer uma primeira resposta a essa dificuldade crescente de acesso aos dados: os portais e os marcadores de páginas (ou *bookmarks*):

- A criação dos portais foi a primeira tentativa para estruturar os dados dentro de um único link e utilizar a web como plataforma de conteúdos. Esses grandes sites de agregação de conteúdo, dos quais o Yahoo! foi o pioneiro, permitem encontrar, num só lugar, uma quantidade importante de informações. Criaram-se, assim, grandes portais genéricos, mas também vários portais temáticos: por exemplo, para o esporte, o carro ou a moda. O Yahoo! foi realmente o primeiro, em 1999, a introduzir a possibilidade de personalizar uma página com o MyYahoo! sobre a qual cada um podia juntar os elementos de sua escolha. Portanto, essa forma de chegar aos dados ficava condicionada a duas ações principais: era necessário continuar a fazer as buscas num site e confiar nas escolhas de seu editor. Nesses sistemas, não escolhíamos a fonte, ela nos era imposta por um terceiro: o portal. Faltava então a interatividade e a liberdade de opção. Os portais inteiramente personalizados pelo usuário, como Netvibes ou WebWag, que deixam ao web ator a escolha total de suas fontes, são uma parte da resposta a essa questão.

- Os marcadores de páginas ou *bookmarks* são uma resposta velha e prática. Foram incorporados aos navegadores desde o primeiro deles: Mosaic. Eles simplesmente permitiam guardar na memória e classificar as páginas favoritas para poder retornar a elas facilmente. São uma espécie de biblioteca acumulada ao longo de nossas navegações. Uma única dificuldade: eles são "passivos". Não nos avisam quando um site é atualizado, uma informação importante é publicada ou um dado que nos interessa muda. Enfim, nossos marcadores de páginas se parecem com essas bibliotecas constituídas ao longo dos anos por nossas leituras: uma massa de referência, de títulos e de links sem um verdadeiro sentido. Por mais que nos esforcemos para classificar e reclassificar, o acesso aos dados recentes continua sendo um trabalho de Sísifo.

Um fluxo RSS é um tipo de assinatura para alguns sites que permite difundir automaticamente e em tempo real suas informações, sem que seja necessário acessá-los a toda hora. É como ter todo ou parte do seu jornal entregue em tempo real, em vez de ir ao jornaleiro para comprá-lo. Com o RSS, não preciso mais procurar os dados; eles são levados até mim.

Por exemplo, uma notícia da agência France-Press sobre um assunto que me interessa surge: sou diretamente informado, sem ter necessidade de consultar o site. O meu blog favorito é atualizado: não necessito acessá-lo, sou informado pelo leitor RSS integrado a meu navegador ou por um leitor que instalei. A mesma coisa acontece quando o horário de um avião muda. Nada mais fácil do que associar-se a um fluxo RSS ou dissociar-se dele, e, praticamente, todos os sites o propõem.

Os canais RSS estão em via de tornar-se o meio privilegiado de acesso aos dados.

As próximas evoluções tecnológicas deverão integrar um canal de refluxo ao canal RSS, hoje, "monodirecional" (do fornecedor para o consumidor). A Microsoft – ainda ela – está em fase de desenvolvimento do canal SSE (*simple sharing extensions*), que sincroniza as bases de dados. Isso vai permitir que os dados se comuniquem entre si de forma simples e transparente para o usuário, que vai ganhar, especialmente se acessar a web de vários pontos. É uma etapa essencial na utilização da web como plataforma.

Como constatamos muitas vezes neste livro, o fluxo RSS é uma tecnologia antiga, que conhece o seu momento de glória com as últimas utilizações da web.[11]

A tecnologia do RSS, tão simples e de desenvolvimento pouco custoso, é um motor para fazer decolar essas novas plataformas de publicações que são os blogs.

Blogs/*podcasts*/*videocast*/wiki: as novas plataformas de publicação e de compartilhamento

O blog é um dos fenômenos que mais modificaram a web. Segundo Technorati, um dos sites de busca especializado em blogs, havia mais de 100 milhões de blogs no início de 2007. Para definir blog de maneira simples, trata-se de uma página em que o conteúdo é produzido pelos usuários – autores e leitores que participam com comentários. Ele adota, em geral, o estilo de um jornal, cujos dados mais recentes são apresentados no começo. Inicialmente com textos e imagens, os blogs se enriqueceram com sons (*podcast*) e vídeos (*videoblogs*). São também

---

[11] Os primeiros fundamentos do RSS são devidos à Microsoft, que propõe ao W3C (a instância de regulação tecnológica da internet) seu Chanel Definition Format de 1997, seguido de perto pelo Netscape. O fluxo RSS, numa versão de rendimento menos elevado do que aquele que conhecemos, nasceu em 1999, com a colocação on-line do MyNetscape.com. Em 2005, a Microsoft o reconheceu como um padrão de fato, integrando-o ao navegador usado em domicílios, IE5, o ícone laranja do RSS desenvolvido pelo seu grande concorrente Mozilla e seu navegador Firefox.

plataformas de intercâmbio e de troca de dados como os wikis, cujo conteúdo é colocado on-line diretamente pelos leitores. Retornaremos a esse fenômeno em nosso capítulo consagrado às mídias para nos concentrarmos aqui sobre o aspecto tecnológico do movimento.

O interesse pela web como plataforma de edição não é novo. Mas, até o final dos anos 1990, era necessário dominar técnicas complexas e, frequentemente, o código e a linguagem de programação HTML.

O surgimento de ferramentas mais simples de gestão do conteúdo provocou o entusiasmo pelos blogs e conduziu ao abandono progressivo dos sites pessoais, excessivamente complicados. Isso ilustra um princípio forte agindo no movimento atual: toda aplicação que permite esconder as tecnologias conhece grande sucesso entre os usuários finais.

O primeiro editor popular de aplicação de blogs foi uma sociedade de São Francisco, Pyra Labs. Criada por Evan Williams e Meg Hourihan, a sociedade lançou o produto Blogger em agosto de 1999, contribuindo assim para a popularização da palavra. Gratuito e muito simples de utilizar, ele conheceu rapidamente o sucesso e seria adquirido pelo Google em fevereiro de 2003.

Funções novas – som, imagem e vídeo, frequentemente utilizados na mesma plataforma – permitem aos blogueiros enriquecer os meios de expressão mantendo-se abertos às trocas com os visitantes graças à possibilidade deixada a qualquer um de acrescentar comentários.

Liberado de qualquer restrição tecnológica (ou quase), o web ator pode concentrar-se na produção, na publicação e na troca de dados.

Os wikis, entre os quais o mais famoso é a enciclopédia on-line Wikipedia, procedem segundo o mesmo princípio.[12] Um wiki é um site que todos podem alimentar: todos os internautas, no caso da Wikipedia, ou

[12] Ver a entrevista do inventor dos wikis, Ward Cunningham, sobre o site do ateliê, em http://www.atelier-us.com/hotnews/how,ward,cunningham,invented,wikis-205-.html.

todos os que têm acesso a ele, por exemplo, os funcionários de uma empresa. As alterações feitas são visíveis a todos, e, em caso de desacordo, é sempre possível retornar às versões anteriores, que estão armazenadas na memória. É uma poderosa ferramenta de trabalho colaborativo on-line. É exatamente o princípio da Wikipedia: um usuário publica um artigo e os leitores podem modificá-lo. O wiki é uma plataforma, e o documento original que foi "postado" nessa plataforma torna-se um "canteiro de obras", beneficiando-se da contribuição de cada um.

O *TAGGING*: OS USUÁRIOS CRIAM SUAS NUVENS DE SENTIDOS

O *tagging* permite a cada usuário escolher as próprias palavras-chave ("etiquetas" ou *tags* em inglês) para classificar "objetos" on-line. Esses objetos podem ser artigos, expressões, fotos, vídeos, produtos, *bookmarks*, mensagens de blogs... a *tag* é, então, a palavra-chave do web ator, por oposição à palavra-chave do buscador. O *tag* indica a forma de o web ator classificar e qualificar sua informação. O web ator, graças à *tag*, assume o poder sobre o dado, integrando a ele sua inteligência. E ele pode compartilhar essa inteligência com outros, tornando a relação mais dinâmica.

Com efeito, a *tag*, além de seu aspecto prático para o web ator, que a utiliza como ferramenta inteligente de classificação e de publicação, adquire toda uma dimensão ao ser publicada e confrontada com outras *tags* disponíveis, e uma inteligência se libera do conjunto de dados assim marcados. Alguns sites especializaram-se no intercâmbio de *tags*, permitindo uma nova forma de acesso à informação. O Del.icio.us, criado em 2003, é exemplo emblemático. O site de compartilhamento de fotos Flickr também utiliza essa técnica para permitir aos internautas compartilhar fotos e se reencontrar.

Nas "nuvens de *tags*", as *tags* utilizadas num site são ponderadas em função de sua importância (número de vezes em que são utilizadas para descrever uma informação, popularidade do tema...). O sistema repousa sobre a densidade de uma *tag* em relação às outras. As mais densas aparecem então com um tamanho, letras e/ou cores diferentes, permitindo uma nova forma de navegação mais intuitiva.

Essa forma de dar inteligência coletiva aos dados é central na evolução atual da web. Chamamos a isto *folksonomia*, neologismo derivado do termo "*folk*" (popular) e "taxonomia" (ou técnica de classificação tal como a conhecem os arquivistas e os bibliotecários). A *folksonomia* é a classificação realizada pelos web atores quando classificam os objetos da web e compartilham essas *tags*.

Para concluir:

- O Ajax permite uma publicação ágil e leve, só atualizando os dados pertinentes no momento necessário.
- O fluxo RSS coloca a informação, os dados em sentido estrito, no centro da interface pertinente para o usuário, economizando tempo de coleta e de busca. O RSS torna-se o meio de encaminhamento privilegiado dos dados eficazes. Ele permite o estabelecimento de uma relação e multiplica o efeito.
- As novas plataformas de publicação permitem ao usuário libertar-se cada vez mais da imposição técnica ligada à publicação de textos, sons, imagens, vídeos.
- O *tagging* atribui a palavra aos dados, graças à inteligência que lhes é atribuída pelos usuários.

Os dados são mais simples de publicar, de compartilhar e, portanto, de valorizar. Isso permite ter computadores ou serviços mais abertos que melhoram à medida que os utilizamos. A integração da relação no centro de seu funcionamento é perfeitamente original. Os dados são mais "inteligentes" graças às ferramentas e ficam ainda mais "inteligentes" pelos efeitos de redes que produzem. É o que alimenta a dinâmica relacional.

» Procedimentos abertos para desenvolver aplicativos

Temos então, de um lado, tecnologias ágeis e abertas, sobretudo graças à concepção da web como uma plataforma e às APIs. De outro, dispomos cada vez mais de ferramentas simples, mas reconhecidamente eficazes, para conseguir os dados mais inteligentes e que se comunicam melhor entre si. Tudo isso abre a porta a formas novas de desenvolvimento de aplicativos, eles próprios muito mais abertos e participativos.

O *MASHUP*: O CRUZAMENTO DOS APLICATIVOS

O fenômeno do *mashup*, ou da "aplicação situacional", tal como é frequentemente traduzido em português, é um procedimento de desenvolvimento recente. Segundo o editor e blogueiro Tim O'Reilly, devemos o primeiro *mashup* ao programador de *software* Paul Rademacher pelo serviço do HousingMaps.com, lançado no início de 2005.

Como milhões de pessoas no Vale do Silício e na região de São Francisco, Rademacher procurava um novo apartamento utilizando o site de classificados Craigslist. Frustrado por não conseguir associar um mapa aos anúncios que o interessavam, ele desenvolveu um aplicativo que mescla (*mash up* em inglês) as listas da Craigslist e o aplicativo de localização GoogleMaps automaticamente.

Esse aplicativo, nascido da necessidade de um usuário, demonstra bem o potencial das tecnologias quando os programadores podem apropriar-se dos serviços e dos dados on-line e mesclá-los para atender a novas aplicações. Isso ilustra o fenômeno do *loosely coupled* ("associados segundo links folgados") citado na introdução. Dois ou mais aplicativos associados de forma muito aberta encontram novo valor.

Sem API – portas abertas nos programas –, nada de *mashup*. Esse é um dos principais benefícios da abertura, que permite a participação de todos no desenvolvimento de novos aplicativos.

O fenômeno do *mashup* é uma verdadeira mudança nas técnicas de desenvolvimento e abre a era do desenvolvimento relacional, inclusive para os desenvolvedores de ponta como Google e Yahoo!. Quando Radmacher utilizou o código do GoogleMaps no início de 2005, este ainda não estava aberto, e ele teve de agir como um verdadeiro pirata do sistema Google. Então, o Google decidiu não mandar fechar o serviço, que violava a sua propriedade intelectual; pelo contrário, abriu suas APIs para permitir a todos acrescentarem valor ao próprio sistema.

A novidade, aqui, vem da mistura das aplicações. Já presentes na arte pós-moderna e na remixagem musical, a "heterogeneização" torna-se uma noção dominante, uma forma de criação quer no universo das tecnologias de informação e de comunicação, quer no de tijolos e de cimento. Uma metáfora emprestada do mundo real nos convida a falar de "mestiçagem" ou, melhor ainda, de "crioulização".[13]

É interessante aprofundar a metáfora. O termo (muito importante na música, pois se refere a toda a cultura da mixagem) merece reflexão. Eis o que nos diz a Wikipedia: "O *mashup* é originalmente uma expressão da Jamaica utilizada para descrever alguma coisa que quebramos. Mais tarde, o termo foi utilizado para designar um acontecimento (habitualmente nos salões de dança de música *reggae*) que foi bem realizado, alcançando um nível superior, jamais atingido. A expressão foi muito utilizada na música *hip-hop*, especialmente em Nova York, onde existe uma importante população de origem jamaicana".[14]

---

13 Édouard Glissant, *Poétique de la relation* (Paris: Gallimard, 1990).

14 Ver Wikipedia (em inglês), em 6 de janeiro de 2007. [O conteúdo desta página foi modificado desde então; ver http://en.wikipedia.org/wiki/Mashups.] (N. E.)

A referência é ao mesmo tempo artística e geográfica. O *mashup* não é apenas uma técnica: ele é uma cultura, uma forma de abertura de espírito ao outro e à relação. O que se encontra fortemente nas novas formas coletivas de criar os aplicativos.

O codesenvolvimento de aplicativos

O codesenvolvimento de aplicativos pela comunidade dos usuários e dos programadores, a cocriatividade em ação, a necessidade de intercambiar, a ideia de que é necessário envolver a inteligência coletiva na criação dos novos aplicativos e a necessidade de uma abertura nortearam a criação de um novo modelo de "reuniões": as "não reuniões"! Encontramos nisso um pouco daquele espírito comunitário próprio da região de São Francisco (o movimento *hippie* nasceu ali, por exemplo) que inspirou os programadores do Vale do Silício desde os anos 1970.

Tim O'Reilly, que ocupa papel central na estruturação e na análise desse movimento, criou os Foo Bar em 2003, depois do estouro da bolha. A origem do nome não é completamente clara. A palavra "Bar" é utilizada pelos *hackers* e se refere a um símbolo matemático. "Foo" é a abreviação de *Friends of O'Reilly*. A influência *hacker*, ou "pirata informático" – no sentido positivo do termo –,[15] é explícita. Inspirado em seu papel e sua forma de programar, O'Reilly desejava reencontrar um pouco do espírito criativo do período pré-bolha, agora que esses grandes locais tinham-se libertado de algumas das empresas que alojavam.

A ideia é simples: algumas tendas erguidas no jardim para um fim de semana, nada de tema preciso nem de estrutura e, especialmente, nada de "turistas". Ou participa ou levanta acampamento! O programa é definido pelos participantes graças a um wiki. Reunião de projetis-

---

15 Sobre esse assunto ver, por exemplo, Pekka Himanen, *L'éthique hacker* (Paris: Exils, 2001).

tas inteligentes, somente para convidados, o Foo Camp é um espaço de criatividade, de inovação, num espírito de polinização cruzada de ideias. Dele surgem planos novos, projetos de aplicativos, de computadores e até mesmo de empresas.

Em 2005, um movimento de contestação soprou sobre o Foo Bar. Vários programadores que não eram convidados decidiram lançar o movimento das "não reuniões", retomando as regras do Foo Bar e estendendo-as a todos. Os *barcamps* nasceram. O primeiro teve lugar em agosto de 2005, na sociedade editora de wikis, SocialText, sob o patrocínio de seu dono e fundador, Ross Mayfield.

A abertura a uma comunidade maior garantiu o sucesso rápido dessa forma de reunião. Os *barcamps* são organizados e promovidos utilizando-se amplamente as novas ferramentas relacionais da web – como os wikis. Existem hoje várias dezenas nos Estados Unidos, e a França associou-se abundantemente ao movimento.

Uma categoria especial de *barcamp* surgiu recentemente: os *mashpits*, especificamente dedicados à criação de *mashups*.[16] Mais especificamente destinados à comunidade dos programadores, eles conheceram um sucesso rápido no Vale do Silício, onde são notadamente promovidos pelas grandes empresas da região, como o Yahoo!.

» O acesso aos dados: a força da plataforma

A partir do fato de que nossos dados estão hospedados nas "nuvens", coloca-se a questão do acesso. O economista e ensaísta norte-americano Jeremy Rifkin havia anunciado isso e previa a chegada da "era do acesso".[17]

---

[16] Sobre os *barcamps* e os *mashpits*, ver, especialmente, www.barcamp.org, que propõe todos os *barcamps* e as ferramentas necessárias para a sua organização.

[17] Jeremy Rifkin, *L'âge de l'accès: la vérité sur la nouvelle économie* (Paris: La Découverte, 2000). [Edição brasileira: *A era do acesso: a transição de mercados convencionais para network e o nascimento de uma nova economia* (São Paulo: Makron Books, 2005).]

A web como plataforma e o retorno do cliente leve

Com o desenvolvimento de conexões de banda larga cada vez mais confiáveis, torna-se interessante armazenar os próprios dados a distância para compartilhá-los com um número maior de usuários. É particularmente vantajoso para as empresas, mas também para os particulares. Guardar fotos e vídeos num site como o Flikr ou o YouTube torna-se uma prática corrente e, acrescentando-se a capacidade de compartilhar, permite ao web ator aceder a um conjunto mais rico de informações. O Flikr estima que menos de 3% das fotos depositadas no site são publicadas com acesso reservado.

O baixo custo de armazenamento e a mobilidade crescente dos empregados são bons argumentos para guardar esses dados "nas nuvens". Mas por que não abrigar também os aplicativos que servem para trabalhá-los?

Retorno paradoxal de um movimento antigo: o cliente leve. A ideia não é efetivamente nova. Ela surgiu no início do PC. Por que se conservam os dados e os aplicativos que servem para trabalhá-los? Armazenados nesses servidores distantes, estes últimos tornam-se acessíveis de qualquer lugar, independentemente do computador. Isso representa uma vantagem econômica certa: as estações de trabalho poderosas não são mais necessárias quando tudo está alojado em outro lugar, em servidores centrais. Sociedades como Wyse propuseram esse tipo de computador, e a Hewlett Packard lançou um grande programa para empresas que supostamente estariam interessadas nesse esquema.

A web permite agora abrir os dispositivos e armazenar os dados e os aplicativos sobre servidores externos, ampliando assim as vantagens vislumbradas na primeira versão.

Um bom exemplo desse fenômeno é o Writely, o aplicativo de editoração de texto on-line adquirido pelo Google em março de 2006 e transformado no Google Docs. A ideia é bastante simples. O aplicativo realiza, aproximadamente, aquilo que o Microsoft Word faz, mas ele o faz on-line: sem ter de fazer *download*, sem aplicação no disco rígido. As vantagens são diversas: sem a necessidade de ser gravado no HD, sempre tenho a última versão do programa, eu o acesso de qualquer computador conectado e, sobretudo, posso compartilhar meus documentos com outras pessoas para realizar um trabalho colaborativo em tempo real, ou quase.

Diversas sociedades – entre as quais a mais conhecida no momento depois do Google, o Zoho – propõem uma gama completa de aplicativos burocráticos.

É muito simples e muito eficaz. O único problema, evidentemente, é que é necessário estar conectado à internet. E é necessário que todos os dados estejam sincronizados. Sem falar das questões de segurança e de integridade dos dados assim armazenados, que dão um pouco de vertigem, com toda a razão, aos diretores de informática das empresas, muito preocupados com questões muitas vezes estratégicas.

■ BOX.NET: ARMAZENAR E COMPARTILHAR OS DADOS NA WEB

Na era do PC, o armazenamento de dados era essencialmente um assunto particular para os indivíduos e um assunto para os servidores e os *data centers* seguros para as empresas.

Para compartilhar dados – textos, imagens, vídeos, músicas – com amigos, o meio mais utilizado era o correio eletrônico. Mas essa forma de transferência alcançou rapidamente os seus limites com o aumento do tamanho e do número de arquivos que utilizamos no dia a dia. E com qual interatividade? Limitávamos nossas trocas enviando a informação para um número restrito de destinatários.

A solução eficaz para libertar esse dado órfão e isolado: fazê-lo sair do PC para colocá-lo na web, onde pode ser trocado, compartilhado e enriquecido com metadados, adquirindo valor.

O Box.net é uma resposta original que permite aumentar notavelmente a eficácia social e colaborativa num contexto pessoal ou profissional. A sociedade foi criada no início de 2005 por dois estudantes e contava com mais de 1,3 milhão de usuários no final de 2007.

A sociedade, instalada em Palo Alto, propõe uma solução de armazenamento de dados simples, gratuita em sua versão de base e aberta, destinada aos consumidores e às empresas. O princípio é infantil. O Box.net propõe, por meio de um simples *drag-and-drop* (arrastar e largar), transferir os arquivos desejados, qualquer que seja o tamanho ou tipo do seu HD, para os servidores da sociedade. Você pode, em seguida, chegar a seus arquivos e administrá-los a partir de qualquer computador, utilizando uma interface web semelhante ao seu explorador de dados habitual diretamente no Box.net, mas também através de outros sites, como Netvibes, iGoogle, Facebook ou de programas como Microsoft Office ou Photoshop. O Box.net propõe até uns *widgets*, pequenos aplicativos que você insere em blogs, websites ou nos perfis do Myspace para interagir com os espaços virtuais.

A aplicação on-line permite também compartilhar arquivos com pessoas escolhidas. Possibilita igualmente abrir documentos ao público e acrescentar fluxos RSS para manter-se a par das mudanças sem precisar conectar-se com o site. Em suma, com o Box.net assistimos ao fim do HD como espaço de armazenamento e o virtualizamos para tornar os arquivos acessíveis em um contexto em que adquirem valor.

Bem entendido, o Box.net propõe colocar *tags* nos dados para facilitar o acesso, mas também para tornar o compartilhamento mais inteligente.

O movimento que tende a levar os dados para a internet – enquanto a web tende a tornar-se uma plataforma de hospedagem para os aplicativos que permite tratá-los – encontra uma ilustração concreta no mundo empresarial, notadamente com o movimento de *software as a service* (*SaaS*, *software* como serviço).

Software como serviço: quando o aplicativo se torna um serviço

O movimento nasceu de uma simples constatação: as pequenas e médias empresas não têm, muitas vezes, nem os meios nem a competência para dispor dos mais recentes aplicativos, os quais, entretanto, lhes seriam muito úteis. Às vezes, possuem versões antigas, que mal conseguem manter ou não chegam a atualizar.

Um primeiro passo consistiu em propor a essas empresas alojar, pura e simplesmente, aplicativos e dados em servidores distantes, operados por terceiros. Mas, mais recentemente, empresas como Salesforce.com, SugarCRM ou Qualys lançaram serviços mais evoluídos, inteiramente baseados nas tecnologias web: o aplicativo torna-se um serviço ao qual as empresas se conectam pela internet, com sistemas de faturamento integrado.

Entre as vantagens, há a garantia de se ter um aplicativo atualizado e só pagar por aquilo que se necessita. Veremos em seguida que a Microsoft, cujo modelo de negócios entra em forte concorrência com esse modelo, observou uma série de inconvenientes. Contudo, é uma tendência forte entre as pequenas empresas, que preferem transferir a informática para a internet, concentrando-se unicamente no próprio negócio.

O aplicativo livre e o código aberto: uma filosofia da dinâmica relacional

O aplicativo livre – que pode circular livremente, o que não significa que seja gratuito – e o *open source* – aplicativo cujo programa-fonte é aberto – são dois movimentos muito próximos, frequentemente confundidos, mas cuja história não é a mesma. Apesar de suas filosofias serem parecidas e o resultado, para o usuário final, ser o mesmo: mais liberdade na circulação e na modificação dos programas. Insistimos no movimento do aplicativo livre e do "código aberto" porque sua contribuição ao desenvolvimento da web é importante. Por duas razões, pelo menos:

- Uma filosofia baseada na abertura, no compartilhar, a tônica sendo colocada na inteligência coletiva, numa forma de discussão e de intercâmbio.
- Os métodos de desenvolvimento que produzem aplicativos que podem ser melhorados, transformados, reutilizados, em perpétua evolução segundo as necessidades da "comunidade".

Se essa homenagem nos parece necessária é porque a nova geração de desenvolvedores e de web atores não conheceu de verdade as batalhas do "código aberto". Os *nativos digitais*, que criam os novos aplicativos no Vale do Silício e em outros lugares, ignoram a raiz do fenômeno e a sua história.

Os primórdios da informática foram marcados por duas grandes empresas: IBM e Digital Equipment Corp (DEC). Suas receitas provinham principalmente da venda de equipamentos. O programa não passava de uma "ferramenta" para a organização e o funcionamento do sistema. Os recursos para criar essa ferramenta são raros e o potencial do computador é importante. Também o acesso ao código-fonte desse programa, frequentemente baseado no Unix, é aberto. No início dos anos 1970, trocava-se facilmente esse código entre universidades e entre programadores. Sua propriedade intelectual não era ainda claramente definida.

A chegada do computador pessoal no final dos anos 1970 perturba o jogo. O número de computadores vendidos cresce e suas capacidades aumentam. Surge um novo tipo de empresa: o editor de *software*, com um modelo específico de negócio. É o início da Microsoft, que decide ao mesmo tempo vender seus aplicativos para fazer funcionar os computadores e fechar o seu código-fonte, tornando-se proprietária.

O movimento do aplicativo livre (*freeware* em inglês) surgiu em 1984 de uma constatação:[18] não era possível fazer funcionar um computador sem antes instalar um sistema operacional obtido com uma licença restritiva. Essencialmente da Microsoft na época, mas também da Apple. Richard Stallman, pesquisador do Massachusetts Institute of Technology (MIT), funda então a Free Software Foundation, para apoiar o movimento iniciado por ele mesmo.

Então, aquilo que choca os defensores do *software* livre não é tanto o fato de pagar pela licença. A palavra *free* é ambígua em inglês, visto que significa ao mesmo tempo "livre" e "gratuito", mas encontra uma tradução mais bem definida em português: "livre". A ideia original é simples: os usuários não podem compartilhar livremente os programas proprietários com outros usuários de computadores de sua própria rede, nem mesmo adaptá-los a suas necessidades. Richard Stallman escreve: "Os proprietários dos códigos dos programas ergueram muros para nos separar uns dos outros".[19] Já não é uma observação que faz referência à falta de uma dinâmica relacional?

A ideia não é a de construir um sistema gratuito. O código aberto permite a cada um contribuir com melhorias e distribuir os produtos assim transformados. Distribuição que pode ser gratuita ou paga, mas que deve respeitar o código aberto. Um dos heróis desse movimento é Linus Torvalds, que propôs em 1991 um dos mais importantes núcleos

---

18 Sobre esse assunto, ver, principalmente, no site da Free Software Society, o texto de Richard Stallman, um dos pais fundadores do movimento: http://www.gnu.org/philosophy/15-years-of-free-software.html. Para uma definição precisa em francês: http://www.gnu.org/philosophy/free-sw.fr.html.

19 Richard Stallman, "15 Years of Free Software", disponível em http://www.gnu.org/philosophy/15-years-of-free-software.html.

do sistema de exploração desenvolvido pela comunidade do programa livre, o Linux.

Para ele, o movimento *open source* é um dos que suscitam mais entusiasmo, discussões e controvérsias desde o seu aparecimento "oficial" no final dos anos 1990. Ele é hoje um dos motores de desenvolvimento tecnológico das ferramentas da dinâmica relacional, mas também uma de suas fontes "filosóficas" e conceituais.

O NASCIMENTO DO *OPEN SOURCE*

O movimento nasce com o nome atual em 1998, no coração do Vale do Silício, em Palo Alto. A decisão da Netscape de publicar os códigos-fonte da última versão de seu navegador em janeiro de 1998 provoca uma agitação na comunidade dos desenvolvedores. Provocação para alguns, verdadeira revolução para outros. É durante uma reunião de trabalho, nesse mesmo ano, que Christine Petterson, do Foresight Institute, propõe o termo *open source* para caracterizar essa nova forma de desenvolvimento. O crescimento da internet, permitindo grande difusão de aplicativos por meio de *download*, mas também de formas de trabalho muito mais abertas e colaborativas, dará características de nobreza ao movimento. Com as últimas evoluções da web, ele encontra uma espécie de consagração.

Foi aliás Tim O'Reilly que lançou o movimento entre o grande público, organizando em abril de 1998 o primeiro Congresso de *Freeware*, que se tornará o Congresso do *Open Source*.

Um aplicativo *open source* não é um programa sem licença. É um programa cuja licença é aberta, com redistribuição autorizada, e cujo código-fonte está disponível, permitindo trabalhos derivados. Uma lista exaustiva dos critérios está publicada pela Open Source Initiative.[20]

---

20 Sobre este assunto e para conhecer sua história, ver, principalmente, o site de Open Source Initiative: http://www.opensource.org/.

Existem numerosas obras sobre *open source* e programas livres, e recomendamos algumas.[21]

Essa concepção aberta permite ver a web como uma excelente ferramenta de troca e de alojamento dos dados numa ótica colaborativa e de intercâmbios. Para compartilhar um programa, é necessário que ele esteja disponível! E a web é o lugar privilegiado para colocá-lo à disposição.

» Conclusão: a tecnologia esmaece em benefício dos dados e do usuário final

"O que é maravilhoso nas tecnologias é que as pessoas acabam por fazer delas algo completamente diferente daquilo pelo qual haviam inicialmente sido concebidas. A internet, nós vimos, é o produto da apropriação social de uma tecnologia pelos usuários produtores", já dizia o sociólogo Manuel Castells em 2001.[22] Os usuários produtores, que batizamos de web atores, mostram hoje como essa análise era visionária. São eles que decidem, mas os dados representam um papel central.

Para Tim O'Reilly, "os dados são o novo *Intel Inside*" (*data is the next Intel Inside*).[23] Durante mais de quinze anos, a sociedade Intel realizou uma campanha sobre o desde então famoso "*Intel Inside*". Capitalizando assim o fato de que praticamente todos os computadores pessoais do mundo, qualquer que seja a marca, dispõem de *chips* da Intel como processador central. Hoje, esse componente central que se desloca para

---

21 *Open Sources: Voices from the Open Source Revolution*, a obra "fundadora", com textos dos criadores desse movimento, como Richard Stallman e Linus Torvalds: http://www.oreilly.com/catalog/opensources/book/toc.html. Ver também Eric Raymond, *The Cathedrale and the Bazaar*, disponível em http://catb.org/~esr/writings/cathedral-bazaar/cathedral-bazaar/index.html.

22 Manuel Castalls, *La Galaxie Internet* (Paris: Fayard, 2001).

23 Sobre esse assunto, ver o texto inicial de Tim O'Reilly, "What is web 2.0 ?", disponível em http://www.oreillynet.com/pub/a/oreilly/tim/news/2005/09/30/what-is-web-20.html?page=1.

a rede e é acessado pela internet, são os dados. Veremos em seguida os maiores impactos que esse movimento pode ter sobre a utilização, sobre os modelos de negócios e as redes empresariais, como também sobre a sociedade.

Para a empresa de consultoria Gartner, que publica a cada ano o seu "ciclo de maturidade das tecnologias" (ou *hype cycle*, já mencionado na introdução), o movimento em curso na web deve chegar à fase adulta entre 2009 e 2012. As tecnologias que o compõem, entre as quais o Ajax, alcançarão a maturidade em menos de dois anos. O relatório é mais reservado sobre as aplicações compostas, ou *mashups*, sobre as quais julga que serão necessários cerca de cinco anos para afirmarem-se. Do ponto de vista tecnológico, a web ainda é um movimento em evolução.

A era da web é uma era "conectada". Dispomos de múltiplos aparelhos, de todas as dimensões e funcionalidades, conectados à internet: computadores no escritório, em casa, portáteis, *videogames*, telefones celulares... No Japão e na Coreia, o PC já não é o primeiro meio de acessar a internet. Ele foi destronado pelo celular. Progressivamente, saber se estamos conectados ou não e com qual aparelho são questões que vão desaparecer. Todos os equipamentos receberão dados da internet. E, desde que a taxa de cobertura, a banda larga e as velocidades de conexão aumentem, passaremos para uma era de "sempre conectados" (*always on*). Com a condição, evidentemente, de estarmos numa região de boa transmissão de dados. Essa é uma das questões mais importantes dos próximos anos.

É nesse contexto que a noção de web como plataforma adquire todo o seu sentido. Por essa razão, existe ainda um grande passo a ser dado para que essa visão se realize. A questão da sincronização de todos os nossos dados e sua acessibilidade permanente continua um verdadeiro desafio.

O melhor programa ou serviço on-line atual é concebido para permitir aos dados "se exprimir" e, aos usuários, ter toda a autonomia e "inteligência" através de uma arquitetura de participação. O Google, por meio de suas inúmeras aplicações, é um excelente exemplo.

Isso não é possível sem envolver implícita e explicitamente os usuários. Minimiza ao mesmo tempo as barreiras para a adoção do produto, que se torna parte inerente da vida do web ator, como é o caso atual do Google. Encoraja, também, por concepção, a difusão viral do produto, que se aperfeiçoa à medida que é utilizado.

Esse movimento pouco tecnológico, mas portador de mudanças profundas em nossas formas de interagir, de consumir e também de viver em sociedade, conhecerá certamente uma terceira fase, muito mais tecnológica. Falaremos então do web 3.0? Ou de alguma coisa completamente diferente?

Portanto, várias questões permanecem. A mais importante tem a ver, provavelmente, com o tempo de difusão dessas novas utilizações.

De início, existem os hábitos antigos. Os "nativos digitais" são, é claro, os primeiros alvos para essas novas formas de conceber a internet e as novas tecnologias. Para os outros, que adquiriram outros hábitos, isso levará mais tempo.

Por outro lado, as tecnologias não estão todas disponíveis ainda e não vivemos num mundo de abertura. Em janeiro de 2007, John Chambers, o diretor-geral da Cisco,[24] apresentou no Consumer Electronic Show (CES) de Las Vegas uma visão bastante idílica desse mundo numérico, que ele chama de "rede humana". Tendo construído uma casa no palco, ele demonstrou como os usuários passarão, sem cortes, os conteúdos digitais de qualquer natureza (textos, imagens, músicas, vídeos) de um aparelho para outro.

---

[24] Grande empresa de construção das infraestruturas da internet, dos servidores aos roteadores.

No entanto, na prática, essa visão permanece largamente utópica:

- As conexões de internet, em particular as de banda larga, estão longe de ser ubiquitárias. Ainda não é possível acessarmos dados de qualquer lugar e ficamos, às vezes, contentes em poder trabalhar off-line em nossos computadores... Michel Dell, o fundador da Dell, aliás, utilizou o CES para reclamar da qualidade das conexões nos Estados Unidos. Citando os exemplos europeus e asiáticos, ele declarou que seria necessário dar às crianças norte-americanas as mesmas oportunidades de sucesso permitindo-lhes acessar a internet de qualquer lugar.
- Vivemos ainda amplamente num mundo que permanece fechado e nas mãos de alguns. Ora, abrir o que está fechado e compartilhá-lo para aumentar seu valor e interesse implica mudanças profundas que não serão obtidas num dia, especialmente em matéria tecnológica. Um exemplo simples permite ilustrar isso: as músicas que adquirimos hoje no iTunes, a plataforma de *download* de música paga e legal da Apple, só podem ser ouvidas nos iPod, os leitores da empresa! Percebemos bem o interesse estratégico da Apple, mas muito menos o dos consumidores, que querem ouvir as músicas em suportes múltiplos e compartilhá-las com amigos ou a família.

A PALAVRA A UM *EXPERT*: MICROSOFT, INFELIZ INVENTORA DAS TECNOLOGIAS QUE ESTÃO NO CERNE DA WEB DE HOJE?

Entrevista de Tim O'Brien, diretor estratégico da plataforma da Microsoft

A Microsoft é um personagem paradoxal da web de hoje. Personagem central da era do PC, de que acompanhou o desenvolvimento, ela vê o seu modelo de negócios perturbado pela nova era da web. De fato, a empresa fundada por Bill Gates é, antes de tudo, uma desenvolvedora de *softwares* vendidos sob a forma de CD, instalados nos computadores e pagos – frequentemente a um preço alto. Vimos que a tendência atual propõe um movimento inverso.

Mas a Microsoft, que dispõe de recursos muito grandes, é também um laboratório formidável de ideias e de tecnologias. O diretor estratégico da plataforma que entrevistamos reporta-se aos grandes princípios inventados pela empresa e que estão no cerne das últimas evoluções da web.

Provavelmente um pouco sufocada pelo antigo modelo de negócios, a empresa tem dificuldades em mudar o rumo estratégico que poderia fazer dela um dos personagens importantes no setor. O desafio da web para a Microsoft é reinventar o seu modelo de negócios!

Qual é a sua visão da web 2.0?

Vemos a web 2.0 segundo ao menos três eixos diferentes:

- Existem inicialmente os usuários precoces (*early adopters*). E pensamos em RSS, Ajax, blogs, wikis... Falo de usuários precoces, porque as tecnologias não são novas! O RSS foi inventado em torno de 1995; o Ajax, em 1997, e voltarei a isso. Do ponto de vista dos desenvolvedores, a novidade vem da utilização combinada dessas diferentes tecnologias.
- Outro eixo tem a ver com a dinâmica dos negócios. O mais significativo é relativo à migração da publicidade on-line e a forma que ela pode financiar as funções puramente "aplicativas". Temos participado do desenvolvimento de novos modelos de negócios publicitários há muito tempo, por meio de serviços como Hotmail, rebatizado Windows Live Mail, ou MSN Messenger, por exemplo.
- Enfim, existe todo um poderoso aspecto social e comunitário. Uma nova web se desenvolve, na qual o compartilhamento, a colaboração, o fenômeno do *peer-to-peer*, etc. a utilizam como plataforma. E pensamos muito nesse aspecto, especialmente em termos de modelos de negócios.

Você nos anunciou que o Ajax foi inventado pela Microsoft. Pode voltar ao contexto dessa invenção e como a vê evoluir hoje?

Uma de nossas preocupações antigas era como tornar a web mais dinâmica. Criamos então a linguagem Dynamic HTML nos anos 1997-1998 e a utilizamos pela primeira vez para o desenvolvimento do Internet Explorer 3 por volta de 1997. Naquela época, recebemos uma acolhida muito tímida: isso não vai interessar a ninguém! A novidade da época era ter um website... Um site rico e dinâmico não era então considerado um fator de diferenciação.

Portanto, continuamos a investir nessa direção e lançamos, em 1999, o XMLhttp integrado ao Internet Explorer 5. É uma das tecnologias centrais do Ajax que permite ao nosso navegador evitar perder tempo consultando os servidores a cada vez que abrir uma parte do conteúdo de uma página da web.

Utilizamos essa novidade há mais de sete anos! Mas foi só em 2005, quando alguém concebeu o nome Ajax, que ele se tornou importante. A questão para nós é saber por que essa tecnologia é importante atualmente, apesar de existir há tanto tempo. Penso que a resposta a isso é que o *rich media* (que inclui foto, música e vídeo) se tornou comum na internet. Hoje, quando todo o mundo já tem um site, é ter um site rico que faz a diferença. E, para isso, devem ser utilizadas tecnologias como as do Ajax. A demanda por uma melhor experiência do usuário, necessitando de um navegador mais interativo, é que aumentou rapidamente o interesse pelo Ajax e que o levou ao sucesso.

Além disso, é claro que o termo "Ajax", inventado fora da Microsoft, vende muito melhor do que Dynamic HTML e XMLhttp!

Qual é o desafio que a web 2.0 apresenta para a Microsoft?

É necessário que valorizemos os domínios nos quais temos sido líderes. O verdadeiro desafio para nós é torná-los acessíveis a um maior número de clientes, usuários, parceiros e desenvolvedores. O Ajax é um bom exemplo. Utilizávamos essa tecnologia internamente, mas a integramos recentemente às nossas plataformas para os desenvolvedores. É uma tecnologia difícil de aperfeiçoar, que requer muitos testes e exige muito desenvolvimento manual de códigos e de Javascript. Integramos ferramentas nas plataformas de desenvolvimento para facilitar o trabalho deles.

O RSS é outro bom exemplo. A tecnologia foi inventada em 1995, e todos os usuários ativos da internet a consideram incorporada. Mas os estudos mostram que somente 2% a 3% dos internautas são capazes de identificar o RSS. Um de nossos grandes desafios no desenvolvimento do Internet Explorer 7 e do Windows Vista é tornar o RSS disponível a todos. Agora que vocês verão em seu navegador e seu sistema de exploração todas as ferramentas necessárias ao RSS, o número de usuários deverá crescer fortemente. Daqui a dois anos, várias centenas de milhões de pessoas estarão habituadas com essa tecnologia.

Um lado importante da web de hoje concerne ao desenvolvimento do fenômeno do "*software* como serviço" em oposição às estratégias mais clássicas de venda de licenças. Que impacto isso terá na Microsoft?

Vemos o *software as a service* somente como um mecanismo de transporte para o programa. Muitas pessoas tendem a caracterizá-lo como um substituto à venda clássica do aplicativo. Elas anunciam que todas as funções serão deslocadas para as "nuvens", que as empresas não terão mais que se preocupar com as problemáticas de gestão das infraestruturas e das novas versões.

Achamos que ocorrerá de fato uma combinação dos dois: dos aplicativos e dos servidores. Porque, francamente, nem todos os aplicativos são candidatos a deslocar-se para o virtual.

E a questão da rede se impõe fortemente. Por exemplo, por ocasião da conferência do Office 2.0, que foi realizada em São Francisco (ver a entrevista de Ismael Ghalimi, seu fundador, no capítulo 7), numerosos aplicativos alojados na internet simplesmente não funcionavam porque a rede não estava disponível! Continuamos a insistir sobre o fato de que a disponibilidade off-line dos programas e dos aplicativos é sempre muito importante.

Um bom exemplo disso é o correio eletrônico. O Outlook, nosso sistema de e-mails, é hoje acessível, ao mesmo tempo, diretamente na web e numa versão instalada. Se, como um grande número de pessoas, você recebe centenas de mensagens por dia, estará de acordo que uma versão instalada em seu computador tornará tudo mais fácil do que uma versão na internet. Mais confortável, mais completa... Muitas pessoas que utilizam o Outlook utilizam também o Outlook Web Access. Não se trata de um ou outro: são os dois. Acabamos de lançar o Pocket Outlook para os telefones celulares. Isso acrescenta um terceiro meio de acesso, que não elimina os dois precedentes. E os três são sincronizados no mesmo servidor. É realmente aquilo que chamamos de serviços, na prática, e não na teoria.

Segunda parte

a alquimia das multidões

4. Os web atores, criadores de valor

Para obter todo o benefício possível da internet e da informática, são necessários, portanto, muitos, muitos dados. O meio mais econômico de colocá-los on-line é pedir aos usuários que eles mesmos o façam. Depois de ter iniciado com alguma coisa tão simples como os classificados (aqueles do Craigslist, por exemplo), eles ultimamente adquiriram uma importância crescente, participando maciçamente da organização das informações e da produção do conhecimento. Reforçando-se mutuamente, a participação dos usuários e a digitalização dos dados dão lugar uma espécie de desenvolvimento que nos permite perceber a passagem do conhecimento para a compreensão e nos abre para novos universos imprevisíveis.

No início era o Craigslist...

» Craigslist.org

Para encontrar trabalho, alojar-se, comprar ou vender um carro, encontrar a alma gêmea de uma hora ou de uma vida, criar amizades, sair, achar a carteira ou simplesmente fazer ouvir a própria voz... em São Francisco só existe um lugar: O Craigslist.org, ativo desde a aurora da web em 1995. Fechados os jornais especializados de classificados pagos, bem-vindos ao Craigslist. A ponto de não mais se dizer "publicar um anúncio", mas "*Craigslistar* um objeto"...

A receita do site comporta dois ingredientes que sempre fizeram sucesso na Califórnia: o pragmatismo e o fantasma comunitário pós-*hippies*... Vamos julgar pela forma como o site se apresenta e explica sua filosofia: "Permitir a qualquer pessoa fazer um *break*, fazer circular a informação no mundo cotidiano, o mundo real; restaurar a voz humana na internet, num ambiente humano e não comercial; preservar a simplicidade das coisas, sendo terra a terra, honestos, muito reais; propor uma alternativa aos grandes sites impessoais das mídias; estar aberto a tudo, dar voz àqueles que não a têm, democratizar...; ser um grupo de comunidades que evoluem com o mesmo espírito, não uma entidade monolítica".[1]

Um belo programa... e funciona! Até muito bem, a julgar pelos números: 450 cidades cobertas no mundo, 25 milhões de visitantes por mês, o que o transforma no sétimo site anglófono[2] mais frequentado.

Mas o Craigslist é mais. Mais do que um site, é a materialização de um estado de espírito e de um conjunto de práticas representativas de uma evolução da web que nos parece essencial, aquela da participação dos usuários. São eles que colocam on-line a quase totalidade do conteúdo. Compreender como e por que é assim vai nos abrir as portas a esse universo novo em que os usuários produzem – quase sempre gratuitamente – o essencial da informação disponível, permitindo assim às empresas tornar-se bilionárias. Um universo tanto mais interessante por ocorrerem coisas realmente surpreendentes quando as informações

---

1 Sobre o Craigslist, ver http://www.craigslist.org/about/mission.and.history.html.

2 Informações encontradas em final de setembro de 2007 em http://www.craigslist.org/about/factsheet.html.

colocadas no ar por centenas de milhões de pessoas são tão abundantes que podemos seriamente perceber que desembocam numa "sabedoria das multidões", ou numa "inteligência coletiva".

O Craigslist é um fenômeno tão grande que foi tema de um filme do cineasta de São Francisco Michael Ferris Gibson: *24 horas na Craigslist.org*. Gibson acompanhou e filmou (com nove equipes espalhadas pela cidade), 121 pessoas de São Francisco que colocaram um anúncio no Craigslist no dia 4 de agosto de 2003. Encontra-se de tudo: uma mãe que vendia um carrinho de bebê, um motorista de um carro coberto de conchas, uma estrela pornô oferecendo serviços de massagista, um organizador do Smart Mob (reunião coletiva temporária organizada por e-mails e SMS) recrutando para o evento do dia, uma agência de comunicação em busca de um *poodle* miniatura para uma propaganda... Percebe-se numa hora e meia toda a diversidade e riqueza do site. A comicidade, a tristeza, o patético e também a alegria... O subtítulo do filme é claro: "Um dia, uma cidade, um site da web, sem limites". Toda a imagem de uma sociedade em permanente busca de conexões, de trocas, de mídias.

Os anúncios são completamente livres. Nem se pensa em formulários pré-formatados pelos outros. Isso dá lugar frequentemente a textos... criativos. Por exemplo: "Eddy Bauer modelo 90, Ford Branco II 4x4. Funciona bem e roda perfeitamente. Tive um problema numa oficina, mandei consertar o carro e, quando fui buscá-lo, faltava a parte da frente. Perguntei ao mecânico onde estava, mas não obtive resposta. Então vou vender bem barato". A foto explícita de um carro pura e simplesmente vandalizado acompanha o texto.

O site funciona com 25 pessoas apenas, dedicadas essencialmente ao atendimento de clientes e ao sistema de informações. O modelo de negócio é dos mais simples: nada de publicidade e tudo é gratuito. Com duas exceções: em sete cidades, as empresas devem pagar 25 dólares para publicar as ofertas de empregos (a tarifa é de 75 dólares em São Francisco); em Nova York, para evitar que os anúncios imobiliários dos particulares desapareçam entre as ofertas das agências profissionais, estas devem pagar uma comissão pelo serviço.

Tudo começou com um *mailing list* gratuito, quando Craig Newmark, engenheiro programador da Charles Schwab, começou a entreter os amigos regularmente informando os acontecimentos interessantes de São Francisco e região. Os felizes beneficiários logo lhe solicitaram para completar os informes com solicitações específicas: animais perdidos, carros à venda, comentários políticos... até que a lista se tornou ingovernável e o desenvolvimento da web permitiu a Newmark transformá-la num site. Era 1977, o Craigslist.org nascera e, à maneira da web no início, propagou-se de boca em boca até tornar-se a ferramenta indispensável que conhecemos atualmente.

Intermediário neutro entre particulares, o Craigslist é um clássico do *person-to-person*, no cerne do desenvolvimento da internet. Quanto a Newmark, ele se tornou uma das grandes figuras desse modelo para cuja invenção ele contribuiu, e permanece extremamente arraigado à fórmula do *not for profit*, apesar do canto das sereias expressado por milhões de visitantes, e a sua tendência comunitária. "Admito que tenho um aperto no coração quando penso no dinheiro que eu poderia ganhar vendendo tudo isto",[3] ele confessou um dia. "Mas estou realmente feliz pelos valores morais do site: oferecer-se a si próprio uma vida confortável e realizar uma pequena coisa para mudar o mundo."

Personagem pouco comum, Craig não é, na verdade, o verdadeiro herói dessa história. A sua genialidade consistiu em perceber que o site não seria nada sem a participação dos usuários. Ele foi um dos primei-

---

3 "Mir. Craigslist, Master of the Nerdiverse", em *Wired*, setembro de 2004, disponível em http://www.wired.com/wired/archive/12.09/craigslist.html.

ros a pressentir que estes adquiriam suficiente importância para tornar-se os atores principais da web.

» Os web atores entram em cena

Escolhemos o termo "web ator" em contrapartida a "internauta", que designa os primeiros usuários da internet. A Wikipedia observa que o elemento "nauta" (do grego *nautês*, "navegador"), como em "argonautas" ou "astronautas", entre outros, "tem certa conotação dinâmica com relação à utilização das mídias mais passivas, por exemplo, o telespectador".[4] Isso não é mais suficiente.

Depois de ter pensado na expressão "webnautas", que daria ideia de seu papel mais ativo na web 2.0, optamos por "web atores", que dá melhor ideia de sua capacidade de produzir, de agir, de modificar, de aperfeiçoar a web de hoje.

Utilizamos a web 1.0 como suporte que permitia navegar de um documento a outro com uma fluidez impossível de acontecer em outras mídias. Mas não tiramos proveito da dimensão bidimensional da web: o fato de que podemos ao mesmo tempo ler e modificar (aquilo que os anglo-saxões chamam de propriedades *read/write*), servir-nos dela para consultar, mas também para publicar.

Ora, os que modificam a web são cada dia mais numerosos. Nós o fazemos quando nos comunicamos por meio de um programa de serviços de mensagens instantâneas, quando escrevemos na parede do Facebook dos outros ou na página do MySpace, quando participamos de um wiki empresarial, etc.

---

4 Definição encontrada em 13 de novembro de 2007 na Wikipedia (em francês).

Na web de ontem, o essencial dos dados era colocado on-line pelas organizações. Na de hoje, aproximadamente 60% dos dados são colocados on-line pelos usuários, e, segundo o fundador e CEO do Facebook, Mark Zuckerberg, 25% do tráfego ocorre nas redes sociais, espaços privilegiados de troca e de participação. É o fruto da dinâmica relacional à obra.

Em vez de armazenar as próprias produções em seus computadores (quer se trate de fotos familiares, quer de lições da escola ou de documentos para o chefe), os web atores as armazenam cada vez mais na web – e as compartilham –, graças às ferramentas de que já falamos (Google, Docs, ThinkFree, Zoho, etc.).

Em lugar de simplesmente receber, nós produzimos, publicamos, agimos. Usuários ativos, somos consumidores/criadores, leitores/escritores, ouvintes/gravadores, espectadores/produtores. Temos até o poder de organizar todos esses dados (informações, conhecimentos, criações), atribuindo-lhes etiquetas de nossa criação, *tags*. Geramos um conteúdo, que organizamos e modificamos a cada instante.

Os internautas utilizavam a internet. Os web atores a trabalham com o conteúdo que geram e com a capacidade de organizá-lo.

Esse conteúdo gerado pelos usuários (*user-generated content*) é hoje considerado uma característica essencial da web. Curiosamente, a expressão não figura no ensaio original de Tim O'Reilly.[5]

Ele aborda a questão indiretamente, com a obscura fórmula *data is the new Intel Inside* ("os dados são a nova Intel Inside"). A base de sua argumentação é que a qualidade da web atual é consequência da quantidade de dados que ela aloja, o que pode custar caro. A resposta mais econômica consiste em pedir que os próprios usuários coloquem os da-

---

[5] Tim O'Reilly, "What is web 2.0", cit.

dos on-line. Essas duas dimensões estão no coração das mudanças mais profundas trazidas por aquilo que se convencionou chamar "web 2.0".

No relatório preliminar na Conferência web 2.0 de novembro de 2006, John Musser e Tim O'Reilly apresentam números que ainda são úteis.[6]

O número de pessoas conectadas e sua forma de conexão mudam:

- Mais de 1,3 bilhão de pessoas tinham acesso à internet no final de 2007 (na metade de 2007, elas eram pouco mais de 1 bilhão).[7]
- Os usuários de aparelhos móveis são duas vezes mais numerosos que os usuários de computadores.
- O ritmo de penetração da internet nos lares reduziu, mas a qualidade da conexão melhorou. Nos Estados Unidos, frequentemente atrasado nesse campo, mais de 50% dos lares dispunham de conexão em banda larga na metade de 2007. Uma tendência que também encontramos na Europa, no Sudeste da Ásia e até numa parte da América Latina urbana.[8]
- O que está realmente em jogo é a conexão perpétua. No início, em todo caso, a velocidade conta menos do que a continuidade. *Always on*. Sempre conectados, os usuários não têm mais motivos para limitar-se ao essencial. Eles podem realmente brincar com tudo o que lhes propomos, aventurar-se. E não se incomodam em fazer isso.

As atividades na net evoluem e tornam-se mais participativas:

---

6 John Musser & Tim O'Reilly, "Web 2.0 Principles and Best Practices" (Sebastopol: O'Reilly Radar, novembro de 2006), disponível em http://www.oreilly.com/radar/web2report.csp.

7 Internet World Stats: http://www.internetworldstats.com/stats.htm.

8 Os dados da Information Technology e da Innovation Foundation mostram que, no final de 2006, diferentes países – entre os quais Japão, Alemanha e França – haviam ultrapassado os Estados Unidos na proporção de lares conectados com banda larga, que é entre três e doze vezes mais rápida que a norte-americana (Paul Krugman, "The French Connections", em *The New York Times*, Nova York, 23 de julho de 2007).

- No primeiro trimestre de 2006, o MySpace contava com 280 mil novos adeptos por dia, e a tendência se mantém. No terceiro trimestre de 2007, o Facebook registrava um crescimento de 3% a cada semana.[9]
- No segundo trimestre de 2006, contavam-se 50 milhões de blogs. Eles eram 100 milhões em 1º de setembro de 2007.
- Em julho de 2007, assistimos aos primeiros debates entre candidatos à presidência dos Estados Unidos, organizados no YouTube, com base nas perguntas colocadas pelos usuários e transmitidas como vídeos de trinta segundos gravados por eles mesmos.[10] No final de 2007, 64% dos americanos na faixa etária dos 12 aos 17 anos que utilizavam a internet haviam participado ao menos de uma das múltiplas formas de criar um conteúdo. Isso representava 59% de todos os adolescentes desse país.[11]

Para Musser e O'Reilly, "a web está em via de tornar-se uma verdadeira plataforma bidirecional sobre a qual podemos ler e escrever. O conteúdo gerado pelos usuários é um desafio para os meios de comunicação de massa, e esses novos meios de participação e de comunicação descentralizados perturbam as empresas estabelecidas".[12]

Natural entre os mais jovens, o recurso à bidirecionalidade da web com a transição cultural que isso implica não é facilmente adotado por todos. Portanto, os sites dinâmicos, para os quais somos convidados, e as ferramentas, que nos são propostas, são cada vez mais simples.

---

9 De acordo com os números revelados por Mark Zuckerberg à TechCrunch40 no encontro em São Francisco em 17 de setembro de 2007.

10 CNN, "CNN/YouTube Debates to Feature User-Generated Content", disponível em http://www.popmatters.com/pm/news/article/42651/cnn-youtubedebates-to-feature-user-generated-content/.

11 Pew Internet and American Life Project, http://www.pewinternet.org/pdfs/PIP_Teens_Social_Media_Final.pdf.

12 John Musser & Tim O'Reilly, "Web 2.0 Principles and Best Practices", cit.

A palavra "blog" quase se tornou de uso corrente (mesmo se frequentemente só temos uma ideia vaga do que se trata). Empolgados pelo sucesso da Wikipedia, a enciclopédia on-line, os wikis ganham terreno. A adoção do Wysiwyg (*What You See Is What You Get*, interface que esconde o código da vista do usuário e permite ver imediatamente o resultado de uma ação) torna-os utilizáveis pelos web atores debutantes. A própria programação torna-se mais fácil. Não há mais necessidade de saber escrever nem uma linha de linguagem de programação para modificar a web, como atesta a multiplicação dos APIs e dos *mashups* evocados no capítulo consagrado à tecnologia.

Todo o mundo parece, enfim, estar persuadido do valor da fórmula de Musser e O'Reilly: *simplicity drives adoption*, "a simplicidade leva à adoção". Programadores e webmasters se convertem finalmente às virtudes da *usability* pregada há anos por Jakob Nielsen.[13] Sob a influência especialmente da Apple, eles se tornaram até mais elegantes.

A galáxia dos web atores não cessa de transformar-se. A experiência acumulada por aqueles que navegam há anos, o surgimento dos jovens para os quais os TIC são cada vez mais "naturais" contribuem para que a web assuma plenamente a sua bidirecionalidade. O ponto de equilíbrio necessita tanto da evolução das tecnologias como das inovações vindas de nossas práticas e usos.

O sucesso dos sites consagrados às viagens, por exemplo, ilustra perfeitamente essa evolução. O volume crescente dos usuários é menos importante, a esse respeito, do que a mudança na natureza da relação deles com a informação disponível.

O Kayak.com é uma maravilha de eficácia. Ele permite consultar todas as companhias aéreas imagináveis (ao menos nos Estados Unidos) e ajustar as nossas solicitações em função da hora de partida e de chegada, da

---

13 Jakob Nielsen, http://useit.com.

duração do voo ou dos acordos entre companhias que oferecem o mesmo sistema de "viajante frequente", entre outros. Um pouco menos flexível, por enquanto, o Mobisimo.com parece dispor de ainda mais dados, que permitem até mesmo sugerir destinos temáticos (Europa, esqui, aquários, etc.). O site acaba de acrescentar a dimensão social característica da web atual com as recomendações feitas pelos usuários e até a possibilidade de encontrar seus contatos que estão num mesmo lugar ao mesmo tempo.

A novidade situa-se, com efeito, em sites que nos fazem participar on-line, colocando informações úteis e com trocas de conselhos e canais. A lista é longa. Entre os mais conhecidos, estão o Yahoo Trip Planner,[14] os sites de mapas modificáveis que os usuários enriquecem com relatos e fotos (Platial.com, Plazes.com). Para melhor conhecer os destinos, os web atores contribuem com dados de que dispõem, contam com a dinâmica relacional, apostam em sua eficácia. Isso permite a todos ter uma quantidade e uma variedade de informações impossíveis de conseguir de outra forma.[15]

Seu papel não se limita a isso. Não satisfeitos em colocar as informações on-line, os web atores as administram, as organizam, tarefa até então reservada aos *experts*. Ajudam-se mutuamente a se localizarem nessa abundância de informações rapidamente tornada intimidadora, selecionando as mais interessantes como veremos no caso do Digg.com.

» Digg.com ou a beleza do voto

Exemplo quase perfeito daquilo que a dinâmica relacional é capaz de produzir, o Digg é ao mesmo tempo um dos sites mais visitados da web, um dos mais copiados e um dos mais frustrantes.

---

14 Yahoo Trip Planner, http://travel.yahoo.com/trip.

15 Conversa com Béatrice Tarka, fundadora e CEO da companhia, em 6 de fevereiro de 2008.

É difícil fazer algo mais simples. Os usuários publicam no site os links para os artigos ou para os fragmentos de informações que lhes parecem interessantes. Com ou sem comentários. Os visitantes têm a liberdade de votar a favor ou contra os documentos assim selecionados. Aqueles que agradam ficam no alto da página de entrada. Os outros desaparecem rapidamente. Essa seleção agrada aos web atores, que não deixam de visitar as páginas recomendadas – páginas que, sem dúvida, nunca encontrariam de outra forma.

O sucesso pode até ser problemático. Estar em boa posição no Digg.com sujeita o site promovido a receber um fluxo de visitas tão devastador como um ataque destinado a obstruir o servidor (*denial of service*).

Lançado como uma experiência em novembro de 2004, o Digg figurava no verão de 2007 entre os cem sites mais visitados. Ele era avaliado, na época, em várias centenas de milhões de dólares.

A beleza dessa ideia brilhante é que, uma vez que o site está no ar (com alguns algoritmos para garantir, por exemplo, que a classificação funcione corretamente), os idealizadores não têm, em teoria, nada mais a fazer do que cruzar os braços. Os usuários fazem o trabalho principal.

Um sonho que muitos se apressaram a imitar.[16] Com diferentes variantes, centenas de sites pegaram a "receita", quer dizer, a apresentação aos usuários de informações escolhidas por seus pares entre todas as fontes possíveis. As melhores são colocadas na frente por meio de um simples processo de votação. Uma revolução do funcionamento clássico das mídias em que os artigos são selecionados e tratados por uma única equipe.

A expansão do fenômeno é facilitada também pela simplicidade da tecnologia em que repousa o Digg. O programa *open source* Pligg.com

---

16 Lista atualizada de quase quatrocentos sites concebidos sob o modelo Digg, em http://3spots.blogspot.com/2006/04/all-digg-style-applications-list.html.

permite criar clones em tempo recorde. Lançados frequentemente por indivíduos, comunidades ou empresas de porte modesto, eles podem atrair um tráfego significativo.

As empresas maiores, os sites mais visitados, são por sua vez surpreendidos pela síndrome Digg.

Lançado pelo Yahoo! no dia de São Valentim, em 2007, o Suggestion board[17] ("painel de sugestões") permite aos usuários criticar e/ou sugerir melhorias em diferentes serviços, tais como a programação exibida na televisão, os mapas ou o MyYahoo! Tudo isso é anunciado num blog do grupo, que menciona as fontes de inspiração: o "voto" à maneira "do Digg nos permite descobrir mais rapidamente o que é importante para os usuários".[18] Alguns dias mais tarde, a Dell lançou um sistema semelhante chamado IdeaStorm, convidando seus clientes a fazer sugestões sobre os produtos que gostariam de encontrar, as melhorias desejadas, as más ideias a serem rejeitadas.[19]

Os Diggers a acusaram de plágio.[20] Sem dúvida, injustamente. "É simplesmente um elogio à eficácia do modelo", comentou o blogueiro Michel Arrington em seu site TechCrunch.[21]

Esse modelo, que repousa simplesmente na beleza (e na simplicidade) do voto, abre de fato a porta para um papel essencial dos usuários da web de hoje: a participação deles na organização das informações que ela contém e seus esforços para que a dinâmica relacional seja eficaz. É tanto mais importante porque a ordem numérica não tem muito a ver

---

17 Suggestion board de Yahoo!: http://suggestions.yahoo.com.

18 Explicações do Yahoo!, disponível em http://yodel.yahoo.com/2007/02/14/it-takes-two-to-tango/.

19 IdeaStorm da Dell: http://www.dellideastorm.com/.

20 "Les diggers protestent": http://digg.com/tech_news/Yahoo_Shamelessly_Rips_Off_Digg_and_Brags_About_It.

21 Yahoo Launches Digg-Like Suggestion Site, disponível em http://www.techcrunch.com/2007/02/15/yahoo-launches-digg-like-suggestion-site/.

com a ordem do mundo físico. Devemos agora aprender a distinguir três ordens de ordens, como nos explica David Weinberger.

» Riqueza da desordem digital

Humorista titular de Woody Allen durante sete anos (escrevia cenas cômicas para ele), doutor em filosofia, consultor de internet para inúmeras multinacionais e para a campanha presidencial em 2000 de Howard Dean, coautor do *Cluetrain Manifesto*[22] – de onde veio a frase “os mercados não passam de conversas” –, David Weinberger só podia nos oferecer um livro fora do comum. Com *Everything is Miscellaneous: the Power of the New Digital Disorder*[23] [Tudo está mesclado: o poder da nova desordem digital], ele revela nossa persistência em pensar conforme um paradigma ultrapassado herdado do mundo físico, como se os *bytes* não existissem ao lado dos átomos.

O ponto de partida do livro é a maneira como classificamos as coisas e aquilo que sabemos delas: a ordem do mundo e a de nosso conhecimento. Weinberger identifica três níveis, três “ordens de ordens” (*three orders of order*).

A primeira, a do mundo dos átomos, consiste em ordenar as coisas em seus lugares definidos: os talheres na gaveta da esquerda ao lado da pia, os guardanapos na cômoda. Característica essencial: cada coisa só pode estar num lugar de cada vez, e num dado lugar só esperamos encontrar um objeto.

A segunda ordem da ordem é a da classificação no mundo real das informações que dispomos sobre ele. O melhor exemplo é dado pelo ca-

---

22 *Manifesto Cluetrain*, disponível em http://www.cluetrain.com/manifeste.html.

23 David Weinberger, *Everything is Miscelaneous: the Power of the New Digital Disorder* (Nova York: Times Books, 2007). O primeiro capítulo pode ser lido on-line, disponível em http://www.everythingismiscellaneous.com/wp-content/samples/eim-sample-chapter1.html.

tálogo dos livros da biblioteca ou aquele de La Redoute:* um código indica onde se encontra o objeto procurado. Mas, insiste Weinberger, essa segunda ordem ocorre também no mundo dos átomos, que a limita. A quantidade de informações num livro ou num par de sapatos é limitada pelo tamanho da ficha ou pelo peso do catálogo.

O terceiro tipo de ordem é o do mundo numérico. A quantidade de informações que podemos armazenar não tem limite. Quanto mais colocarmos, mais a ordem será eficaz. Como demonstração, as *tags* que encontramos no Flickr ou no Del.icio.us ou os *labels* do Gmail. Podemos reagrupá-los em "nuvens", onde eles aparecem tanto mais claramente quanto mais forem importantes.

Esse sistema totalmente caótico e incontrolável dá nascimento a um novo tipo de organização chamado *folksonomia*, para marcar bem a diferença entre as taxonomias tradicionais.

As *folksonomias* possuem três novas características, explica Weinberger num ensaio publicado em fevereiro de 2005 na revista *Release 1.0*:[24] elas se apresentam na forma de amontoados e não como hierarquias ou árvores; em vez de serem desenhadas *a priori*, desenvolvem-se como organismos vivos; não pertencem a ninguém nem são controladas nem centralizadas. Para usar sua própria qualificação: "Os sistemas de *tags* são ambíguos por natureza. As árvores são bem organizadas, os amontoados de folhas são uma confusão".

Esse novo sistema tem vantagens. As hierarquias de dados são frequentemente determinadas de forma centralizada pelo alto. É um bom exemplo daquilo que chamamos de "mecânica institucional". Por oposição, a *tag* é atribuída por cada usuário, em função de seus interesses,

---

* Importante site europeu de vendas pela internet. (N. T.)

[24] David Weinberger, "Taxonomies and Tags, from Trees to Piles of Leaves", em *Release 1.0*, Sebastopol, fevereiro de 2005. A revista não está disponível, mas Weinberger publicou um extrato em seu blog: http://hyperorg.com/blogger/misc/taxonomies_and_tags.html.

de sua compreensão do assunto, de seu próprio critério de classificação. Cada um tem acesso às diferentes *tags* – por exemplo, no site Del.icio.us –, o que encoraja o desenvolvimento de usos colaborativos e descentralizados.

Vamos tomar o iTunes como exemplo. "Permitindo aos clientes publicar as *playlists* – bem como comentar e copiar as dos outros –, o iTunes fornece tantas formas de navegar em seu catálogo quantos humores e interesses os seus clientes tenham", observa Weinberger.

A primeira consequência é que "devemos nos desfazer da ideia de que existe uma forma melhor do que as outras para organizar o mundo", afirma ele. "O mundo digital permite-nos transcender a regra mais fundamental da ordenação do mundo real: em vez de cada coisa ter o seu lugar, é melhor que elas possam ser atribuídas a vários lugares simultaneamente."

No universo informático, o fato de poder encontrar aquilo que procuramos sem passar por classificações rígidas estabelecidas *a priori* descontrola a autoridade à qual confiamos tradicionalmente as chaves do saber. Se todos podemos participar da organização do conhecimento sem paralisar a capacidade dos outros de terem acesso a ele (pelo contrário), então o poder dos especialistas está em questão. A dinâmica relacional está no seu auge. Classificar torna-se um processo social.

"Podemos estabelecer conexões e relações num ritmo inimaginável anteriormente", explica Weinberger. "Nós o fazemos juntos. Nós o fazemos em público. Todo link e toda *playlist* enriquece a nossa coleção desordenada de coisas compartilhadas e cria conexões potenciais frequentemente imprevisíveis. Cada conexão nos diz algo sobre o que está conectado, sobre a pessoa que estabeleceu a conexão, sobre a cultura em que uma pessoa conseguiu estabelecê-la, sobre o tipo de pessoa que a acha interessante. É dessa maneira que os sentidos julgam. Quer o façamos expressamente, quer deixemos vestígios atrás de nós, a construção pública do sentido é o projeto mais importante dos próximos cem anos."

Weinberger, é claro, suscitou críticas importantes, especialmente entre aqueles que não suportam o crescimento dos amadores, receosos quando eles produzem conteúdo, mas ainda mais preocupados quando eles se põem a organizar o conhecimento. Mas estes não tiram nada do poder do modelo avançado: não podemos pensar no mundo das informações digitais como o das informações acessíveis somente no mundo real.

» Os web atores, trabalhadores benevolentes

Uma das ideias mais provocantes apresentadas por Weinberger é talvez a sua afirmação de que, quanto mais informações temos, mais elas são fáceis de ser organizadas. Se isso for verdade, é bom saber, visto que a quantidade de dados determina a riqueza das inovações de uso e define a viabilidade dos modelos de negócios potenciais sobre os quais repousa a web de hoje.

No documento de dezembro de 2006, John Musser e O'Reilly explicam que, "para as aplicações que utilizamos na internet, o sucesso chega frequentemente dos dados e não somente das funções".[25] A formatação que permite um *software* de tratamento de texto conta menos do que as informações acumuladas nos catálogos dos varejistas, na base de dados dos buscadores, nos mapas ou nas enciclopédias.

Para as empresas é uma oportunidade, visto que as aplicações tendem a tornar-se, cada vez mais, *open source* e cessam assim de ser uma fonte apreciável de receitas. A vantagem competitiva situa-se menos na inovação tecnológica do que na capacidade de agregar e de organizar os

---

25 John Musser & Tim O'Reilly, "Web 2.0 Principles and Best Practices", cit.

dados. Encontramo-noss de fato diante de uma verdadeira *data-driven economy*, uma economia cujo motor são os dados. Isso é facilitado pela queda contínua do custo de armazenamento, pelo aumento do poder dos microprocessadores e pelo aparecimento de programas que permitem esclarecer um sentido onde antes só víamos um monte de números (*data mining*).

Para Musser e O'Reilly, os efeitos da rede que se obtêm na internet, oferecendo programas na forma de serviços (o Zoho é mais completo, mas o Google beneficia-se do fato ser mais utilizado para nos convencer a adotar as suas múltiplas ofertas), são importantes, mas "os dados e seu controle fornecem a vantagem competitiva".[26]

Mas esses dados devem ser colocados on-line.

O segredo é chegar àquilo a que os web atores se consagram, procurando encontrar um artifício para justificar ser o proprietário e para que eles se felicitem com isso.

É Dan Bricklin (criador do VisiCalc, a primeira planilha de cálculos, a ancestral do Excel) que dá as respostas mais claras num ensaio várias vezes modificado sob o título *The Cornucopia of the Commons: How to Get Volunteer Labor*[27] [A cornucópia da comunidade: como conseguir trabalho voluntário].

Apoiando-se no sucesso do Napster (o primeiro site de intercâmbio de músicas *peer-to-peer*), ele explica que o segredo não vem da aplicação, que permite a troca de arquivos, mas da disponibilidade de dados. Pouco importa se vamos buscar uma canção que nos agrade num servidor ou num PC de outro web ator; o essencial é que essa música seja facilmente acessível. Uma base de dados aberta pode ser constituída de

---

26 *Ibidem.*

27 Daniel Bricklin, *The Cornucopia of the Commons*, disponível em http://www.bricklin.com/cornucopia.htm.

diferentes formas. Os mapas do Google e do Yahoo! são elaborados automaticamente a partir de dados obtidos por outras empresas (NavTec, por exemplo). Boa parte do sucesso da Amazon é devida aos dados que são colocados on-line manualmente (pelos usuários e pelo site) sob a forma de recomendações.

Mas o exemplo mais interessante, para Bricklin, é o da CDDB, a base de dados dos CDs, cujo conteúdo foi voluntária e manualmente colocado on-line pelos usuários. Por que eles se deram esse trabalho? Porque é fácil e era do interesse deles. Este é o segredo do processo e, de forma mais geral, de toda a dinâmica relacional. Depois que os mais apaixonados desbravaram o terreno colocando on-line as informações, às vezes incompletas, de sua própria coleção, a massa de dados recolhidos permitiu a cada um completar a ficha de identificação de seus CDs. E um número suficiente de pessoas teve vontade de administrar melhor a própria coleção para alimentar, por sua vez, a base de dados do CDDB. Adquirida pelo Gracenote.com, ela é hoje a mais completa da web. Graças a nós.

O essencial, explica Bricklin, é que "é suficiente que uma única pessoa por CD, mesmo desconhecida, [coloque on-line as informações de que dispõe] para construir a base de dados [...] Não é necessário que todos sejam hiperorganizados e preocupados em colocar etiquetas em tudo; é necessário simplesmente que haja um número suficiente de pessoas para preencher a base de dados. E tudo isso pode ser feito aproveitando o trabalho 'voluntário' (dos usuários) até que o banco seja suficientemente grande para representar um valor que justifique que outras empresas paguem para ter acesso".[28]

Como para o Napster: "aumentar o valor da base de dados acrescentando informações é um produto derivado da utilização da ferramenta em seu próprio interesse. Não é necessário estar motivado por uma

---

[28] *Ibidem.*

preocupação altruísta de compartilhamento". É ainda melhor, precisa Blickin, quando o processo é integrado nas operações que realizamos por *default*, quer dizer, quando nos servimos do serviço sem mudar nada na forma como ele é organizado.

WEFI: PARA ENCONTRAR O WIFI

O WeFi.com nos dá um exemplo. Criado por um principiante de origem israelense instalado no Vale do Silício, o site ajuda o usuário a encontrar as melhores conexões de wifi graças a um mapa em que elas estão representadas.

Arnold Kohavi, fundador e dono da empresa, escreveu num e-mail: "O WeFi deixa o wifi fácil. Nós os conectamos automaticamente à internet. Eliminamos o processo frequentemente desagradável pelo qual passam outros clientes em busca de uma conexão wifi. Nós lhes mostramos onde se encontram os pontos de acesso abertos e gratuitos, bem como os usuários e a sua história de conexão.

Para utilizar o WeFi é necessário baixar um pequeno programa (um cliente). Qual é o interesse nisso?

Ele substitui a gestão de conexão e facilita a comunicação. Dá informações como a localização dos outros usuários e a distância deles em relação a você.

Troca informações sobre o local em que está. O usuário, tendo baixado o aplicativo (é suficiente fazê-lo uma vez), pode facilmente saber onde encontrar um ponto de acesso.

Bricklin conclui que tal sistema conduz àquilo que ele chama a *Cornucópia comunitária*: a disponibilidade de dados numa cornucópia transbordante.

O'Reilly vê nisso uma receita econômica: "Os efeitos de rede provenientes das contribuições dos usuários são a chave da posição dominante num mercado na era da web 2.0. A chave da vantagem competitiva para as aplicações da web depende da forma como os usuários acrescentam dados àqueles que você fornece".[29]

Assim concebida, a participação dos usuários (que tem dimensões políticas e técnicas) é também a chave do modelo econômico.

Isso ajuda a entender duas abordagens menos contraditórias do que poderíamos acreditar em primeira instância:

- A brincadeira segundo a qual a definição mais curta da web 2.0 seria: "Vocês fornecem todo o conteúdo. Eles ficam com todas as receitas".[30]
- A frase de O'Reilly segundo a qual: "uma das lições essenciais da web 2.0 é que os usuários agregam valor".

Porém, há mais: o valor agregado pelos usuários e pela quantidade enorme de informações que põem on-line não é simplesmente econômico. Ele pode dar lugar ao surgimento de qualidades surpreendentes que vão da "sabedoria das multidões" à "inteligência coletiva", passando pela capacidade de prever alguns acontecimentos...

» "Sabedoria das multidões"

Pedir aos matemáticos para nos guiar em nossas escolhas literárias é um caminho arriscado e o encontro só pode ser explosivo. É, entretanto, o que decidiu fazer a Simon & Schuster, a grande editora nova-iorquina, realizando, em 2007, um acordo com o MediaPredict.com, um site especializado nos "mercados previsores" (ou preditivos). Estes são conhecidos como as bolsas em que os participantes especulam so-

---

[29] John Musser & Tim O'Reilly, "Web 2.0 Principles and Best Practices", cit.

[30] Kazys.varnelis.net, disponível em http://varnelis.net/blog/definition_web_2_0.

bre um acontecimento futuro (eleições, Oscars, competições esportivas, sucesso comercial de um produto, etc.).

Trata-se de resolver um verdadeiro problema econômico. Em termos gerais, 90% das receitas das empresas de mídia são geradas por 10% dos títulos, afirma Brent Stinski, fundador do Media Predict. "Ninguém sabe nada", escreveu em 1983 o roteirista William Goldman, que conhecia bem Hollywood.[31] Ninguém sabe o que o público vai amar, e as decisões são tomadas em conformidade com o humor do dia. É verdade, ainda hoje, tanto para os filmes como para os discos e os livros.

O Media Predict pensa ter a inovação que permitirá obter melhores resultados.

Cada um de nós pode inscrever-se e receber 5 mil dólares (em moeda de brinquedo) para se arriscar num projeto de um livro e apreciar as chances de conseguir um contrato. Para dar mais estímulo ao assunto, a Touchstone Books, a divisão da Simon & Schuster que participa da experiência, organizou um concurso batizado Project Publish, visando selecionar um manuscrito para publicação. Na esperança de desenvolver para os livros o equivalente àquilo que as "discussões de grupo" fazem para os produtos de consumo.[32]

Os meios literários nova-iorquinos rapidamente denunciaram um sistema que julgavam incapaz de destacar obras de qualidade. Mas esta não é a questão. Os promotores do conceito pretendiam somente reduzir as incertezas concernentes às chances de sucesso dos manuscritos que lhes eram submetidos.

---

31 William Goldman, *Adventures, in the Screen Trade* (Nova York: Warner Books, 1983).

32 Foi Lori Cudwell quem obteve o primeiro contrato, em outubro de 2007, com o romance *Hollywood Car Wash*. É muito cedo para dizer se será um sucesso, mas é preciso observar que o texto já havia obtido verdadeiro êxito no site de publicações por demanda, o iUniverse.com. Ver em http://news.mediapredict.com/2007/10/08/%e2%80%9chollywood-car-wash%e2%80%9d-wins-project-publish/.

O procedimento baseava-se em numerosas experiências e num pensamento relativamente elaborado.

A ideia simples é que, reunindo a maior quantidade possível de informações e de opiniões provenientes de fontes diferentes, obtêm-se resultados superiores àqueles que os especialistas podem fornecer. É uma das manifestações daquilo que James Surowiecki, cronista econômico do *New Yorker*, chama "a sabedoria das multidões".[33]

A fórmula sustenta o oposto de um livro do século XIX, exatamente de 1841, chamado *Extraordinary Popular Delusions and the Madness of Crowds* [Extraordinárias cegueiras populares e a loucura das multidões], de Charles Mackay. Ele denunciou todas as loucuras que temos o costume de atribuir aos comportamentos imitadores das massas: "Os homens, já dissemos, pensam em manada; veremos que em manada eles se tornam loucos enquanto não retornarem lentamente, um a um, a seu estado habitual".

O argumento oposto de Surowiecki inspira-se na história de um grupo de oitocentas pessoas que participaram de uma feira de animais realizada na Inglaterra em 1906. Elas foram convidadas a julgar – vendo um boi vivo – qual seria o peso dele "depois de abatido e preparado". Havia entre eles açougueiros, criadores, empregados, compradores e pessoas que não conheciam nada. Uma boa amostra de democracia. A média de suas estimativas deu 1.197 libras, e o animal, depois de "abatido e preparado", pesou 1.198 libras. A experiência foi repetida muitas vezes com resultados comparáveis.[34]

Surowiecki sustenta quatro condições que permitem o surgimento de tal precisão: diferença de opiniões, independência (nenhuma pres-

---

33 James Surowiecki, *The Wisdom of Crowds* (Nova York: Anchor Books, 2004). Traduzido em francês por Lattès sob o título *La Sagesse des foules*, publicado em abril de 2008. [Edição brasileira: *A sabedoria das multidões* (Rio de Janeiro: Record, 2006).]

34 *Ibidem.*

são do meio), descentralização (acesso a informações que escapam ao conjunto), agregação graças a um mecanismo que permite reduzir a um só resultado a quantidade de julgamentos emitidos. Se todas essas condições forem preenchidas, ele acredita que temos boas chances de obter uma resposta correta pela simples razão de que se trata, no fundo, de um "truísmo matemático". Quando tiramos a média das opiniões emitidas por um grupo suficientemente grande, diferenciado e composto de pessoas independentes, "os erros de cada membro se anulam. Podemos dizer que a estimativa de cada um é feita de informações e de erros. Eliminando os erros, sobra a informação".[35]

Surowiecki evidencia que "a diversidade e a independência são importantes porque as melhores decisões coletivas são produto do desacordo e do enfrentamento, não do consenso e do compromisso".

Consciente de que os grupos podem se enganar muito, Surowiecki toma frequentemente como exemplo as "bolhas racionais" dos mercados que são, entretanto, consideradas modelos de eficácia. Ele atribui os fracassos (frequentes) dessas bolhas ao fato de que tais grupos são, quando os observamos de perto, homogêneos e centralizados. São muitas vezes compartimentados (como demonstram os reveses dos serviços de inteligência norte-americanos ao prever o ataque de 11 de setembro de 2001, apesar de terem as informações) e miméticos, na medida em que é mais fácil copiar os que se exprimiram do que emitir o próprio julgamento (mecanismo muito presente no Digg.com). Eles são, por fim, mais sensíveis às emoções, como a noção de pertencer, a pressão dos pares, o instinto gregário e a histeria coletiva.

Mas, se as boas condições são reunidas, é possível tirar partido da sabedoria das multidões para abordar três tipos de problemas: para uma resposta verificável (podemos colocar a questão: "quem vai ganhar

---

[35] *Ibidem.*

a Copa do Mundo?" e contar com o fato de que teremos a resposta exata); para coordenar as ações formando redes que operam na base de um mínimo de confiança, porém sem um sistema centralizado (fluxo de pedestres sobre uma calçada lotada, por exemplo, ou um mercado em que vendedores e compradores se encontram sem se conhecer); para agir juntos (a dificuldade nesse caso de cooperação consiste em deixar emergir a noção de objetivo comum, "mesmo que o interesse particular pareça indicar que nenhum indivíduo deveria participar").

É nisso que se apoiam os mercados previsores e a sua incrível história de acertos. Os Iowa Electronic Markets (IEM), que antecipam algumas eleições nos Estados Unidos e no exterior desde 1988, têm uma margem de erro de 1,5%. Melhor do que a de 2,1% registrada pelos institutos de pesquisa de mercado. Eles convidam também a prever a evolução da taxa de juros do Federal Reserve Board e os riscos da gripe aviária.[36]

O mercado mais próximo do Media Predict é o Hollywood Stock Exchange (hsx.com), que só se enganou uma vez em quatro anos para os primeiros lugares dos Oscars, precisa Surowiecki. E, como isso serve também para prever as receitas nos cinemas, dezenas de milhares de pessoas apostam a cada dia. Elas o fazem com dinheiro fictício, mas alguns jogadores juntaram até um bilhão de dólares... de brincadeira.[37] Os ganhadores ficam com uma reputação invejável. Quem é que não sonha em ser reconhecido no Sunset Boulevard como aquele que acerta os nomeados ao Oscar e, especialmente, as previsões das receitas de cada filme?

---

[36] Mercado preditivo sobre os riscos da gripe aviária: http://fluprediction.uiowa.edu/fluhome/Market_AvianInfluenza.html.

[37] Rachel King, "Hollywood Games People Play", em *Business Week*, Nova York, 3 de agosto de 2006, disponível em http://www.businessweek.com/technology/content/aug2006/tc20060804_618481.htm.

Hewlett Packard, Microsoft, Google, Yahoo!, entre outras empresas, se inspiram nesse modelo para tomar decisões importantes. Jason Ruspini, um *trader* nova-iorquino, especialista em mercados previsores e de seu impacto na política, tenta até torná-lo um instrumento de participação democrática.[38]

O caso aparentemente mais extraordinário é o do ex-almirante John Poindexter que propôs, em 2003, criar um mercado previsor para antecipar os atentados terroristas.[39] A proposição foi rejeitada pelo Senado dos Estados Unidos, mas todos os especialistas dos mercados previsores estimam que, bem realizada, a ideia poderia ser útil.

Não faltam fraquezas no sistema. Os mercados também se enganam. Eles até se enganam regularmente. Então a que necessitamos prestar atenção?

Ao número de participantes, inicialmente. É sempre um problema no início, visto que a lógica matemática em funcionamento depende do número de opiniões diferentes.

Ao tipo de probabilidade em seguida. *The Economist* evidencia que esses mercados previsores tendem a exagerar as percepções das probabilidades extremas por parte dos participantes, que dão excessivo peso aos cenários mais prováveis e aos menos prováveis.[40]

É necessário, enfim, levar em consideração um estudo da Harvard Business School que mostra: "para que um mercado previsor funcione, o acontecimento em questão deve ser independente do voto. Sem isso, só teremos uma multidão recompensando-se quando age como

---

[38] Jason Ruspini, "Policy Event Derivatives", disponível em http://riskmarkets.blogspot.com/2007/05/policy-event-derivatives.html.

[39] John Poindexter, "Finding the Face of Terror in Data", em *The New York Times*, Nova York, 10 de setembro de 2003.

[40] "Guessing Games", em *The Economist*, Washington, 18 de novembro de 2004.

rebanho".[41] É de fato o erro cometido pelo Media Predict e evidenciado por Surowiecki. Melhor seria, explica ele, pedir ao mercado para prever o número de exemplares vendidos, o que depende do comportamento de grande número de pessoas, "do que lhe perguntar qual manuscrito receberá um contrato, o que implica prever as decisões de um pequeno número de editores".[42]

» *Crowdsourcing*: a terceirização para as multidões

Se, como afirma O'Reilly, "os usuários agregam valor", se é evidente que a participação deles em grande número pode dar lugar ao surgimento de um conhecimento, por que não colocá-los para trabalhar de forma direta e quase organizada, gratuita se possível? São muitos os que se colocaram a questão e responderam simplesmente: vamos tentar.

Assim, a "participação" que se encontra no coração da dinâmica que anima a web de hoje dá lugar a um verdadeiro modelo econômico cujo polo mais extremo, alguns diriam "o mais brutal", é o *crowdsourcing* ou, literalmente, a "terceirização da produção para a multidão". Isso consiste em confiar a um grupo indeterminado de pessoas uma tarefa normalmente realizada no interior de uma organização. Podemos ver nisso uma maravilhosa ferramenta de colaboração ou um assustador mecanismo de exploração.

O termo inspira-se em duas expressões que estão na moda – *outsourcing* e *wisdom of crowds* [terceirização e sabedoria das multidões] –,

---

41 "Harvard Business School Case Study: IdeaWarz and Prediction Markets", disponível em http://www.cambrianhouse.com/blog/startups-entrepreneurship/harvard-business-school-case-study-ideawarz-and-prediction-markets/.

42 James Surowiecki, "The Science of Success", em *The New Yorker*, Nova York, 9 de julho de 2007, disponível em http://www.newyorker.com/talk/financial/2007/07/09/070709ta_talk_surowiecki.

mas transcende-as. Popularizada por Jeff Howe num artigo da revista *Wired* de junho de 2006,[43] ele foi logo retomado por numerosos blogs e por um artigo de *Business Week* para sensibilizar milhares de empresas norte-americanas.[44]

Howe assinala cinco princípios comuns a todos os casos de *crowdsourcing*:[45]

- As pessoas são geograficamente dispersas.
- As tarefas devem ser divididas em microtarefas, para que os participantes se ocupem delas por curtos momentos.
- As multidões em questão têm especialistas em abundância. Verdadeiros profissionais, apaixonados, pessoas que se conhecem.
- O essencial da produção não serve para nada. O truque é encontrar filtros eficazes porque o *crowdsourcing* não aumenta a quantidade de talentos disponíveis; ele apenas possibilita encontrá-los e colocá-los em relação uns com os outros.
- A multidão sabe fazer emergir as pérolas que produz e eliminar o resto, como tende a demonstrar a Wikipedia.

Podemos assinalar vários exemplos entre os mais surpreendentes.

MyFootBallClub.co.uk

A aquisição de um time de futebol por seus admiradores. Isso lhes dará o direito de escolher o time e o treinador. Em 31 de julho de 2007, haviam atingido o objetivo de conseguir uma contribuição de 35 libras esterlinas de mais de 50 mil pessoas. No início de setembro, começa-

---

43 Jeff Howe, "The Rise of Crowdsourcing", disponível em http://www.wired.com/wired/archive/14.06/crowds.html.

44 Paul Boutin, "Crowdsourcing: Consumers as Creators", disponível em http://www.businessweek.com/innovate/content/jul2006/id20060713_755844.htm.

45 Jeff Howe, "5 Rules of the New Labor Pool", disponível em http://www.wired.com/wired/archive/14.06/labor_pr.html.

ram a seleção do clube por meio de voto democrático dos membros. Na metade de novembro, alcançaram um acordo de base com o Ebbsfleet United FC, o mais votado pelos contribuintes.

AMILLIONPINGUINS.COM

Um site aberto criado pela editora Penguin para encorajar a produção de um *romanwiki*, uma obra de ficção escrita por todos que quisessem participar. Declarando em seu blog que "a viagem foi recompensada", a Penguin revela que o resultado obteve um interesse limitado.[46] Mas um *e-book* foi anunciado. Mil e quinhentos participantes, 11 mil modificações e 280 mil páginas foram escritas até maio de 2007, "não o tornando o romance mais lido da história, mas certamente o mais escrito".

ASWARMOFANGELS.COM

Esse site reúne 1 milhão de libras esterlinas para financiar um filme *open source*, criado por 1 milhão de pessoas.

THREADLESS.COM

Convida os consumidores a propor *designs* de camisetas e a votar cada semana em suas favoritas. As cinco melhores são então produzidas, com a condição de que haja número suficiente de pedidos. Os ganhadores são remunerados entre 2 mil e 5 mil dólares. Os indivíduos criam. A comunidade vota. E a empresa só produz o que já foi encomendado. Não existe processo de criação coletiva e a companhia assume poucos riscos. E ganha dinheiro.

---

46 http://thepenguinblog.typepad.com/the_penguin_blog/2007/03/a_million_pengu.html.

iStockPhoto.com

Esse site foi lançado em 2000 por Bruce Livingstone, um empreendedor canadense que queria compartilhar suas fotos com outras pessoas e ter a possibilidade de discuti-las. Todos podem colocar as fotos on-line e vendê-las a preços variáveis. Em julho de 2007, o site contava com 1,8 milhão de fotógrafos, produtores de vídeos, ilustradores e *designers*. Lise Gagné, a mais célebre entre eles, e aquela que teve maior sucesso, ganhou 125 mil dólares em 2005, trabalhando exclusivamente para o iStockPhoto.[47] A Getty Images, a mais poderosa agência de imagem do mundo, adquiriu o iStockPhoto no início de 2006 por 50 milhões de dólares, alegando que, correndo o risco de ser destruída por um concorrente, valia mais sê-lo por um concorrente interno. Os preços praticados pelo iStockPhoto não cessaram de aumentar desde o início, uma tendência que a compra pela Getty Images só acentuou, mas continuam razoáveis: entre 1 dólar e 15 dólares por foto, dependendo do tamanho.

A aplicação do *crowdsourcing* no mercado fotográfico beneficia-se de duas circunstâncias importantes:

- Em matéria de fotojornalismo, é indispensável estar no lugar no momento do acontecimento. Ora, se os jornalistas não estão sempre presentes, testemunhas equipadas com um celular não faltam.
- O trabalho colaborativo é geralmente mais fácil quando podemos julgar no local. É o caso do código no processo do *open source*. É também o caso das fotos. Karim Lakhani, professor da Harvard Business School, estima que é necessário fornecer provas convincentes que "falem por si mesmas".[48]

---

[47] "Stock Waves: Citizen Photo Journalists Are Changing the Rules", em *Wired*, 7 de setembro de 2007, disponível em http://www.wired.com/techbiz/media/news/2007/07/stockwaves.

[48] "The Expertise of the Periphery. A Harvard Business Professor Weighs in on the Crowd", em *Wired*, 7 de outubro de 2007, disponível em http://www.wired.com/techbiz/media/news/2007/07/academics_crowdsourcing.

InnoCentive.com

Longe da produção de camisetas mais ou menos *sexy*, essa empresa apela às multidões para resolver os problemas de Pesquisa e Desenvolvimento que as maiores companhias farmacêuticas não são capazes de resolver internamente. Lançado em 2001 com o apoio do Eli Lilly & Company, o site dispõe de uma rede de cerca de 100 mil "solucionadores" (*solvers*), que se envolvem com as questões colocadas pelos "solicitantes" (*seekers*). Entre estes, encontramos companhias do tamanho da Procter & Gamble, Dupont e Lilly. Os autores das soluções encontradas recebem entre 10 mil e 100 mil dólares. Os problemas são resolvidos em 30% dos casos. Essa experiência única já permitiu concluir que "as chances de sucesso de um solucionador aumentam nos domínios em que não há uma competência formal", explica Karim Lakhani, professor na Harvard Business School. A rede funciona tanto melhor quanto mais se garimpar a fundo. "Eu quero tanta diversidade quanto possível",[49] explica o dr. Alpheus Bingham, fundador do InnoCentive.

MechanicalTurk (mturk.com)

É outro exemplo de apelo às multidões para resolver problemas de conhecimento. Criado pela Amazon.com, ele permite encontrar a mão de obra necessária para tarefas não realizáveis pelos computadores: identificar os elementos numa foto, descrever um produto em poucas linhas, transcrever um *podcast*, por exemplo.

---

[49] Entrevista realizada em 3 de agosto de 2007.

CrowdSpirit.org

Lançado pelo francês Lionel David, o site CrowdSpirit é proposto para uma comunidade cujo objetivo é iniciar "uma revolução na produção, criando os primeiros produtos eletrônicos inspirados pelos desejos e expectativas dos clientes".[50] Todos podem participar na concepção e na fabricação de aparelhos eletrônicos de preço baixo. A comunidade propõe, vota, seleciona, financia, testa e produz os aparelhos. Uma pequena equipe aberta aos membros mais ativos avalia certas etapas do processo. O valor dos produtos deveria, segundo os fundadores, levar em conta o fato de que foram concebidos pelos próprios usuários. Nada é dito, observam os críticos, a respeito do serviço de pós-venda.[51] Lionel David insiste sobre a diferença que existe entre a terceirização para as multidões e a criação comunitária. Ele se classifica na segunda categoria (com a Wikipedia), cujas características seriam: uma convicção comum que leva a uma maior lealdade e a integrações comunitárias na produção permitindo aprender e "crescer juntos".[52]

Cambrian House.com

Situada em Calgary, no Canadá, a Cambrian House funciona de maneira análoga para a produção de *softwares*: submete projetos ou ideias, promove discussões e votação pela comunidade e desenvolvimento de *softwares* pelos próprios membros. Um pouco mais de 6 mil ideias ha-

---

50 Ver http://crowdspirit.com.

51 Josh Catone, "Crowdsourcing: a Million Heads is Better than One", em *Readwriteweb*, 22 de março de 2007, disponível em http://www.readwriteweb.com/archives/crowdsourcing_million_heads.php.

52 "Community vs. Crowd, Austin Hill", em *Billionswithzeroknowledge*, 4 de dezembro de 2006, disponível em http://www.billionswithzeroknowledge.com/2006/12/04/communityvscrowd-istockphoto/; e a mensagem de Lionel David, disponível em http://www.crowdspirit.org/2007/02/21/may-be-we-should-rename-the-crowdspirit-as-a-community-production-project/.

viam sido discutidas no fim de novembro de 2007 e quinhentos negócios haviam sido considerados ativos.[53] Parte do empreendimento é totalmente dirigido pelos próprios membros. Eles têm o poder, o que deveria limitar os sentimentos de exploração. Por outro lado, os participantes recebem *royalty points* (dólares potenciais) proporcionalmente à sua participação e ao reconhecimento por seus colegas de sua capacidade profissional. Mas não há dúvida alguma para Michael Sirkosky, o fundador, de que "nossos membros são menos atraídos pelo dinheiro do que pelo espírito".

Crowdsourcing e jornalismo: "um choque altamente satisfatório"

O jornalismo não escapa do *crowdsourcing*, como demonstra a experiência realizada na primavera de 2007 por Assignment Zero,[54] um grupo de profissionais e amadores seduzidos por Jay Rosen, professor da Universidade de Nova York, em colaboração com a revista *Wired*.[55] Tratava-se, segundo Rosen, de testar "se grande número de pessoas, muito afastadas e trabalhando juntas voluntariamente na internet, podem produzir artigos sobre alguma coisa que acontece no mundo naquele mesmo instante e, dividindo inteligentemente o trabalho, relatar a história de forma mais completa".[56]

O tema escolhido foi o próprio *crowdsourcing*, e a empreitada permitiu reunir as informações mais completas do momento sobre o assunto, suas dificuldades, diferentes domínios de aplicação e até algumas reflexões indispensáveis.

---

53 Josh Catone, "Crowdsourcing: a Million Heads is Better than One", cit.

54 Ver http://zero.newassignment.net/.

55 Jay Rosen tem um blog apaixonante: PressThink, http://journalism.nyu.edu/pubzone/weblogs/pressthink/.

56 "About AssignmentZero", http://zero.newassignment.net/aboutassignmentzero.

Jeff Howe, que acompanhou a experiência por conta do *Wired*, faz um balanço bem interessante e ao mesmo tempo discreto: "podemos considerá-la como um choque altamente satisfatório".[57]

Dentre seus comentários, salientamos:

- Os artigos redigidos são os que mais deixam a desejar, mas "a qualidade do pensamento e a perspicácia de pelo menos três quartos das entrevistas (oitenta no total) eram iguais ou superiores às que encontramos em qualquer revista nacional".[58]
- O erro principal diz respeito à escolha do assunto: vasto demais e nebuloso. O dr. Alpheus Bingham, fundador do InnoCentive, aconselha também definir tarefas limitadas e não fixar objetivos "enormemente grandiosos".
- O problema principal surgiu da má utilização das TIC (Tecnologias da Informação e da Comunicação). Eles conceberam o próprio site com excelente sistema de publicação *open source*, mas, na ausência de responsáveis designados, os voluntários encontraram uma "cidade fantasma". Uma reorganização dando mais lugar aos grupos de interesse que se criam ao redor de cada tema lhes permitiu "concentrar-se sobre os projetos que mais interessavam as pessoas". A seriedade e a qualidade das entrevistas demonstram que os que contribuíram "ofereceram-se voluntariamente para envolver-se com assuntos que os apaixonam e que conhecem".[59]

Mas o que quer dizer "terceirização para as multidões"? Vamos ser prudentes na utilização dessa expressão. O mecanismo implica a realização de uma tarefa, o que está ausente em muitas das iniciativas que

---

57 "Did Assignment Zero Fail? A Look Back, and Lessons Learned", em *Wired*, disponível em http://www.wired.com/techbiz/media/news/2007/07/assignment_zero_final.

58 *Wired* reservou doze artigos e entrevistas disponíveis em http://www.wired.com/print/techbiz/media/news/2007/07/assignment_zero_all.

59 *Ibidem*.

repousam sobre um conteúdo gerado pelos usuários. Ela pode ser coletiva, em CrowdSpirit e Cambrian House, ou individual, em InnoCentive ou Threadless, entre outros, ou não, como no caso de Assignment Zero (que nos aproxima do modelo da Wikipedia).

Trata-se, no fundo, de distribuir microtarefas a pessoas que estão dispersas... não para multidões. A foto escolhida no iStockPhoto não é o resultado da montagem de todas as fotos dos participantes.

O maior valor do *crowdsourcing* parece estar no fato de que, ao aumentar a participação, a terceirização permite captar talentos da ampla rede. É muito mais importante, explica Karim Lakhani, que a "avaliação seja feita na periferia".[60] Nada de multidões então, mas um mecanismo de "transferência de conhecimento", evidencia ele, e de competências, visto que se trata de produções concretas. Trata-se de um "sistema distribuído (ou disseminado) de inovação" de considerável potencial.

■ UM CONHECIMENTO A SER COMPREENDIDO

Conferência do filósofo e consultor David Weinberger, 22 de junho de 2007

A criação de valores pelos web atores perturba até a nossa concepção do conhecimento. É disso que está convencido David Weinberger, que deu uma visão particularmente brilhante na conferência Supernova organizada por Kevin Werbach em São Francisco, em 22 de junho de 2007, da qual traduzimos aqui as melhores passagens.[61]

"Não cessamos de dizer, desde os anos 1990, que existe um excesso de informações, que somos ameaçados por uma avalanche, um *tsunami*, que vai nos afogar. Isso não é verdade e

---

60 Martha Lagace, "Open Source Science: a New Model for Innovation", 20 de novembro de 2006, disponível em http://hbswk.hbs.edu/item/5544.html.

61 David Weinberger, "SuperNova, Disorder: Feature or Bug?", 9 de julho de 2007, disponível em http://conversationhub.com/2007/07/09/video-david-weinberger-and-andrew-keen/.

convém nos perguntarmos por que, visto que ele é ainda maior do que aquilo que todos previam.

É pelo fato de termos cada vez mais informações que não nos afogamos. A solução para o problema do excesso de dados é o de gerar ainda mais, atividade em que somos excelentes.

O problema não é a quantidade, mas a fragmentação. Depois do primeiro dia, o desafio principal da web consiste em encontrar o que é importante para nós, o que é verdadeiro, o que nos dá prazer. A solução sempre foi e sem dúvida continuará sendo referir-se aos metadados (dados que servem para definir ou descrever outros dados).[62]

Tradicionalmente, temos de lidar com duas ordens de ordem. A primeira concerne às próprias coisas – as fotos, por exemplo, que classificamos em arquivos, dentro de pastas. Elas só podem ficar num único lugar. Somos obrigados a escolher, porque não podemos colocar um objeto físico em dois lugares ao mesmo tempo. Na segunda ordem, separamos fisicamente os metadados, o que permite ter várias opções de organização. Mas o mundo físico é sempre limitado pela dimensão do papel, sobre o qual colocamos o título e o autor, por exemplo. É necessário, portanto, tomar uma decisão.

Essa hierarquização dos metadados para classificar os dados deve ser feita por alguém. Existem especialistas para isso, comitês, cientistas. A escolha deles é geralmente boa, mas não passa de uma maneira de organizar, e as decisões deles não são sempre excelentes.

Isso faz imediatamente surgir questões de poder. Ser a pessoa que organiza o conhecimento equivale a deter a autoridade. Essa escolha é necessária, porque os meios para organizar o conhecimento sempre foram meios físicos, como os livros. Todos os amam, mas são difíceis de utilizar e requerem uma série de decisões, que incluem o assunto de que tratam, as informações que contêm e, por fim, a prateleira onde estão armazenados. O

---

62 Ver definição de metadado na Wikipedia (em francês): http://fr.wikipedia.org/wiki/M%C3%A9tadonn%C3%A9es.

fato de o conhecimento estar armazenado em suportes físicos é terrivelmente restritivo.

Deixem-me dar um exemplo semelhante, o da árvore. Adoramos as árvores de classificação e nos servimos bastante delas para organizar as coisas, para mostrar como o mundo está organizado. Vejam a maneira que os cientistas ordenam as espécies vivas. Isso subentende que pensamos que a ordem perfeita é dar a cada coisa um único lugar. E, visto que consideramos que a ordem perfeita existe, dependemos totalmente da opinião dos pensadores que tomam as decisões correspondentes. Eles são os que sabem. Eles são a autoridade. [...]

A noção de que é dessa forma que as coisas devem ser organizadas provém unicamente do fato de que incorporamos as limitações do mundo físico. Nós as aplicamos ao mundo das ideias e isso é terrível.

Felizmente, entramos agora numa terceira ordem de ordem. Chegamos a uma fase de digitalização de todos os dados – conteúdo e metadados. [...] Não é somente um amontoado. Existe um potencial de ordem lá dentro. A regra passa a ser que é necessário incluir tudo no lugar de filtrar. E melhor do que perguntar a especialistas, para que decidam qual é a posição que convém, podemos permitir aos usuários organizar e classificar em função de seus próprios interesses e necessidades.

Isso muda quatro princípios de base:

- No mundo físico, um objeto só pode ocupar um único lugar e, na árvore das classificações, só pode estar em um galho. On-line, ele pode encontrar-se em quantas categorias quisermos, incluindo as criadas pelas *tags*. A desordem torna-se então uma boa coisa porque cada usuário pode organizar os dados como quiser.
- Na primeira e na segunda ordens, folhear é um desastre. On-line, é exatamente o que procuramos porque isso permite a multiplicidade e a riqueza das relações. Organizamos os problemas ao nível dos metadados.
- No mundo físico, podemos facilmente ver a diferença entre o livro e o papel do catálogo que o cita. On-line, não há distin-

ção entre dados e metadados. Eles são igualmente acessíveis. Lembrar a primeira linha de um livro pode permitir encontrar as informações sobre o autor e o resto do conteúdo. Na terceira ordem, tudo são metadados. A única diferença é que os dados são o que você procura e os metadados aquilo que você sabe. Visto que organizamos o conhecimento apoiando-nos sobre estes últimos, quando tudo está em metadados, nós nos encontramos bem mais inteligentes do que éramos há dez anos.

- O quarto princípio é que, no mundo real, é raro poder mudar a classificação estabelecida. Por exemplo, se você vai para uma loja de roupas e começa a fazer um grande amontoado de todas as peças que lhe servem, porque o resto não lhe interessa, você será posto para fora em menos de trinta segundos. Na internet, se for obrigado a ver tudo o que não lhe serve será você a sair em trinta segundos. Aqueles que possuem o estoque não mais possuem a organização. Somos nós que a possuímos. As técnicas que nos permitem encontrar o que queremos, compreender e contextualizar o que desejamos, estão entre as mais excitantes que inventamos para a web. Isso compreende o *tagging*, os sites de críticas e as recomendações pessoais criadas para ajudá-lo a classificar todas essas informações. Assim, a web não é uma massa plana de informações: ela tem relevos.

Isso traz três consequências:

- No regime da difusão das informações de massa (*broadcast*), adquirimos o hábito de simplificar porque é dessa forma que conseguimos passar a mensagem. Simplificamos, simplificamos, simplificamos. Tornamos as coisas estúpidas e isso dá ibope. Encontramos a mesma coisa nos discursos dos políticos que devem simplificar situações complexas. Há um ano, por exemplo, Bush precisou simplificar a sua política de imigração, para que ela coubesse num discurso de 2.500 palavras. Uma hora depois, 2.500 notas em blogs falavam dela. Cada um a tornava mais complexa. É o que fazemos nos sites pessoais e nas conversas. Desse modo, vemos surgir uma verdadeira alegria da complexidade que faz voar em pedaços a simplicidade imposta pelas mídias de massa.

- Segunda consequência: os especialistas não são mais os mesmos de antes. Agora o especialista são todos, como demonstra a Wikipedia. O conhecimento que se extrai é frequentemente melhor do que aquele que poderíamos obter de um só indivíduo. O especialista não desaparece, mas assistimos a uma espécie de negociação social do conhecimento. É também o caso nos *mailing lists*. Um especialista dá uma opinião, à qual se juntam os comentários de outros participantes. Além da ideia do especialista, o leitor vai beneficiar-se também dos comentários contrários e das observações. Os *mailing lists* são mais inteligentes do que cada especialista que participa deles. O leitor terá, portanto, uma informação mais completa. O conhecimento tornou-se um conhecimento social e isto é verdade por causa de nosso sistema de educação, porque as crianças estão on-line quando fazem as lições de casa e utilizam todas as ferramentas sociais de que falamos aqui. Elas fazem seus deveres socialmente, mas são julgadas individualmente. O velho sistema está falido.
- O terceiro ponto é que a ideia de que a internet fornece má informação é fonte de muita angústia. Estamos em via de assistir a uma mudança cataclísmica na qual o conhecimento é progressivamente absorvido pela compreensão (*the circling of knowledge by understanding*). É verdade que circulam na internet algumas informações falsas e que podem trazer uma distorção ao conhecimento. Nunca temos a certeza se foi um especialista que escreveu o que vamos ler. O acesso ao conhecimento é, portanto, mais difícil com a internet, e o usuário deverá esforçar-se mais, encontrar a página de discussão sobre o assunto para saber se o que leu é verdade.

A informação pode não ser exata. Entretanto, na internet, não nos limitamos a procurar a informação, procuramos compreender melhor as coisas que já sabemos. Esse enorme amontoado de 'coisas', nós o enriquecemos com quantos metadados for possível. De múltiplas formas (quer se trate de *tags*, de classificação antiga, de semântica da web, de links, de *playlists* ou do Digg), estabelecemos relações entre as coisas, um sentido. Agregamos valor. É a verdadeira semântica da web que criamos, não somente para saber, mas para compreender. Vejo isto como uma infraestrutura do sentido (*an infrastructure for meaning*). É este o verdadeiro avanço que veremos ocorrer durante gerações.

Em todo caso, esta ferramenta não pertence a um grupo de especialistas. Ela é nossa."[63]

"Nossa", diz Weinberger, quer dizer das multidões de web atores e da alquimia que eles produzem...

---

[63] David Weinberger, "SuperNova, Disorder: Feature or Bug?", cit.

5. a alquimia das multidões

A grande questão colocada pelas transformações em jogo na web é saber até que ponto elas podem perturbar o mundo. Prometendo-nos a passagem do conhecimento para a compreensão, David Weinberger, autor de *Everything is Miscelaneous*, não nos promete nada menos do que a passagem do conhecimento (busca dominante, no Ocidente, ao menos depois da Renascença) à sabedoria (busca asiática milenar). Uma sabedoria que – pelo viés ocidental – se encontraria nos dados e nos metadados.

Só podemos nos sentir tentados. E este talvez seja o perigo. Quanto mais as novas ferramentas de que dispomos revelarem a sua potência, mais encontrarão motivos para nos alimentar de ilusões. Elas recebem também críticas severas que tentam reagir contra recolocar em questão uma ordem das coisas, críticas talvez mais perigosas porque poderiam nos dissuadir de participar da aventura em curso.

» Graças ao *hippies*...

Influenciados pelos avatares espetaculares da bolha, tendemos muitas vezes a associar o surgimento do computador pessoal e da internet a alguns grandes empresários e a suas histórias de ganhos milionários. Os esquerdistas tecnófobos lembram, com razão, a participação do Pentágono na origem deste novo mundo. Mas todos parecem esquecer os *hippies* pacifistas e consumidores de LSD. Eles, entretanto, representaram papel central bem pouco conhecido que permite melhor compreender certas tensões atuais. Aquelas que concernem à propriedade intelectual, por exemplo, e algumas batalhas ideológicas das mais virulentas suscitadas pela web de hoje.

Um livro publicado em abril de 2005 com o título *What the Dormouse Said: How the 60s Counterculture Shaped the Personal Computer Industry*[1] [O que o rato selvagem disse: como a contracultura moldou a indústria de computadores pessoais] nos ajuda a compreender melhor as circunstâncias curiosas que permitem afirmar que tudo ocorreu nos anos 1960, num raio de 8 km em volta da Kepler Bookstore. Essa livraria encontra-se próxima da Universidade de Stanford e de duas outras instituições de onde saíram os conceitos e os produtos essenciais: o Stanford Research Institute (SRI) e o Palo Alto Research Center (Parc) da Xerox. O autor desse livro é John Markoff, correspondente do *New York Times* em São Francisco e Vale do Silício.

Desenvolvendo o tema de um artigo publicado pela *Time Magazine* em 1995 com o título "We Owe it All to the Hippies" [Nós devemos tudo isto aos *hippies*],[2] Markoff relata a saga dos computadores pessoais, desde a primeira experiência de Stewart Brand (criador do Whole Earth Catalogue, a bíblia dos *hippies*) com o LSD até a conferência histórica de 9 de dezembro de 1968 no Brooks Hall Auditorium de São Francisco. Foi lá que Doug Engelbaert, conhecido como inventor do *mouse*, mostrou de que modo o seu oNLine System permitia editar um texto numa tela – uma revolução na época dos cartões perfurados –, estabelecer hi-

---

1 John Markoff, *What the Dormouse Said: How the 60s Counterculture Shaped the Personal Computer Industry* (Nova York: Viking, 2005).

2 Stewart Brand, "We Owe it All to the Hippies", em *Time*, Nova York, 1º de março de 1995, disponível em http://www.time.com/time/magazine/article/0,9171,982602,00.html.

perlinks entre dois documentos e mesclar textos, gráficos e até vídeos. Ele se deu ao luxo de evocar uma rede experimental de computadores que deveria se tornar a ARPAnet, a ancestral da internet.

A maioria dos aspectos importantes do mundo da informática de hoje foram evocados por ocasião dessa apresentação, que permanece, segundo Markoff e muitos outros, "a demonstração da tecnologia da informática mais notável de todos os tempos". Ora, Engelbaert e a sua equipe representavam um dos polos de enfrentamento quase ideológico que os opunha ao Stanford Artificial Intelligence Laboratory (Sail). Segundo Markoff, "um dos dois grupos tentava aumentar a mente humana [*augment the human mind*], o outro, substituí-la". Uma tensão que ainda está bem presente.

As histórias contadas nesse livro partem de um jantar com Engelbaert que fascinou Markoff, porque as histórias que foram trocadas ali "não tinham nada a ver com tecnologia, mas eram sobre as vidas dos próprios pesquisadores, as suas relações pessoais, as drogas que tomavam, os prazeres sexuais que lhes apeteciam, o tipo de *rock* que ouviam e as manifestações políticas de que participavam".

No mesmo período, em alguns grupos muito próximos e frequentemente conectados, experimentava-se o LSD com o objetivo de "aumentar" – de outra forma – a mente humana. Foi com certeza por isso que tantos indivíduos participaram das duas aventuras. O mais célebre deles foi, sem dúvida, Steve Jobs, fundador e dirigente da Apple.

Esse livro apresenta um resumo das redes de contracultura e dos elos que conectavam Engelbaert e Stewart Brand com, por exemplo, Alan Kay (criador do Alto, o primeiro PC produzido no Parc da Xerox), Ted Nelson (padrinho do hipertexto) e Fred Moore (pacifista convicto, que contribuiu no início do movimento contra a Guerra do Vietnã na Universidade de Berkeley). Este último criou também o Homebrew Computer Club, que tinha a missão de compartilhar a informação, começando pelos programas de informática. Foi para esse pequeno grupo que Bill Gates enviou uma carta em 1975 na qual ele acusa seus membros de "ladrões", por fazerem circular uma versão do Basic, o programa que ele havia desenvolvido com Paul Allen.

É sobre essa tela de fundo que se dá hoje o enfrentamento entre os que consideram que a informação deve ser compartilhada e circular e os que acham que podem se apropriar dela, entre os que pensam que a verdade é monopólio dos especialistas e os que estão convencidos de que todos nós podemos participar e tirar proveito.

» A web é mais inteligente do que nós?

Wikipedia

Jimmy Wales, o fundador da Wikipedia, começou a fazer fortuna na Bolsa de Chicago especulando sobre as flutuações das taxas de juros e de câmbio. Em seguida, ganhou um pouco de dinheiro criando um motor de busca amplamente especializado em conteúdo para adultos... Eis um homem de negócios sensato que, entretanto, vai passar à posteridade por ter realizado uma ideia que, diretamente, não lhe dá nem um dólar, mas com a qual centenas de milhares de pessoas contribuem sem receber e que dezenas de milhões de pessoas utilizam a cada mês: a Wikipedia, a enciclopédia on-line, é sem dúvida o fenômeno mais surpreendente, o mais difícil de ser compreendido e o mais imprevisível dos últimos anos.

Desde setembro de 2007, podemos ler nela mais de 5 milhões de artigos em mais de duzentas línguas, dos quais 2 milhões em inglês e mais de 50 mil em alemão e em francês (quinze línguas tinham então mais de 100 mil artigos).[3] Mais de 100 mil pessoas criaram ou modificaram

---

[3] Estatísticas da Wikipedia, disponível em http://en.wikipedia.org/wiki/Wikipedia:Statistics.

pelo menos dez artigos. Na mesma data, Citizendium, uma enciclopédia similar que oferece mais espaço aos especialistas, tinha, em doze meses, acumulado pouco menos de 3 mil artigos em inglês, escritos e revisados por 2 mil pessoas (Citizendium foi lançada por Larry Singer, cofundador da Wikipedia).

As fraquezas da Wikipedia já foram suficientemente assinaladas para que valha a pena entrar em detalhes aqui. O vandalismo de que ela é alvo (menos de 1% dos *edits*, ou modificações, segundo Wales) faz a equipe perder 5% do seu tempo, mas ele observa que "isso não é muito gratificante para seus autores (para que continuem) porque são corrigidas rapidamente".[4]

A questão da qualidade dos artigos é muito mais delicada. Os que apoiam a Wikipedia não cessam de mostrar um estudo da revista *Nature* que havia comparado doze artigos dessa enciclopédia virtual e doze da *Enciclopédia Britânica*, para chegar à conclusão de que, se estes últimos eram ligeiramente melhores, a diferença era bem menor do que somos tentados a acreditar.[5] Em dezembro de 2007, um estudo independente comandado pela revista semanal *Stern* mostrou que a versão alemã da Wikipedia era melhor que Brockhaus, a enciclopédia comercial.[6]

É certamente verdade, entretanto isso não impede que se percebam algumas fraquezas bem reais, como o desequilíbrio entre os assuntos que interessam aos *geeks* ("apaixonados por tecnologias"), excessivamente elaborados, e os outros. Assim, em junho de 2007, Michel Arrington da TechCrunch, observou que o artigo sobre o combate com

---

4 Entrevista por correio eletrônico com Francis Pisani em 15 de dezembro de 2003.

5 Jim Giles, "Internet Encyclopaedias Go Head to Head", em *Nature*, disponível em http://www.nature.com/news/2005/051212/full/438900a.html.

6 "German Language Wikipedia Better than Brockhaus Online, Analysis Indicates", disponível em http://wikimediafoundation.org/wiki/Press_releases/German_Wikipedia.

sabres de *laser* em *Star Wars* era muito mais completo do que o sobre a guerra moderna...[7]

De modo geral, o conjunto dos artigos é de qualidade desigual. Entretanto, se os erros da *Enciclopédia Britânica* são inamovíveis, os da Wikipedia foram corrigidos logo depois do artigo da *Nature*. O verso dessa medalha é que os erros, às vezes flagrantes ou mal-intencionados, permanecem on-line durante "certo tempo", como demonstra o caso de John Seigenthler, um jornalista falsamente acusado de estar implicado no assassinato de John e Bob Kennedy e que necessitou de vários meses para conseguir que o site aceitasse e publicasse a versão corrigida do texto incorreto.[8]

O tempo parece assim um aliado, na medida em que dá aos interessados a oportunidade de melhorar os conteúdos que não são perfeitos – e não o serão nunca. Ele permite também que a organização se aperfeiçoe. Foi assim que, em consequência dos incidentes que chamaram a atenção da mídia tradicional, os wikipedianos decidiram exigir que os colaboradores se inscrevessem, o que limita, sem eliminar, a ação dos sabotadores. Além disso, algumas páginas particularmente sensíveis, como as que concernem a Georges W. Bush, não aceitam mais modificações visto que a comunidade estimou ter atingido um equilíbrio aceitável.

Notamos também que, em algumas escolas de poucos recursos (mas conectadas à internet), a Wikipedia permite que os alunos tenham acesso a um mínimo de conhecimento que de outra forma lhes seria negado. O AtinaChile.cl, por exemplo, e a fundação Mercator, à qual essa asso-

---

7 Michael Arrington, "Wikipedia's Huge Nerd Bias", em TechCrunch, 7 de junho de 2007, disponível em http://www.techcrunch.com/2007/06/07/wikipedias-huge-nerd-bias/; "Lightsaber Combat", disponível em http://en.wikipedia.org/wiki/Lightsaber_combat; e "Modern Warfare", disponível em http://en.wikipedia.org/wiki/Modern_warfare.

8 Em 18 de setembro de 2007, esse artigo da Wikipedia apresentava o caso de maneira admiravelmente equilibrada: "Seigenthaler Controversy", disponível em http://en.wikipedia.org/wiki/Seigenthaler_controversy.

ciação chilena está ligada, trabalham na conexão de escolas primárias, especialmente para permitir o acesso à enciclopédia on-line nos lugares onde os livros, indispensáveis à educação das crianças, não chegam.

Ocorre então alguma coisa de essencial, de novo e de imperfeito às vezes, que temos muita dificuldade para definir porque as fórmulas utilizadas se prestam frequentemente à confusão.

Sabedoria das multidões ou inteligência coletiva?

Existe uma convicção bem arraigada entre os analistas da web de hoje e aqueles que a praticam assiduamente de que a participação de um grande número de pessoas e de grupos, isto que chamamos "dinâmica relacional", permite o surgimento de "alguma coisa". Mas as duas grandes fórmulas que propõem dar conta disso são utilizadas, com suficiente permissividade, para nos complicar ainda a percepção do que está em jogo.

De um lado, temos James Surowiecki. Como acabamos de ver, o autor de *A sabedoria das multidões* explica que o fenômeno epônimo de seu livro consiste essencialmente num "truísmo matemático" que estabelece a média das opiniões e dos julgamentos diferentes sem processo deliberativo.

De outro, temos numerosos escritos de Tim O'Reilly, grande promotor do termo "web 2.0", que, entrevista após entrevista, artigo após artigo, retém dois elementos que, segundo ele, representam papéis-chave na evolução em curso: a criação de conteúdo pelos usuários e a capacidade de "tirar partido da inteligência coletiva".

Preocupado em lançar luz sobre esses dois aspectos, ele resolveu organizar, em 9 de novembro de 2006, um debate sobre o assunto, no contexto do Sommet web 2.0, que ele próprio havia organizado em São

Francisco, antes de retomar o tema numa nota que podemos sempre encontrar em seu blog.[9]

O conteúdo gerado pelos usuários é o próprio alicerce da web de hoje, explica ele. É o que faz a força do Craigslist e de grande número de sites atualmente na moda. Ele é reforçado pelos "efeitos de rede", noção inventada por Robert Metcalfe,[10] para quem o valor de um bem ou serviço varia em função do número de pessoas que o utilizam. O efeito é positivo quando a relação é diretamente proporcional (quanto maior o número de usuários, mais o produto ou serviço adquire valor).

"Uma das diferenças centrais entre a época do PC e a web 2.0 é que, desde que a internet se tornou uma plataforma em lugar de um simples agregado do computador pessoal, podem-se construir aplicativos que tirem proveito (*harness*) dos efeitos de rede e que se aperfeiçoem à proporção que mais pessoas se sirvam deles", escreveu O'Reilly. É o que ele chama de "inteligência coletiva". Uma escolha que não nos ajuda em nada, na medida em que ele não precisa nem da sua interpretação do conceito – lançado de fato pelo filósofo Pierre Lévy – nem o que pensa da "sabedoria das multidões" de Surowiecki.

Felizmente, Henry Jenkins, professor do MIT e autor do livro *Cultura da convergência*, de que já falamos, publicou no mesmo dia (ele defende que não foi um acaso) uma nota que tem o mérito de retornar às origens: "o modelo de Surowiecki procura reunir de forma anônima os dados produzidos para ver a sabedoria surgir quando grande número de pessoas introduz suas apreciações pessoais sem influenciar as descobertas dos outros. O modelo de Levy centra-se nos tipos de processos deliberativos que ocorrem nas comunidades on-line quando os partici-

---

9 Tim O'Reilly, "Harnessing Collective Intelligence", disponível em http://radar.oreilly.com/archives/2006/11/harnessing_coll.html.

10 Coinventor da Ethernet, um padrão que permite a conexão entre os computadores próximos uns dos outros.

pantes compartilham as informações, corrigem e avaliam as descobertas de cada um e entram em acordo sobre uma interpretação".[11]

As duas expressões são sedutoras, mas excessivamente ambiciosas, e não nos permitem chegar a uma conclusão clara. Na falta de análise, deixamo-nos arrastar pelas fórmulas brilhantes de autores visionários como Kevin Kelly, companheiro dos anos heroicos de Stewart Brand, animador desde o início do indispensável *Wired*. Foi ele que escreveu, por exemplo, que "o caminho mais seguro que conduz para a inteligência passa pela burrice maciça" (*The Surest Way to Smartness is Through Massive Dumbness*).[12]

Mas nem todos estão de acordo.

» "Estupidez das multidões", "maoísmo digital" e "culto dos amadores"

Criticar a "sabedoria das multidões" e tudo o que se diz em seu nome é uma boa forma de chamar a atenção. Alguns adeptos da web 2.0 recusam-se a ouvir os que a desvalorizam para não lhes dar publicidade. Nós consideramos, pelo contrário, que essas abordagens ajudam a detectar os problemas reais. Além disso, Surowiecki só pode culpar a si próprio se o título insinuante de seu livro é mal interpretado. Ele insiste, na obra, na necessária diversidade dos participantes, mas muitos leitores ou comentaristas limitam-se à noção de "multidões", de "comitês", de "consenso", ou de "colaboração", como observa Kathy Sierra, célebre blogueira próxima de Tim O' Reilly, numa nota muito comentada sobre

---

[11] Henry Jenkins, "Collective Intelligence vs. The Wisdom of Crowds", 27 de novembro de 2006, disponível em http://www.henryjenkins.org/2006/11/collective_intelligence_vs_the.html.

[12] Kevin Kelly, "Maxims for the Network Economy", em *New Rules for the New Economy* (Nova York: Viking, 1997).

a "estupidez das multidões". E acrescentando que bem poderia tratar-se "do título do livro ou da ideia mais enganadora da história".[13]

Jaron Lanier contra o "maoísmo digital"

O ataque de Jaron Lanier, um dos pioneiros da realidade virtual, vai mais longe, e seu artigo fez bastante barulho, em razão da personalidade cheia de cores do autor, mas também porque ele nos ameaça com um ressurgimento coletivo, batizado por ele de "maoísmo digital".[14] Imaginamos seu sucesso em milhares de negócios, mesmo ao lado do Vale do Silício. Os *hippies* que aguentem!

Nós somos vítimas, segundo ele, do "ressurgimento de uma ideia segundo a qual o coletivo é o auge da sabedoria". Assim, os que apoiam os wikis estão convencidos de que todos os erros produzidos nesses textos serão corrigidos pelo próprio desenvolvimento do processo (como outros acreditam que o santíssimo mercado vai consertar todos os males do mundo). Isso se inscreve, segundo Lanier, numa certa tendência de "retirar o cheiro das pessoas a fim de se aproximar tanto quanto possível de uma simulação em que teremos a impressão de que o conteúdo surge da web como se fosse proferido por um oráculo sobrenatural. É ali que a utilização da internet se transforma em ilusão".

E o perigoso pensamento único (ele utiliza a expressão *hive mind*, literalmente o "espírito de colmeia") surge. Enquanto "a beleza da internet é o que conecta as pessoas. O valor encontra-se nos outros. Se

---

13 Kathy Sierra, "The Dumbness of Crowds", 2 de janeiro de 2007, disponível em http://headrush.typepad.com/creating_passionate_users/2007/01/the_dumbness_of.html.

14 Jaron Lanier, "Digital Maoism: the Hazards of the New Online Collectivism", disponível em http://edge.org/3rd_culture/lanier06/lanier06_index.html. Jaron Lanier nos confiou durante uma conversa, em 5 de agosto de 2007, que a escolha do título havia sido uma decisão de *marketing* tomada por um terceiro. Isso confirma o sentimento encontrado com frequência de que a escolha de fórmulas de impacto tem o mérito de atrair a atenção e o inconveniente de impedir a colocação do problema tal como ele é.

começamos a acreditar que a própria internet é uma entidade que tem algo para dizer, nós desvalorizamos esses outros e os reduzimos a um nível de idiotas". Nesses tempos de incertezas e de processos em todos os sentidos, "qualquer indivíduo que tenha medo de se enganar no interior da sua organização está ao abrigo quando se esconde atrás de um wiki ou de qualquer outro ritual de mega-agregação".[15]

É uma pena que esses *a priori* ideológicos o impeçam de ver a confusão em curso nas relações entre indivíduos e grupos. O que lembra elegantemente Clay Shirky, professor da Universidade de Nova York e um dos verdadeiros gurus da web, em seus comentários publicados no artigo em questão: "o computador pessoal produziu um aumento incrível da autonomia criativa dos indivíduos. A internet tornou a formação de grupos ridiculamente fácil. Visto que a vida social implica uma tensão entre a liberdade individual e a participação em grupos, as mudanças introduzidas pelos computadores e as redes estão, por isso, em tensão".

Nicholas Carr e "a amoralidade da web 2.0"

Assim como os morangos, Nicholas Carr, economista com um tom naturalmente iconoclasta, autor e blogueiro (RoughType.com), pode dar urticária. Mas ele é talvez o mais sério dos críticos da web 2.0.

Em "A amoralidade da web 2.0"[16] (seu ensaio mais lido), ele denuncia o impulso "quase religioso" dos promotores de uma verdadeira "metafísica da web", os *hippies* nostálgicos dos anos 1960 que ainda não compreenderam que "a net concerne mais aos negócios do que à consciência, [e] é mais um centro comercial do que uma comunidade".

---

15 *Ibidem.*

16 Nicholas Carr, "The Amorality of web 2.0", em *Rough Type*, 3 de outubro de 2005, disponível em http://roughtype.com/archives/2005/10/the_amorality_o.php.

Atenção, Carr utiliza a palavra "amoral" em seu sentido primeiro, quer dizer "o que é moralmente neutro". "É um conjunto de tecnologias – uma máquina e não uma Máquina – que altera as formas e a economia da produção e do consumo. Não tem de saber se as consequências são boas ou más, se nos conduz a um grau mais elevado ou mais baixo de consciência, se torna a nossa cultura mais brilhante ou mais chata, se nos conduz a uma era de ouro ou a uma era de sombras. Então, vamos colocar de lado a retórica milenarista e vejamos a coisa como ela é, não por aquilo que gostaríamos que fosse."

Alvo da vez, ele pega um artigo de Kevin Kelly, publicado em *Wired*, com o título "Nós somos a web".[17] Ali, Kelly vê uma "janela mágica" para as capacidades "espantosamente divinas" (*spookily godlike*). Na mesma direção, ele prevê que a entrada do Netscape na Bolsa de Valores será reconhecida no ano 3000 como "o acontecimento mais importante, o mais complexo e o mais surpreendente do planeta". E como esse gênero de profeta nunca tem falta de imagens, ele não hesita em comparar isso ao fato de que "Confúcio, Zoroastro, Buda e os últimos patriarcas judeus viveram na mesma época, um ponto de inflexão conhecido como a idade axial da religião".

A resposta de Carr é indefensável: "quando vemos a web em termos religiosos, quando a impregnamos com a nossa necessidade pessoal de transcendência, não conseguimos mais vê-la objetivamente. Por necessidade, devemos considerar a internet como uma força moral, não como um simples conjunto inanimado de máquinas e programas. [...] E é assim que tudo o que a web 2.0 representa – a participação, o coletivismo, as comunidades virtuais, o amadorismo – se torna, sem discussão, coisas boas".[18] A Wikipedia, que ele odeia, é um bom exemplo sobre o

---

[17] Kevin Kelly, "We Are the Web", em *Wired*, agosto de 2005, http://www.wired.com/wired/archive/13.08/tech.html.

[18] Nicholas Carr, "The Amorality of web 2.0", cit.

qual devem refletir os mais cruéis partidários da web: por ser "teoricamente boa", ela "deve ser boa"... o que os impede de ver os problemas que a afetam.

O paradoxo de Carr é que ele assume (justamente) a tonalidade moralista de alguns partidários da web e das TIC para melhor entrar na crítica ideológica do fenômeno em que ele denuncia a influência dos *hippies* e dos marxistas. A Wikipedia não poderia rivalizar com a *Enciclopédia Britânica* porque ela foi criada por amadores (tendo sido Carr um dos primeiros a denunciar o "culto") e porque é gratuita, defeito anulatório que, segundo ele, interdita todas as outras pretensões à qualidade.

Nesta base, Carr não deixa de lançar suas farpas contra um bom número de aspectos da web de hoje. Elas, às vezes, acertam o alvo como indicam estes exemplos encontrados em outros ensaios:

- Tomando o Zillow.com (um site com informações detalhadas sobre o mercado imobiliário norte-americano), ele denuncia os perigos dos *mashups*. Essa técnica, que consiste em reunir dados provenientes de fontes diferentes, não se preocupa em verificar a qualidade. As fontes podem ser boas ou más. E o pior é que, talvez, todos esses dados, frequentemente reagrupados numa tabela, inspiram confiança. Daí o problema que ele atribui à web 2.0, mas que poderíamos atribuir ao jogo de dados: ele oferece mais "aparência de verdade do que a verdade" (*thruthiness rather than truth*).[19]
- Indo mais a fundo, é toda a lógica econômica da web participativa que é perigosa na realidade (independentemente de ser intencional), pela simples razão de que ela funciona melhor para explorar

[19] Nicholas Carr, "The Truthiness of web 2.0", em *Rough Type*, 9 de fevereiro de 2006, disponível em http://www.roughtype.com/archives/2006/02/the_truthiness.php.

> do que para emancipar. "Colocando os meios de produção nas mãos das massas, apesar de negar-lhes a propriedade do produto de seu trabalho", precisa ele, "a web 2.0 fornece um mecanismo extraordinariamente eficaz para colher o valor econômico do trabalho fornecido de graça pelo maior número e concentrá-lo nas mãos de uma ínfima minoria".[20]

Carr, muitas vezes, tem razão pontual. Ele tem o mérito de nos ajudar a ver os problemas que preferiríamos esconder. Assim, ele é muito útil para os que querem melhorar a dinâmica desejada. É necessário, portanto, lê-lo com atenção antes de combatê-lo, porque ele faz de cada um de seus ataques um trampolim contra uma das dimensões mais interessantes da evolução da web e das TIC: a abertura das ferramentas de poder para mais pessoas do que antes, o processo de lenta democratização acelerada pela web, notadamente na versão 2.0, a dinâmica relacional que desarruma os mecanismos institucionais.

O culto devotado aos especialistas por Andrew Keen e o seu ódio à "desordem moral"

A obra *O culto do amador: como blogs, MySpace, YouTube e a pirataria digital estão destruindo nossa economia, cultura e valores*[21] teve grande impacto em seu lançamento. Andrew Keen é aquele que melhor sabe monetizar a crítica à web 2.0 – ele próprio se vangloriza disso – e, no mundo do Vale do Silício isso é importante.

---

20 Nicholas Carr, "Web 2.0lier than thou", em *Rough Type*, 23 de outubro de 2006, disponível em http://www.roughtype.com/archives/2006/10/web_20ier_than.php.

21 Andrew Keen, *The Cult of the Amateur: How Today's Internet is Killing our Culture* (Nova York: Doubleday, 2007) [Edição brasileira: *O culto do amador: como blogs, Myspace, YouTube e a pirataria digital estão destruindo nossa economia, cultura e valores* (Rio de Janeiro: Jorge Zahar, 2009).]

As mídias tradicionais, começando pelo *New York Times*,[22] são solícitas em tecer-lhe elogios porque ele cria conflitos com os que colocam em questão a internet e a cultura de participação que torna possível. Mas a leitura do livro é implacável: em nome da ordem moral e dos valores tradicionais do negócio bem pensado, ele demole, sem provas e sem imaginação, aquilo que existe de interessante no universo da web.

Keen apresenta os indivíduos lambda que se exprimem na web, vocês e nós, como macacos (que as leis do acaso pretendem ser capazes de escrever um romance se digitassem tempo suficiente numa máquina de escrever). Ele chega até a nos denunciar como baratas portadoras de um universo kafkiano, no qual arriscamos despertar se ninguém ouvir. Macacos e baratas são inicialmente os blogueiros e aqueles que contribuem para a Wikipedia, mas a vergonha estende-se generosamente a todos os que participam da web participativa, seja no Flickr, no Del.icio.us ou no eBay.

Para ele, somos ameaçados por uma "ditadura de idiotas", em que "o profissional é substituído por amadores, [...] o professor da Harvard pelo povão analfabeto".[23] E, como tudo isso é gratuito, o valor intelectual não pode, segundo ele – sob a influência de Carr –, não ser outra coisa a não ser nulo.[24] Continuando com a cruzada em seu blog,[25] ele escreveu: "o leitor ingênuo do conteúdo on-line não tem mais um guia profissional para ajudá-lo a distinguir entre os escritos de Jurgen Habermas e os acessos de raiva de um pobre espírito sem educação surgidos das profundezas da blogosfera".

---

22 Michiko Kakutani, "The Cult of the Amateur", em *New York Times*, Nova York, 29 de junho de 2007, disponível em http://www.nytimes.com/2007/06/29/books/29book.html.

23 Andrew Keen, *The Cult of the Amateur: How Today's Internet is Killing our Culture*, cit.

24 *Ibidem.*

25 Blog de Andrew Keen: http://andrewkeen.typepad.com/.

Mas a defesa dos especialistas não passa de um pretexto para fazer-se tratar bem pelos poderes instituídos. O verdadeiro inimigo de Keen é a "desordem moral", título de um de seus capítulos mais virulentos.

Ele se agarra a tudo o que pode inspirar o medo no Centro-Oeste (que vota nos republicanos), no Sul crente e, de modo geral, em todos os que pensam com as normas do mundo de ontem. "Desde os adolescentes hipersexuados aos ladrões de identidades, aos jogadores compulsivos e a todos os dependentes de qualquer natureza, a web 2.0 está em via de desfazer a trama moral da nossa sociedade. Seu poder de sedução nos leva a deixar exprimir nossos instintos mais ocultos e nos permite sucumbir aos nossos vícios mais destrutivos. Ela corrói e corrompe os valores que compartilhamos como nação."[26]

Apesar de suas precauções oratórias e seu meio humor episódico, esse livro constitui essencialmente um chamado à ordem moral mais estrita, uma defesa das instituições que necessitam mudar, um ataque contra a democratização pela web.

Isso não impede que se lhe reconheçam duas virtudes. A primeira diz respeito ao autor. Atacando a participação de todos, tomando a defesa da classe média, ele garante ser bem tratado por ela. A astúcia constitui um excelente modelo de negócio que faltou em mais de um *start-up* da web 2.0.

A segunda é que a discussão assim iniciada nos lança um verdadeiro desafio que vale a pena ser evidenciado. Por mais distorcida que seja, sua crítica nos leva a ir mais fundo para evitar que o debate se centre na rejeição da web em lugar de fixar-se nos problemas que ela coloca; nos domínios que precisam ser melhorados; nas tendências que devem combater; nas lutas que precisam ser encaradas.

---

[26] Andrew Keen, *The Cult of the Amateur: How Today's Internet is Killing our Culture*, cit.

» A alquimia das multidões

Eis que estamos num momento-chave de nosso livro e da razão pela qual decidimos escrevê-lo. Muito desacreditada, às vezes com bons argumentos, a web 2.0 marca uma inflexão essencial na história das tecnologias da informação e da comunicação.

Mesmo imperfeita e insatisfatória como é, a palavra que a expressa melhor é, sem dúvida, "participação". Ela é suficientemente compacta para permitir o surgimento de dimensões e de propriedades novas.

Autor de obras técnicas e científicas, Steven Johnson[27] excreveu um livro sobre esse assunto bem antes que falássemos de web 2.0. Com o título *Emergência: a dinâmica de rede em formigas, cérebros, cidades e software*,[28] ele estuda os processos que encontramos tanto na vida das formigas como nos cérebros, nas cidades e nos programas. Todos "resolvem os problemas apoiando-se sobre uma massa de elementos relativamente estúpidos mais do que numa espécie de executivo relativamente inteligente [...]. Eles utilizam a inteligência inferior". Esses sistemas complexos dão lugar a comportamentos novos, que se convencionou chamar de emergentes. O mais curioso, talvez, é que, "nesses sistemas, agentes que se encontram num dado nível criam comportamentos para o nível superior: as formigas criam as colônias; os cidadãos criam os bairros; programas simples de reconhecimento de temas aprendem a recomendar novos livros". A passagem da simplicidade à sofisticação quando mudamos de nível é o que Johnson qualifica de "emergência".

O lado sedutor desse processo, que não tem nada de evidente, explica sem dúvida o sucesso de fórmulas como "sabedoria das multidões" ou

---

27 Blog de Steven Johnson: http://www.stevenberlinjohnson.com/.

28 Steven Johnson, *Emergence: the Connected Lives of Ants, Brains, Cities, and Software* (Nova York, Touchstone, 2002).

"inteligência coletiva". Elas se referem a uma propriedade real dos sistemas complexos, mas evidenciam excessivamente o lado positivo.

É por isso que preferimos a expressão "alquimia das multidões".

Escolher "alquimia", com sua dimensão implacavelmente ambígua, em lugar de "sabedoria" ou "inteligência", permite perceber que, juntando um grande número de pessoas e consultando-as, é possível, eventualmente, criar o ouro, mas nem sempre. As multidões não produzem só sabedoria, os coletivos não somente inteligência. Mas pode acontecer e é o grande mérito de James Surowiecki e de Pierre Lévy que valorizam isso.

Quanto ao termo "multidão", que o dicionário define como "grande quantidade (de seres, de objetos) considerada ou não como constituindo um conjunto",[*] ele tem o mérito de chamar a nossa atenção para a quantidade, sem lhe dar uma conotação positiva ou negativa. O plural dá melhor a ideia de multiplicidades em atividade.[29] Ele permite sugerir maior heterogeneidade e diversidade. Os web atores de hoje não formam nem uma multidão consciente nem um coletivo com contornos bem determinados. Eles mesmos múltiplos, diferentes, se reagrupam com graus imprecisos de participação e de implicação ao sabor de suas atividades: membros de uma rede social, enciclopedistas na Wikipedia, blogueiros, comentaristas e às vezes simples espectadores engajados. A referência à filosofia de Gilles Deleuze feita por Michael Hardt e Antonio Negri é voluntária.[30]

Rimbaud falava bastante da "alquimia do verbo". Por que não deixar o curso livre à diversidade e à participação que caracterizam a web?

---

* VV.AA., *Le Robert* (Paris: Le Robert, 2004). (N. T.)

29 "Multidão" é retomado, no singular, por Antoni Negri e Michael Hardt, que fazem múltiplas referências a Gilles Deleuze e Félix Guattari, que escrevem, no entanto, "Le multiple, il faut le faire", em *Mille Plateaux, Capitalisme et schizophrénie* (Paris: Minuit, 1980).

30 Michael Hardt & Antonio Negri, *Empire* (Cambridge: Harvard University Press, 2000), e *Multitude: War and Democracy in the Age of Empire* (Nova York: Penguin Books, 2005).

Falta definir esta "alquimia das multidões".

Ela repousa em cinco elementos que raramente encontramos juntos, caleidoscópio das possíveis associações, porém, é incrivelmente rico.

Acumular dados

Nem deliberação nem processo matemático são necessários; só é necessário um espaço em que possamos encontrar a contribuição de outros e colocar a nossa. Quanto mais facilitamos o acesso aos dados, reunindo-os, mais agregamos valor. Nenhuma necessidade de criar comunidades para isso. Nenhuma necessidade de motivação altruísta como demonstra a criação do CDDB, a maior base de dados em CD.

Apostar na diversidade

O sistema funciona tanto melhor quanto as fontes forem mais numerosas e variadas. Ele permite a participação daqueles que o centro ignora, porque se encontram na periferia, o que ilustra o sucesso do InnoCentive, o site de exposição às multidões da pesquisa farmacêutica. A extensão geográfica da web, os conteúdos provenientes de múltiplas culturas e múltiplas experiências contribuem para esse fenômeno.

Compilar/sintetizar

Reagrupados num mesmo espaço, esses dados podem ser submetidos a tratamentos simples que permitem tirar do conjunto alguma coisa de valor superior à soma das partes. É o caso das predições concernentes aos vencedores dos Oscars ou das eleições. Maior a quantidade de informações, mais o produto da operação de compilação/síntese tem chances de ser utilizável. Com o Cloudmark.com para os correios e o Akismets.com para os blogs, basta que um grande número de indivíduos decida, cada um por si, que uma mensagem com um texto T ou vinda de um endereço E é um *spam*, para que o computador elimine todas as mensagens que trazem a característica em questão. Baseado em regras relativamente simples, ele tira proveito sozinho da soma das informações de que dispõem as multidões. Não se trata de inteligência coletiva propriamente dita, mas de um processo que permite compilar e sintetizar informações parciais colocadas on-line pelos usuários que não têm relações entre si.

Relacionar

Estabelecer relações entre os dados, entre as máquinas, entre as pessoas permite, eventualmente, ocasionar efeitos de rede: o aumento do valor não é mais apenas linear (diretamente proporcional). O valor de uma rede tecnológica (telefone ou fax, por exemplo) cresce mais rápido que o número de seus participantes. Dez faxes valem muito, muito mais que um só ou mesmo dois. O crescimento é ainda mais rápido quando se trata de redes que permitem a formação de grupos, a colaboração.[31] A maioria dos sites que qualificamos de "redes sociais" cria esse tipo de efeito: LinkedIn, MySpace, Facebook, Del.icio.us, etc. Consequência importante: a qualidade do serviço melhora com o número de pessoas que se servem dele, como demonstra o Google.

---

[31] Aquilo que concerne às redes tecnológicas é conhecido pelos *geeks* sob o nome de "lei de Metcalfe" (o valor de uma rede é proporcional ao quadrado do número de seus *nodes*). O que diz respeito às redes, que permitem a formação de grupos, é conhecido como "lei de Reed" (o valor aumenta de maneira exponencial). Nos dois casos, a fórmula oficial é exagerada por supor que toda conexão potencial e todo grupo potencial têm valor igual. O que é indiscutível, no entanto, é que o valor de uma rede técnica cresce mais depressa que o número de seus participantes. Esse crescimento é ainda mais rápido quando se trata de redes que permitem um trabalho em comum.

Deliberar

A escolha de dados a serem reunidos, as relações que podemos estabelecer entre eles, seu eventual tratamento podem, além disso, ser objeto de processos de deliberações coletivos. Cada participante só tem conhecimento parcial do conjunto, mas a colaboração, as interações múltiplas, a sinergia em obra conduzem ao surgimento de novas propriedades que podemos muito bem nomear "inteligência coletiva". A Wikipedia vem imediatamente à mente. Mas a enciclopédia on-line é a primeira, no artigo que consagra ao assunto,[32] a evidenciar que tais processos podem também conduzir a sérios erros coletivos.

Esses elementos interagem em duas esferas: quantidade e relações.

A quantidade torna-se possível pela web e sua capacidade de buscar em diversos bancos de dados, deixando numerosos web atores participar. Ela é acompanhada da diversidade própria do mundo real.

O relacionamento é o mecanismo fundamental da web, quer se trate de páginas, de sites, de fragmentos de informações, quer de indivíduos ou de grupos.

Exemplo da dinâmica relacional, a alquimia das multidões é o processo incerto graças ao qual a participação maciça de humanos e de programas conectados entre si pode produzir o surgimento de novas propriedades. Ela implica uma mistura sempre variável de acumulação, de compilação, de relacionamento de dados e participantes diferentes. Dessa forma, as deliberações sofrem melhorias no próprio processo e naquilo que pode ou deve se extrair dele.

Longe de pretender ser uma teoria, a expressão tem por objetivo nos ajudar a colocar de forma bem clara possíveis bases de uma atitude pe-

---

32 "Intelligence Collective", disponível em http://fr.wikipedia.org/wiki/Intelligence_collective.

rante a web de hoje e de uma vontade de intervir para participar de sua evolução.

» Atores atentos

Os web atores devem sempre estar alertas. Terminou o tempo em que eles consideravam a escrita como informação correta, o som como reportagem e a imagem como prova. Erros, brincadeiras, trapaças, abusos e mistificações são suficientemente frequentes para que aprendamos a desconfiar. Dessa forma se faz a mídia, dimensão indispensável da cultura da era da informática: compreender como ela funciona para utilizá-la de forma crítica e difundir as mensagens em formatos múltiplos.

Paradoxalmente, os erros da Wikipedia e sua notoriedade são, afinal, uma coisa boa.[33] Eles são um convite constante para sempre procurar outras fontes de informações e a não confiar cegamente em nenhuma delas, nem que tenha pretensão enciclopédica. É isso que os professores deveriam ter na cabeça, mais do que a proibir como fonte. Esse é um passo em direção a uma atitude construtiva que consiste em convidá-los a comportar-se como web atores: contribuindo para o site, melhorando-o quando o trabalho de busca crítica lhes permite descobrir falhas e complementações possíveis.

Esse tipo de empreendimento torna-se possível pelo baixo custo da colaboração. Da mesma forma que as organizações em rede são mais eficazes hoje do que eram ontem, a colaboração horizontal sem estrutura hierárquica forte torna-se uma maneira de produção útil. A questão

---

[33] Um excelente estudo realizado pela Harvard Business School sobre o funcionamento concreto da Wikipedia a propósito das correções apresentadas no artigo "Enterprise 2.0" permite melhor compreender como e o que está em jogo: http://courseware.hbs.edu/public/cases/wikipedia/. Ver também o artigo que deu origem ao estudo em http://en.wikipedia.org/wiki/Enterprise_2.0.

perturbadora é, então, determinar se as dezenas de milhares de amadores, entre os quais a maioria não tem autoridade nos assuntos, podem contribuir para aumentar o conhecimento da humanidade, sua compreensão do mundo ou, em todo caso, o acesso ao que está gravado e sua utilização. David Weinberger, autor de *Everything is Miscellaneous* (ver capítulo precedente), afirma que a "construção pública do sentido é o projeto mais importante dos próximos cem anos".[34] Um empreendimento coletivo do qual a Wikipedia terá sido apenas o início.

O jogo é significativo. Ele implica que participemos sem nunca deixar de estar atentos, críticos – e atentos às críticas. É assim que, das posições assumidas por Jaron Lanier, Nicholas Carr e Andrew Keen, absorvemos três ensinamentos.

Contra a religiosidade

A fé na tecnologia, em suas virtudes, em seu poder superior, em sua capacidade de nos levar para um mundo melhor, está deslocada. O entusiasmo, a paixão, a curiosidade são coisas excelentes, que contribuem para os avanços produzidos nesses domínios ao longo dos últimos cinquenta anos. Mas o argumento levantado por Carr de que, "quando vemos a web em termos religiosos, quando a impregnamos de nosso desejo pessoal de transcendência, deixamos de vê-la objetivamente",[35] é simplesmente indiscutível.

Pela qualidade

A Wikipedia representa um papel positivo porque alguns "amadores" – pessoas cujas competências não eram oficialmente reconhecidas

[34] David Weinberger, *Everything is Miscellaneous*, cit.
[35] Nicholas Carr, "The Amorality of web 2.0", cit.

nos domínios que as apaixonavam – encontraram uma ferramenta de colaboração e o meio de servir-se dela de forma um pouco mais sofisticada a cada dia. Essa participação tem numerosas vantagens no plano do conhecimento e das interações sociais que a acompanham. Entretanto, ela implica uma produção rica de erros e deve, portanto, ser filtrada por alguns mecanismos sérios de controle de qualidade... gerados pelos próprios web atores. É isso o que a Wikipedia se esforça para fazer.

Proteger os dados pessoais

O terceiro ponto sobre o qual um acordo é fácil – o da proteção dos dados pessoais – é mencionado por quase todos os que se interessam pela web. O raciocínio é simples: nós fazemos cada vez mais coisas on-line e deixamos rastros. Eles correm o risco de ser explorados por empresas privadas, pelos Estados e autoridades policiais, bem como por autores mal-intencionados: dos mentirosos aos malfeitores passando pelos terroristas.

■ BIG BROTHER, SUAS IRMÃS E SEUS INSUPORTÁVEIS PRIMOS

Ao lado do Big Brother, devemos também desconfiar de suas irmãs, as empresas, e de seus insuportáveis primos, os cibercriminosos. O "Grande Irmão" talvez não nos diga respeito, mas ele segue nossos passos. Os acontecimentos políticos do início do século XXI serviram de pretexto para uma multiplicação de tentativas maciças de vigilância por parte dos Estados. Devemos tão frequentemente nos identificar para fazer algumas coisa que não nos espantamos mais quando nos pedem para dar informações muito pessoais para tomar um avião ou entrar num edifício público. Até para beber um café no Starbucks é necessário dar o nome.

As pequenas irmãs são todas as empresas (grandes e pequenas) que acumulam informações sobre nós para fins publicitários ou de gestão. Corremos sempre o risco de que elas se sirvam desses dados sem muitos escrúpulos quando estiverem em dificuldades financeiras, quando forem compradas por outra ou, simplesmente, quando perceberem aí uma fonte de receita adicional.

Os insuportáveis primos se servem dos mesmos dados (que obtêm de forma diferente) para nos asfixiar de "mensagens podres" (*spam*), pegar nosso dinheiro, roubar nossa identidade, levar-nos a cometer erros irreparáveis, ou organizar suas atividades criminosas.

Todos os membros dessa família estendida têm uma aspiração comum: a de poder cruzar um máximo de dados que nos dizem respeito. Imaginem, por exemplo, que sua companhia de seguros tenha acesso ao mesmo tempo a sua ficha médica, que indica um risco de colesterol, e à lista de compras no supermercado, que revela o seu gosto por carnes, queijos e bebidas alcoólicas. Sua mensalidade será imediatamente aumentada. O processo está em via de começar.

» Os usuários ativos

As críticas evocadas são, portanto, repletas de ensinamentos, mas, baseadas sobre o descrédito, elas ignoram os lados positivos da web de hoje e o fato de que podemos intervir para contribuir a sua orientação. Trata-se, afinal, de um espaço social onde encontramos o risco de poderes, influências, domínios, riquezas comparáveis àquelas com que estamos habituados no mundo real.

A questão da proteção da vida privada permite compreender bem os limites de sua abordagem e como podemos ganhar adotando uma posição mais ativa.

O verdadeiro problema não é que deixamos rastros e que algumas pessoas se servem deles para nos prejudicar. A resposta individual é simples de formular: cada usuário deve ter o controle dos dados que lhe dizem respeito. A ideia começa a tomar dimensão. Um grupo de "influenciadores" do Vale do Silício, por exemplo, propõe três princípios muito simples, aos quais poderiam aderir os sites das redes sociais e os outros. Seria suficiente que aceitassem que seus usuários tivessem:

- A propriedade das informações pessoais que lhes dizem respeito (perfis, lista de pessoas com quem estão conectados, fluxo das atividades que criam, navegando e exprimindo-se pela web).
- O controle sobre a utilização dessas informações pelos outros.
- A liberdade de conceder um acesso contínuo às informações pessoais para os sites em que confiam.

Essa lista foi elaborada por Joseph Smarr (Plaxo.com), Marc Canter (BroadbandMechanics.com), Robert Scoble (Scobleizer.com) e Michael Arrington (TechCrunch.com), e está acessível no site Open Social Web.[36]

Isso parece essencial se queremos evitar uma catástrofe. Mas essas respostas individuais seriam insuficientes sem corolários de tipo coletivo, particularmente necessários na sociedade de controle em que evoluímos.

A resposta aqui consiste em permitir vigiar os vigias, o controle dos controladores.

Os norte-americanos podem obter informações sobre o governo e seus diferentes serviços numa enormidade de sites muitas vezes criados por voluntários apaixonados.

---

36 *A Bill of Rights for User of the Social Web* [Carta dos direitos dos usuários], em http://opensocialweb.org/2007/09/05/bill-of-rights/.

A vigilância do cidadão torna-se possível pela multiplicação de telefones dotados de câmeras fotográficas, da comunicação móvel e das redes de telefone sem fio ou celulares de banda larga.

Falando desse novo fenômeno, Jamais Cascio, cofundador da WorldChanging – site dedicado à tecnologia e ao meio ambiente – e, agora, "futurista" que se assume em seu blog OpenTheFuture.com, propõe inverter a imagem do pan-óptico de Bentham retomado por Foucault e nos convida a criar um pan-óptico participativo.[37] "As câmeras digitais conectadas à rede e os celulares equipados com câmeras são as armas da segunda superpotência", estima Cascio.

Sempre sob a inspiração de Foucault, encontramos a mesma noção do termo "subvigilância" ("sousveillance", termo usado em inglês e francês).[38] Foi Steve Mann o primeiro a levantá-lo. Professor da Universidade de Toronto, Mann é conhecido como "o primeiro *cyborg*" por seus trabalhos sobre a informática portátil (*wearable computing*).[39] As ferramentas não estão mais no céu (como nos satélites que vemos em alguns filmes), mas no nível dos humanos. Sua utilização não é mais comandada por aqueles que se encontram no alto da hierarquia, mas pelas pessoas comuns.

Menos mencionada, a exploração é uma das facetas mais explosivas do conteúdo gerado pelos usuários. O problema surge quando as empresas comerciais se servem da contribuição dos usuários de seus sites para ganhar dinheiro, sem que eles obtenham em troca uma compensação justa.

---

37 Primeiro ensaio de Jamais Cascio, "A Participatory Panopticon?", em *Worldchanging*, 10 de maio de 2004, disponível em http://www.worldchanging.com/archives/000680.html. Artigo mais recente sobre o mesmo assunto: Jamais Cascio, "Participatory Panopticon Update", em *Worldchanging*, 8 de junho de 2005, disponível em http://www.worldchanging.com/archives/002855.html.

38 Ver definição de *sousveillance* na Wikipedia, http://en.wikipedia.org/wiki/Sousveillance.

39 Artigo dedicado a Steve Mann na Wikipedia, http://en.wikipedia.org/wiki/Steve_Mann.

Quando o Google ganha dinheiro utilizando os links que estabelecemos entre diferentes documentos ou sites na web, é relativamente fácil tolerar, já que nos consideramos suficientemente remunerados pela qualidade das respostas dadas às perguntas que colocamos.

Aqueles que contribuem na Wikipedia se satisfazem com suas contribuições voluntárias para um site que coloca cada vez mais conhecimento à disposição de um número crescente de pessoas. Eles encontram nisso, muitas vezes, uma remuneração paralela graças ao impacto da colaboração sobre sua imagem e reputação.

Mas o que acontece no caso do InnoCentive, site em que grandes laboratórios farmacêuticos submetem seus problemas de pesquisa e desenvolvimento? Os contribuintes são remunerados. Resta ver se todos consideram a remuneração aceitável.

Um dos exemplos mais problemáticos é sem dúvida aquele do *USA Today*, que, no mesmo momento, decidiu demitir alguns profissionais e apelar aos jornalistas cidadãos voluntários para alimentar os sites do grupo Gannett com informações locais.

A face criativa e colaborativa do *crowdsourcing* é bem real. Ela é a promessa de um mundo aberto repousando sobre o compartilhamento e a colaboração. Mas tem seu lado contrário, mais inquietante: a oportunidade que representa para os mais malvados ou menos escrupulosos de fazer trabalhar os voluntários sem ter de pagá-los (ou gratificando-os com uma miséria).

Foi para ver isso mais claramente que o cronista canadense Mathew Ingram perguntou, num debate que ele organizava: "se o *crowdsourcing* não passa de um arrendamento digital (*digital sharecropping*)".[40] A metáfora é tanto mais violenta porque a prática se generalizou nos Estados

[40] Jeff Howe, "Digital Sharecropping: Mesh Takes on Crowdsourcing", em *Wired*, 1º de junho de 2007, disponível em http://crowdsourcing.typepad.com/cs/2007/06/digital_sharecr.html.

Unidos logo depois da Guerra Civil para obter escravos que continuassem a trabalhar a terra, tomando deles uma parte leonina de sua produção... sem pagá-los por isso.[41]

Convidado a responder à questão, Jeff Howe, um dos promotores mais ardentes do *crowdsourcing*, foi coagido a reconhecer que ela era legítima. Ele até escreveu que "o modelo contém um potencial de desigualdade", palavra que ele prefere prudentemente a "exploração".[42]

O número de empresas que recorreram a esse modelo só podia aumentar. E Howe concluiu que "é importante que a comunidade que produz os bens tenha algo a dizer sobre a forma como a companhia é gerida e como os seus membros são remunerados".

Em termos elegantes, essas coisas são expressas da seguinte maneira:

Segundo ele, a solução deveria impor-se por si mesma graças às leis de mercado. Uma competição parece inevitável entre empresas que visam fazer as multidões participar de suas atividades. "Aquelas que ganharão depois do inevitável processo de eliminação poderiam bem ser as que encontraram uma fórmula para que seus usuários se sintam amplamente remunerados."[43]

Não sonhemos. É a questão do poder que aqui é colocada.

O *crowdsourcing* tem um lado ideal para as empresas, constantemente pressionadas a reduzir os custos. Não somente as pessoas não estão organizadas, mas estão dispersas, sem relação entre elas e por enquanto, em todo caso, dispostas a trabalhar gratuitamente ou por uma miséria. A internet permite encontrar aqueles que aceitam receber pouco no mundo do trabalho conectado.

---

41 Ver definição de *sharecropping* na Wikipedia, http://en.wikipedia.org/wiki/Sharecropping.

42 Jeff Howe, "Digital Sharecropping: Mesh Takes on Crowdsourcing", cit.

43 *Ibidem.*

Ainda não apresentamos claramente a diferença entre a participação nas empresas coletivas de serviços públicos, do tipo Wikipedia, e as empresas comerciais que se apoiam no *crowdsourcing*. As leis do mercado não deixarão de ser aplicadas, ao lado das tensões tradicionais ligadas às questões do direito do trabalho. E, como as remunerações decentes não são dadas ou não são harmonizadas a não ser raramente, os conflitos parecem inevitáveis.

» Os usuários se rebelam

Em alguns dias no início de maio de 2007, 09F9 tornou-se quase tão célebre quanto o R2D2, o robô de *Star Wars*. Não se tratava dessa vez de uma máquina futurista, porém, mais prosaicamente, as primeiras letras de uma chave para abrir a proteção dos HD-DVD sobre os quais são gravados alguns filmes.

Em 30 de abril, um usuário postou no site Digg.com um link de um blog que dava uma chave capaz, em algumas circunstâncias, de quebrar o sistema que bloqueava a cópia de DVDs. Ele recebeu grande número de votos favoráveis (mais de 15 mil) que o mantiveram na primeira página.

Logo o Advanced Access Content System Licensing Administrator (AACS) ordenou aos responsáveis eliminar qualquer menção à chave. E é isso que começaram a fazer.[44] A AACS é uma associação representante de várias empresas tecnológicas (de IBM até Sony) e de estúdios como Disney e Warner Brothers para limitar as cópias de HD-DVD.

Os usuários ficaram irritados e dedicaram-se em massa a multiplicar as referências ao código de 32 letras que começa por 09F9 e a votar pelos artigos e notas que falavam dele. Vendo isso, Kevin Rose, cofundador

---

[44] Ver justificativa em blog: http://blog.digg.com/?p=73.

do Digg.com, decidiu com o sócio Jay Adelson parar de censurá-los.[45] O site apoiava-se quase exclusivamente sobre o conteúdo gerado pelos usuários, e cortar-lhes a palavra era interromper o fluxo sobre o qual ele vigorava. Rose tinha boas razões para não ouvir seus advogados e coragem para agir.

O incidente teve o mérito de mostrar claramente que, quando convidamos os usuários a participar, corremos sempre o risco de vê-los tomar um caminho imprevisto.

Pouco menos de seis meses mais tarde, foi a vez do Facebook, o site *social networking* da moda, ceder diante dos protestos daqueles que detestavam o Beacon, seu sistema de publicidade baseado na exploração das relações pessoais entre os usuários. É necessário agora inscrever-se (*opt-in*) para estar exposto, em vez de ter o direito de retirar-se (*opt-out*). É uma coisa boa ou, em todo caso, um passo numa boa direção.

O Beacon havia suscitado amplos movimentos de protesto, inclusive uma ofensiva lançada pelo MoveOn.org, site que se tornou conhecido por sua capacidade de mobilizar os ativistas em grandes batalhas políticas norte-americanas. Em dez dias, sua petição pedindo a interrupção do Beacon recolheu 50 mil assinaturas. A retificação ocorreu em apenas três semanas.

Na primeira versão, toda vez que um membro do Facebook adquiria uma passagem de avião ou reservava uma mesa num restaurante, a informação era transmitida a todos os seus amigos. Além das implicações evidentes com relação à vida particular, isso apresentava inconvenientes para todos ao impedir as surpresas, por exemplo dos presentes de Natal – visto que Jim podia saber que a sua amiguinha Deborah tinha acabado de adquirir o livro que ele comentara por ocasião de seu último encontro.

---

45 Ver explicações de Rose e de Adelson, em http://blog.digg.com/?p=74.

O Beacon permite aos anunciantes colocar a própria publicidade com uma eficácia considerável. Apresentando-a, Mark Zuckerberg, dono do Facebook, explicava: "A referência de alguém em quem eles têm confiança influencia mais as pessoas do que a melhor mensagem televisiva. É o Santo Graal da publicidade".[46]

Ele, todavia, escolheu renunciar a alguns lucros a curto prazo adotando o sistema *opt-in*, e ganhando em confiança, o que é bem mais importante a longo prazo. Prudentes, as relações tornaram-se mais positivas. Para Duncan Riley, da TechCrunch: "Isso parece uma vitória do usuário", mesmo se ele nota que a prática essencial para os anunciantes não muda. O problema central, escreve Nick O'Neil, que movimenta o site All-Facebook.com, permanece sendo que o Facebook "armazena os dados que dizem respeito às suas compras mesmo se ele não informa os seus amigos".[47]

A importância dessas duas reviravoltas – do Digg e do Facebook – reside menos naquilo que elas nos dizem das disposições dos empreendedores de hoje – mais atentos a seus clientes e dispostos a ceder para não perdê-los –, que na perspectiva que abrem quanto ao poder crescente dos usuários.

Enquanto a web de hoje nos coloca potencialmente em contato uns com os outros, a importância decrescente das instituições e das entidades do mundo real (nações, hierarquias, espaços de ligações, etc.), em que temos séculos de experiências de organização coletiva, faz com que a ordenação e a coordenação pareçam mais raras, mais difíceis. Mas elas ocorrem, e podemos esperar que os web atores encontrarão respostas

---

46 Relatório da apresentação da TechCrunch em 6 de novembro de 2007, disponível em http://www.techcrunch.com/2007/11/06/liveblogging-facebook-advertising-announcement.

47 Comentário mal-humorado de Nick O'Neil, "Breaking: Facebook Updates Beacon", em *All Facebook*, 29 de novembro de 2007, disponível em http://www.allfacebook.com/2007/11/breaking-facebook-updates-beacon/.

cada vez mais originais e eficazes. É por isso que as rebeliões de 2007 poderiam se repetir e se estender a outros domínios, a ponto de se tornarem um elemento marcante em 2008. É o que pensa Mark Anderson, que vê nisso uma forte tendência.[48]

Isso parece corresponder a uma lógica relativamente simples: a web depende hoje da quantidade de informações que nela são depositadas; ora, a única forma econômica de alcançar o nível desejado é deixar que os usuários as coloquem on-line. Como o sistema depende da participação dos usuários para funcionar, eles dispõem agora de certo poder. É suficiente que se deem conta disso... e que o exerçam.

Somente conflitos como a rebelião dos usuários do Digg e do Facebook poderiam revelá-lo. Logo, não pode haver uma participação dos usuários sem o poder destes. Isso pode dar medo ou entusiasmar.

De qualquer maneira, tivemos a prova com o 09F9...

» Letramento digital ou *Digital literacy*

O que devemos saber e compreender da web, da internet, das redes e das mídias neste início do século XXI? Quais ferramentas, quais lógicas, quais formas de pensar e de organização os homens e as mulheres de hoje, jovens e velhos, devem dominar para se sentir à vontade, para que a participação deles seja a mais rica possível?

A questão tem sentido ou, como pensam alguns, é suficiente esperar a morte dos últimos velhotes adeptos do papel e da caneta com pena de ganso para alcançar, por fim, uma espécie de nirvana digital coletivo?

---

48 Mark Anderson, "My Top Ten Predictions for 2008", em *Strategic News Service*, 22 de dezembro de 2007, disponível em http://www.tapsns.com/blog/index.php/2007/12/my-top-ten-predictions-for-2008/.

Esperando por um desequilíbrio digital crescente, acreditamos, pelo contrário, que é necessário acrescentar a educação à capacidade de enfrentamento, de que acabamos de falar.

Era suficiente, no final do século XIX, falar de alfabetização. O termo não é satisfatório atualmente por três razões muito simples: nossos meios de expressão são multimídia e não passam somente pelas letras do alfabeto; trata-se também de ferramentas, aplicações e aparelhos de que podemos nos servir; a web abre-nos um novo universo, é importante compreender essa lógica. O esforço deve, portanto, ser realizado na prática e na cultura. Ele concerne à recepção de informações, à expressão, à utilização das ferramentas e à lógica do sistema em questão. Requer também o aprendizado sistemático do pensamento crítico para discernir melhor o que está em questão, a que estamos expostos, o sentido daquilo que circula e o que emitimos.

As lacunas são sérias. Muitas pessoas não têm ainda acesso a essa mídia ou se recusam, frequentemente por medo, a servir-se dela, mesmo sabendo que sairiam ganhando. Grande número das pessoas que têm acesso acredita servir-se convenientemente, mas só utiliza uma fração do que poderia lhe ser útil. Os conhecimentos gerais que permitem falar de uma "cultura digital" faltam a essas pessoas, e é isso que as bloqueia.

Contrariamente a uma ideia comumente aceita, os jovens sabem muitas vezes menos do que os mais velhos imaginam. É verdade que eles estão geralmente mais à vontade do que seus pais na dimensão digital, mas a expressão "nativos digitais" é enganadora. Ela é até perigosa, na medida em que mascara as disparidades crescentes vindas da qualidade do acesso ao mundo digital e à educação.

Daí a necessidade de vislumbrar uma formação específica para a dimensão digital, de fazer o que é necessário para que nós nos sintamos bem, que saibamos nos servir. Segundo a Comissão Europeia, "o letramento digital [*digital literacy*] torna-se rapidamente uma das condições da criatividade, da inovação e do espírito empreendedor. Sem ele, os cidadãos não podem nem participar plenamente da sociedade nem adquirir as competências e os conhecimentos necessários para viver no século XXI".[49]

É muito mais que a simples capacidade de ler e de escrever, como indica esta definição proposta pela Unesco e encontrada na Wikipedia:

> Letramento digital [*digital literacy*] é a capacidade de identificar, compreender, interpretar, criar, comunicar e calcular, através da utilização de materiais impressos e escritos associados a contextos vários; um *continuum* de aprendizagem que possibilita a um indivíduo atingir as suas metas, desenvolver o seu conhecimento e potencial, e participar inteiramente na sociedade.[50]

Temos utilizado até aqui a noção de letramento porque a tradução clássica de *digital literacy* por "alfabetização" é totalmente insatisfatória. "Letramento" parece ser o termo mais frequentemente utilizado por aqueles que se debruçaram sobre a questão.[51]

Esta *digital literacy* tão difícil de traduzir implica práticas e culturas que se articulam, essencialmente, ao redor de três características:

- A capacidade de se servir de forma eficaz de um programa e da internet, a compreensão do seu funcionamento.[52]

---

49 Comissão europeia, Diretório-Geral para a Educação e Cultura, *ELearning: Better eLearning for Europe* (Luxemburgo: Agência para Publicações Oficiais das Comunidades Europeias, 2003). Citado por Olivier Le Deuff em "La culture de l'information: quelles 'littératies' pour quelles conceptions de l'information?", em VI Colóquio ISKO-France 2007, 7 e 8 de junho de 2007, IUT da Universidade Paul Sabatier de Toulouse.

50 Ver definição de *literacy* na Wikipedia, http://en.wikipedia.org/wiki/Literacy.

51 Olivier Le Deuff, "La culture de l'information: quelles 'littératies' pour quelles conceptions de l'information ?", cit.

52 Ver definição de *digital literacy* em http://en.wikipedia.org/wiki/Digital_literacy.

- A capacidade de encontrar a informação, compreendê-la em seu contexto de forma crítica, perceber a importância de alguns elementos, como o regime de propriedade, os interesses comerciais em jogo, a presença eventual da censura, as tentativas de propaganda.[53]
- A capacidade de criar e de difundir as mensagens em mídias diferentes, de compreender e de utilizar as forças e limitações da cada uma delas e de servir-se de forma autônoma e independente.[54]

Algumas noções vislumbradas nas abordagens que consideramos partem de fato da importância que damos às "culturas de participação" estudadas, entre outros, por Henry Jenkins, autor de *Cultura da convergência* de que já falamos. Ele explica: "Uma cultura de participação é uma cultura em que os critérios de expressão artística e de engajamento cívico são relativamente baixos, o que encoraja a criar e a participar [...]. É igualmente uma cultura em que aqueles que se agregam a ela consideram que suas contribuições contam e sentem um grau de conexões sociais entre si (ao menos na medida em que dão importância ao que os outros pensam do que eles criaram)".[55]

A autotransformação é o primeiro recurso de quem quer se servir da web e compreendê-la. Sempre essencial para manter-se atualizado, para avançar neste mundo em constante mudança, ela é frequentemente reforçada pela formação informal entre pares, entre pessoas que descobrem ao mesmo tempo, que trocam suas experiências, suas descobertas. Ela se faz pouco a pouco, em função das necessidades e representa papel determinante na transmissão horizontal do conhecimento.

---

53 The American Library Association's (ALA), Presidential Committee on Information Literacy, *Final Report* (Chicago: s/ed.,1989).

54 Ver definição de *media literacy* em http://en.wikipedia.org/wiki/Media_literacy.

55 Henry Jenkins, *Convergence Culture*, cit.

A educação formal não é menos indispensável. Ela inclui cursos dispersos nas escolas e nas universidades, bem como sessões de formação profissional organizadas nas empresas e o trabalho beneficente realizado nos meios menos favorecidos. Esse trabalho não pode ser realizado a não ser com a participação das instituições públicas em todos os níveis, desde a municipalidade até as organizações internacionais, passando pelas diferentes circunscrições políticas e regionais dos diferentes países e nações.

A alquimia das multidões aparece, portanto, como um processo aberto sobre o qual podemos agir. Ela representa uma aproximação racional da web, de suas possibilidades e de suas fraquezas. A busca por uma expressão diferente daquelas muito em voga como "sabedoria das multidões" e "inteligência coletiva" parte de uma atitude que dá lugar aos argumentos úteis de alguns críticos, sem que isso implique uma adesão à sua posição. A web não faz milagres, mas abre possibilidades que estaríamos muito errados em não aproveitar. Os usuários interessados por essas ferramentas e por essas lógicas têm todo o interesse em participar. É a cidadania digital que está em jogo.

Terceira parte

O que muda

6. Uma economia da relação pode ser rentável?

"Por volta de 2060, na pior das hipóteses (...), novas forças, altruístas e universalistas, já em ação nos dias de hoje, tomarão o poder sob o império de uma necessidade ecológica, ética, econômica, cultural e política. Uma nova economia, dita relacional, produzindo serviços sem procurar tirar proveito deles, vai se desenvolver em concorrência com o mercado."

Jacques Attali, *Uma breve história do futuro*[1]

» Blockbuster e Netflix: toda oferta encontra uma demanda na internet

Outrora nos Estados Unidos, quando queríamos alugar um DVD, íamos até a Blockbuster, a gigante das locações de DVD que tinha vários milhares de lojas no mundo inteiro e empregava 130 mil funcionários. A escolha era limitada pelo espaço disponível nas prateleiras, encon-

---

1 Jacques Attali, *Une brève histoire de l'avenir* (Paris: Fayard, 2006). [Edição brasileira: *Uma breve história do futuro* (Osasco: Novo Século, 2008).]

travam-se especialmente os famosos *blockbusters* (filmes de sucesso). Era necessário, às vezes, aguardar algum tempo antes de conseguir colocar as mãos na cópia desejada. E, sob pena de multa, era necessário devolvê-la a tempo.

A Netflix, uma iniciante do Vale do Silício, revolucionou esse modelo em 1998 lançando a locação on-line. O consumidor não perde tempo deslocando-se até a loja, com o risco de não encontrar o que procura: ele faz a escolha na web. Os DVDs são enviados pelo correio e devolvidos pelo mesmo caminho (em um dia útil em média, nos dois casos). Simples assim. Além disso, o catálogo da Netflix é quase ilimitado. Com cerca de 90 mil títulos disponíveis no início de 2008,[2] a Netflix é a maior "dvdteca" do mundo e conta com 7 milhões de assinantes. Graças à digitalização progressiva dos filmes, ela acaba de lançar um serviço de vídeo sob encomenda (com 5 mil títulos). Os associados só precisam clicar num título para iniciar imediatamente a sua sessão de cinema. Fim da espera e a ameaça de multa por atraso na devolução! Baixos, os preços são fixos: para uma assinatura de 9 dólares por mês, a pessoa pode alugar um DVD que ela pode renovar com a frequência que desejar (devolver na terça-feira o DVD que recebeu e assistiu na segunda-feira, e receber na quarta-feira outro DVD em troca, etc.); por 14 dólares, podem-se conseguir dois de cada vez permanentemente. Como a Netflix não tem nenhuma loja e seus custos de armazenamento são muito pequenos, a sociedade pode dedicar-se essencialmente ao *marketing*. Sua nova oferta de filmes sob encomenda permite também a economia com o frete do correio, além de evitar os riscos de perda e o desgaste do DVD. A Netflix é rentável desde 2003, ano em que a Blockbuster declarou pela segunda vez consecutiva perdas recordes de mais de 1 bilhão de dólares.

---

2 Número de novembro de 2007.

Uma das particularidades da Netflix[3] é que ela consegue alugar a totalidade de seus títulos. Desde um filme de grande sucesso até aquele obscuro documentário nunca divulgado, todos encontram quem os alugue: 95% de seu enorme catálogo é locado ao menos uma vez no período de três meses. Ora, assim não sai mais caro para a Netflix distribuir um sucesso de bilheteria ou um filme desconhecido. O site ganha dinheiro em todos os DVDs que loca. Existe, portanto, interesse em propor a maior e mais abundante oferta possível. Isso contradiz os modelos econômicos anteriores: a lei dos *best-sellers* e a ideia de que 20% dos títulos ofertados corresponde a 80% das vendas, não deixando praticamente lugar para o restante dos produtos disponíveis. É esse fenômeno novo que o jornalista anglo-americano Chris Anderson chama de "cauda longa",[4] pedra fundamental de uma análise da economia "à nova maneira", permitida pelo poder da web.

A web está em via de revolucionar a lógica econômica clássica e a condução dos negócios. Assim, companhias como Google realizam mais de 60% de suas receitas com pequenas empresas, coisa impossível para uma administração publicitária tradicional, que se satisfaz em servir alguns grandes clientes. Será essa análise completa? Além do fenômeno econômico, devemos tentar compreender por que um número crescente de web atores dedica cada vez mais tempo participando gratuitamente do sucesso desses novos empreendimentos. Na Netflix, por exemplo, eles podem fazer observações sobre os filmes, o que permite à empresa melhorar o sistema de predição. A Netflix pode propor a seus usuários um sistema que indica que "aqueles que gostaram de tal filme gostaram também desse outro", o que os norte-americanos chamam de *collabora-*

---

3 http://www.netflix.com/MediaCenter?id=5379&hnjr=8#facts.

4 Chris Anderson, *The Long Tail* (Nova York: Hyperion, 2006). Traduzido em francês, *La longue traîne* (Paris: Village Mondial, 2007). [Edição brasileira: *A cauda longa* (São Paulo: Campus, 2006).]

tive filtering, uma ferramenta bem útil para ajudar a fazer escolhas. Mas fazer observações toma tempo dos usuários e não é remunerado diretamente. Isso melhora globalmente a qualidade do sistema e constitui, assim, uma espécie de interesse coletivo bem entendido, um estímulo a participar. Um usuário médio faz avaliações em duzentos filmes e a Netflix publica 2 bilhões de avaliações. Com o mesmo princípio, o Yelp.com, um site de indicação de restaurantes em São Francisco, funciona graças aos comentários dos usuários que aceitam fazer o papel de críticos gastronômicos.

Será esse o sinal de uma nova dinâmica econômica, mais relacional, que agrega um valor mais forte do que a mecânica clássica do especialista, do crítico, daquele "que sabe"? Sobre qual modelo econômico repousam então todos esses sites gratuitos com o conteúdo gerado pelos usuários? A publicidade será suficiente para financiá-los? Será sustentado a longo prazo? Esse modelo que funciona para um punhado de sites como Google, eBay ou Amazon, que concentram o essencial do tráfego da internet, poderá ser copiado por outros?

Entre todas essas questões em suspenso, a interrogação principal diz respeito à forte concentração ao redor de um personagem principal em cada um dos setores que analisamos e nos quais a dinâmica relacional é portadora de um modelo econômico. Só existe uma Netflix, uma só Wikipedia, uma só Amazon, um só Craigslist, um só Google... Estaremos nos dirigindo para mercados monopolistas, onde os nichos são mais rentáveis? Outros modelos, sem dúvida mais sutis, estão hoje em via de estabelecer-se. Estaremos a ponto de ver aparecer uma economia de coprodução, uma economia relacional?

Após ter suscitado muita paixão e entusiasmo, esta economia nova conserva boa parte de seu mistério. As questões estão ali. Vamos tentar respondê-las.

» Uma economia da abundância e da diversidade: a cauda longa[5]

Quando o que é raro é quase gratuito

A internet não altera somente as nossas vidas. Ela revoluciona o comércio e a cultura. Chris Anderson foi o primeiro a formalizar o movimento em curso de um ponto de vista econômico. Inicialmente, num artigo publicado em outubro de 2004 na célebre revista tecnológica *Wired*, da qual é o redator-chefe.[6] Em seguida, no livro *A cauda longa*.[7] Ele explica didaticamente como a tecnologia permite um deslizamento dos mercados de massa para os mercados de nichos, tornando rentáveis as vendas em pequenas quantidades que, até o momento, não o eram. É assim que passamos de uma cultura da uniformidade para uma cultura da diversidade.

A metáfora "cauda longa" refere-se à representação gráfica de uma fórmula econômica (conhecida como "lei de Pareto"), criada há mais de um século, que mostra que, em toda população, cerca de 20% dos indivíduos beneficiam-se de 80% das riquezas, e que, em qualquer mercado, 20% dos produtos atraem cerca de 80% dos consumidores. É particularmente verdade para os produtos culturais: mais de três quartos das vendas correspondem a uma pequena percentagem de títulos dos livros ou dos discos em circulação. Num grande magazine, por exemplo, só encontramos uma parte ínfima de todos os tipos de produtos, aqueles que devem satisfazer o maior número de clientes. Mas a razão não se encontra em nenhuma lei da natureza, explica Anderson. Ela se explica

---

5 Este trecho sobre a cauda longa é amplamente retomado pelas mensagens de Francis Pisani, publicadas em seu blog *Transnets*: http://pisani.blog.lemonde.fr/.

6 Ver artigo original: "The Long Tail", em *Wired*, outubro de 2004, disponível em http://www.wired.com/wired/archive/12.10/tail.html.

7 Chris Anderson, *The Long Tail*, cit.

pelos funis de estrangulamento do mundo real que a internet liberta. De fato, a internet permite ganhar dinheiro vendendo um número suficiente de produtos que só interessam a uma parcela restrita de pessoas.

Por isso, o site norte-americano Rhapsody.com, que vende música on-line, ganha mais dinheiro vendendo uma ou duas vezes por mês as centenas de milhares de títulos que não figuram entre os 10 mil mais populares. Encontramos as mesmas proporções em todos os produtos estritamente digitais para os quais os custos de reprodução, de armazenamento e de transporte são muito próximos de zero. O princípio aplica-se também a empresas comerciais que, assim como a Amazon.com, utilizam a internet para reduzir custos de armazenamento e de transporte.

Na curva de distribuição das vendas, a parte à esquerda, que sobe bem alto (a cabeça), representa tradicionalmente o pequeno número de *best-sellers*, enquanto, à direita, vemos uma interminável cauda feita de grande número de títulos que vendem pouca quantidade. A revolução introduzida pela internet é que podemos ganhar muito dinheiro vendendo os produtos que se encontram na cauda (ainda mais longa do que imaginamos) assim como na cabeça.

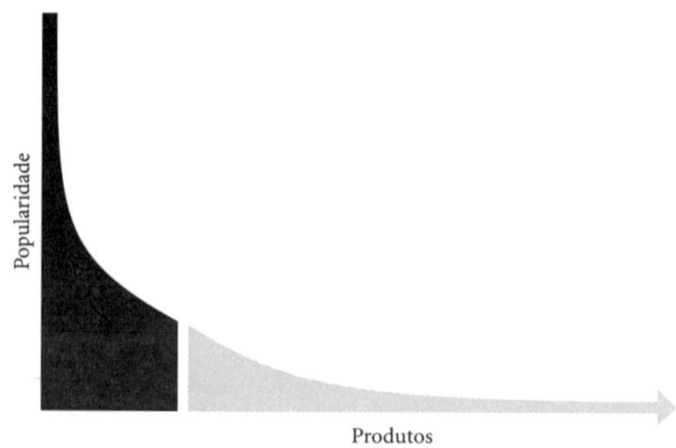

■ A CAUDA LONGA, REPRESENTADA PELA PARTE CINZA DA CURVA

Isso é possível graças a três forças: redução dos custos de fabricação, redução dos custos de distribuição (transporte e armazenamento) e diferentes ferramentas características da internet – buscas e recomendações –, que permitem aos consumidores acharem-se nessa "explosão de diversidade". Anderson explica: "A primeira força, a democratização da produção, abastece a cauda. A segunda força, a democratização da distribuição, torna toda a produção disponível. Mas essas duas forças não são suficientes. É necessária uma terceira força, que ajude as pessoas a encontrar o que querem nessa nova superabundância, para que o potencial do mercado da cauda longa seja plenamente eficaz".[8] Ele conclui que entramos numa economia de abundância. Não que todos disponham de mais objetos, mas porque qualquer pessoa, tendo acesso à internet, pode chegar à enorme diversidade dos produtos colocados no mercado. A abundância de que fala é, portanto, relativa. A maioria dos seres humanos vive ainda num universo de penúria. O que muda, para muitos, é a abundância de suas escolhas.

Uma das consequências econômicas paradoxais tem a ver com o fato de que as empresas que cada vez mais tiram vantagem da extensão do mercado de nichos são as de grande porte, um ponto evidenciado por Anderson e que Hal Varian – professor de economia na Universidade de Califórnia-Berkeley, autor do livro *Information Rules* [Regras da informação] e atualmente "economista-chefe" do Google – confirma. Ele declara, numa entrevista que fizemos, que "o maior está mais bem situado quando buscamos a diversidade". Os pequenos podem sobreviver, mas, sempre segundo Varian, "devem especializar-se em seu gênero: os filmes de horror dos anos 1950 ou a música irlandesa por exemplo. Graças à publicidade baseada nos buscadores, os consumidores serão capazes de encontrá-los".

---

8 *Ibidem.*

As implicações econômicas são consideráveis. Podemos vender mais produtos durante mais tempo e para mais pessoas. As implicações sociais e culturais são ainda maiores. De uma cultura preparada para a produção de massa, passamos a uma cultura em que a diversidade dá lucro, visto que os nichos são rentáveis. Temos o embaraço da escolha. A internet permite tornar as escolhas menos difíceis graças à eficácia dos buscadores, dos diferentes sistemas de recomendação, ou dos conselhos colocados on-line pelos próprios usuários. O mecanismo é tão essencial que a Netflix oferece 1 milhão de dólares a qualquer pessoa que lhe proponha um sistema de recomendações mais eficaz.

O risco então poderia levar à fragmentação do mercado. Mas Anderson não acredita. "Os mercados de nicho não substituem o mercado tradicional dos grandes sucessos. Ele compartilha justamente a frente do cenário pela primeira vez com eles." Livros, filmes e canções têm uma vida fora do *hit-parade*, estima Anderson. "E, visto que há muito mais fora dele, o dinheiro pode crescer rapidamente e criar um mercado enorme."[9]

As razões que permitem compreender por que não foi sempre assim tem a ver com a limitação do mundo físico atrelado às leis do mercado. Nos Estados Unidos, para que uma sala de cinema aceite apresentar um filme, é necessário que ela estime que poderá atrair ao menos 1.500 espectadores em duas semanas. Uma loja de CDs deve vender no mínimo duas vezes por ano determinado título para que valha a pena tê-lo em estoque. Nos dois casos, a clientela potencial é limitada a um círculo de alguns quilômetros de raio. A internet permite atender grupos bem maiores.

---

9 *Ibidem.*

O fim da tirania dos hit-parade e dos best-sellers

Podemos, enfim, ganhar dinheiro apostando na diversidade. Não necessitamos nos limitar às músicas que todos cantam, aos livros mais lidos e aos filmes que todos querem ver.

Para isso, Anderson propôs três regras simples: oferecer tudo ao mercado, reduzir os preços à metade, em seguida baixar mais; e, por fim, ajudar os usuários a encontrar a própria felicidade fazendo recomendações vindas de um programa ou das observações de seus pares. Anderson não vê nenhuma razão para que os produtos acessíveis on-line (trechos de músicas vendidos pelos sites de música, por exemplo, Rhapsody ou iTunes) sejam vendidos ao mesmo preço, ou quase, que no mundo real. Eles deveriam ser muito mais baratos, até gratuitos (com propaganda ou na forma de assinatura).

A verdade é que são os grandes que ganham mais dinheiro, mas que, em lugar de enriquecer promovendo uma cultura de massa simplificada, eles o fazem tirando proveito da diversidade das produções culturais do globo.

■ COMO A KITCHENAID VENDE BATEDEIRAS ROSA-SHOCKING E VERDE-ÁGUA?

A KitchenAid é uma empresa de eletrodomésticos de alto nível, conhecida por suas batedeiras com visual dos anos 1970 e com cores diferentes. Elas estão hoje disponíveis em mais de trinta tonalidades, incluindo manga e rosa-calcinha. A KitchenAid constatou que os grandes magazines vendem essencialmente os clássicos brancos e cinza metálico. Propor outras cores sairia muito caro (armazenamento, demora de venda...). Entretanto, todas elas são adquiridas pelo site da KitchenAid (kitchenaid.com), que vende sem dificuldade as cores mais exóticas que fazem a festa das lojas de decoração e estimulam o conjunto das vendas. A indústria tradicional pode então, ela também, beneficiar-se do efeito da cauda longa.

» Alguns debates: cauda longa e economia de demanda

Chris Anderson lança um verdadeiro debate, especialmente sobre a lei de Pareto conhecida por "dos 80/20". A análise que faz dos modelos de negócios bem-sucedidos é particularmente pertinente. Aqueles que conseguem são os que propõem a totalidade da oferta e sabem conseguir margens importantes. Eles conseguem tirar a máxima vantagem dos efeitos de redes que a internet permite e que não são exploráveis ao infinito no mundo físico. Mas esse modelo de negócio só diz respeito a 20% das empresas on-line. Elas compreenderam o interesse de ter uma relação ativa com os seus consumidores, especialmente propondo-lhes ferramentas gratuitas para guiá-los em suas escolhas (buscadores, ferramentas de recomendações, resenhas feitas pelos próprios usuários). Sabem captar o fluxo importante e transformar o visitante num ator de suas escolhas, que ele pode explicar e legitimar. Mas será um modelo suficientemente universal para justificar a onda fundamental da web e o seu modelo de criação de valor?

Na internet atual, temos uma economia de demanda mais do que uma economia de oferta. Não estamos prontos para adquirir tudo o que os produtores de *hits* e os grandes supermercados querem nos vender e empurrar a golpes de promoções em nossos carrinhos virtuais. Filtramos nossas escolhas, afirmamos os nossos gostos, interessamo-nos pelos gostos daqueles que amam as mesmas coisas que nós e exploramos mais em detalhe as diversas ofertas. Os que compreenderam isso são aqueles que têm sucesso. Há uma inversão da corrente precedente.

A arquitetura distribuída, não centralizada, horizontal da internet não proíbe as concentrações de poder e de riqueza. Menos de 20% dos sites atraem mais de 80% do tráfego. Yahoo!, Google, eBay, AOL, MSN e mais alguns ganham fortunas, enquanto milhões de outros permanecem desconhecidos. Anderson não pensa, entretanto, que a cultura de massa produzida por um número reduzido de fontes vá se perpetuar. Ele explica analisando essencialmente, com uma nova luz, as fontes de receitas dos sites mais importantes. Essa explicação será suficiente para dar conta do fenômeno?

A lei do poder revisitada

A lógica econômica tradicional parece implacável, como a definiu em 2006 Clay Shirky, um dos analistas mais objetivos do ciberespaço, num artigo sobre a "lei do poder",[10] em que, apoiando-se na lei de Pareto (que alguns também classificam de "desequilíbrio previsível", pois é possível encontrá-la em todos os lugares), ele confirma que, na internet, "a possibilidade de escolher, muito ampla e livremente difundida, cria uma lei do poder da distribuição".

Um estudo publicado em agosto de 2007 pela Universidade do Texas e a agência de publicidade Chitika[11] mostra que o fenômeno é verificado para os blogs, por exemplo. Segundo a pesquisa, 50 mil blogs (de cerca de 100 milhões recenseados em junho de 2007 pelo Technorati, o buscador especializado em blogs) geraram cerca de 500 milhões de dólares de receitas em 2006. E o estudo parece mesmo desafiar a regra dos 80/20, introduzindo uma regra dos 10/90... O 1% do topo obtém 80% das receitas e os 15% do topo conseguem 90%. Esse resultado convida a analisar novamente a tese de Anderson sob uma luz diferente e nos leva a pensar que a internet, mesmo garantindo a diversidade, aumenta as desigualdades, uma noção já apresentada pelo

---

10 Clay Shirky, Power Laws, "Weblogs, and Inequality", em http://www.shirky.com/writings/powerlaw_weblog.html.

11 Karla Escolas, "A Chitika 'Blog Dollars' Study Says 500 Million", disponível em http://chitika.com/blog/?p=253.

físico László Barabási,[12] que mostrou que, nas redes *scale free* (insensíveis à escala), as ricas tornam-se mais ricas em razão da importância dos *hubs*, que atraem uma parte considerável do tráfego e das relações.

Quanto às pequenas, elas podem lucrar, mas em conformidade com a própria dimensão. O Google cita frequentemente, nas apresentações que faz aos grandes clientes, o caso de um motorista de táxi da região de Washington apaixonado pela internet. Tendo compreendido o sistema da publicidade on-line e da busca contextual, ele fez seu site virtual ficar muito bem referenciado nos buscadores e, inteligentemente, adquiriu algumas palavras-chave, que permitem a sua publicidade aparecer no lugar certo e na hora certa oferecendo seus serviços para os visitantes que partem de Washington em busca de uma passagem de avião ou de um hotel. Resultado: quando alguém procura um hotel ou uma passagem de avião, surge a propaganda para uma reserva de táxi. Muito eficaz. O motorista conseguiu em menos de um ano constituir uma companhia com vários carros. Ele conseguiu se impor num nicho de mercado graças às novas ferramentas. Não se tornou um multimilionário nem administra uma imensa frota de táxis... Não revolucionou sua profissão. Simplesmente aprendeu a servir-se de maneira dinâmica das ferramentas que lhe permitem entrar de forma mais ativa em relação a seus potenciais clientes. Os pequenos podem, portanto, explorar à sua maneira os nichos e desenvolver-se; e os grandes, a totalidade da cauda. Todos parecem ganhar.

No total, vemos que novos modelos de negócios surgem. Eles permitem explorar a cauda longa favorecida pela internet e seus efeitos de redes. Uma economia de demanda surge, em que cada um pode afinar sua escolha ao infinito e encontrar o produto que corresponde a sua

---

[12] Ver especialmente Albert-László Barabási, *Linked: How Everything Is Connected to Everything Else* (Nova York: Plume, 2002).

exata necessidade, longe da regra tradicional da oferta imposta pelos marqueteiros, fabricantes e os fazedores de tendências de todo tipo.

Essa economia coexiste com uma economia de oferta mais clássica. Pelo menos até agora. Mas os pequenos têm dificuldades em explorar tão eficazmente quanto os grandes os efeitos da dinâmica relacional, que é o motor desse sistema.

Estaremos indo em direção a novos oligopólios? A grandes concentrações conduzidas pelos bárbaros que vão destruir o império de ontem? É necessário aprofundar a análise e alargar o nosso campo de estudos, pelo menos de dois ângulos: a economia direta e a economia da colaboração de massa.

» Quando o web ator se torna um coprodutor

A abordagem pela cauda longa descreve bem os modelos vencedores das empresas que tiveram sucesso e as pistas dos modelos vencedores para os futuros gigantes que saberão explorar os efeitos de redes e captar os fluxos. Ela também mostra muito bem como a web permite estender os mercados existentes sem que seja necessário gastar recursos consideráveis (multiplicação e ampliações das lojas físicas, por exemplo). Explica de forma muito menos satisfatória os modelos de negócios que se desenvolvem hoje e que permanecem frágeis. Explica de forma economicamente convincente o que se passa quando utilizamos a web como uma plataforma em que os web atores participam, envolvem-se e investem. Pelo menos duas abordagens permitem afinar a análise: a economia direta e o aumento de valor pela participação. Elas se completam. Têm em comum o fato de descrever uma forte integração dos consumidores/usuários no processo de criação e de distribuição dos produtos graças à web.

A economia direta

Melhor do que partir da análise da oferta, como faz Chris Anderson, podemos perfeitamente nos interessar pelo papel do consumidor no processo de produção na web. Apoiando-se na dimensão ler/escrever/modificar permitida pela web atual, e de que já evidenciamos a importância, Xavier Comtesse, consultor suíço e codirigente do gabinete ThinkStudio, avança a noção de economia direta.[13]

Na origem de sua análise, encontramos a constatação de um envolvimento crescente dos consumidores no processo de produção. Comtesse retoma a expressão de "ConsumAtor" para qualificar esse novo consumidor: "O motor real dessa transformação econômica é exatamente o consumidor ativo, mais do que os empreendedores. Estes sendo finalmente pouco numerosos em relação aos milhões de pessoas comuns, blogueiros ou não, que se puseram decididamente a trabalhar para mudar os processos".

Os consumidores podem estar completamente conscientes desses processos ao publicarem um vídeo no YouTube, ou fazerem um comentário num blog. Mas podem não estar tão conscientes do fato de que, por exemplo, melhoram o sistema de classificação do Google à medida que o utilizam. Para Comtesse, "tudo se passa como se assistíssemos a essa economia, que agora já qualificamos de 'direta', a uma redistribuição das tarefas, a uma transferência de competências".

Essa transferência não é somente da economia da internet, mas do conjunto da economia. A Ikea transfere a seus clientes o transporte final e a última fase de fabricação dos móveis, a montagem. É uma característica forte de seu modelo, e isso faz seu sucesso. De maneira geral, o *crowdsourcing* ("terceirização à multidão", de forma literal, em referên-

---

[13] Seus textos são encontrados e podem ser baixados gratuitamente em http://www.thinkstudio.com/selfservice.html.

cia ao *outsourcing*) é uma das mais fortes manifestações desse deslocamento.

Comtesse indica que uma combinação de quatro fatores está em via de gerar uma economia bem diferente. A saber: a chegada do consumidor à cadeia de criação de valores, que muda de fato o processo de produção; o desaparecimento dos intermediários tradicionais, que cedem o lugar a novas formas de intermediação; o surgimento de novos modelos de negócios que destroem as antigas condições de renda; e, por fim, a fixação dos preços, que seguem cada vez mais a moda das licitações. Agindo em conjunto, esses quatro elementos centrais da economia direta revolucionam e transformam profundamente a antiga economia.[14]

Comtesse define: "de alguma forma substituímos uma economia baseada nos conhecimentos do fabricante por uma economia dos conhecimentos do cliente. [...] Se o verdadeiro poder é dado aos consumidores, quer dizer, o de terminar o produto, suprimindo os intermediários, mudando os modelos e fixando o preço, não estamos já modificando as bases da economia?".

Para ele, não é tanto na informatização do processo que se ocultam os novos ganhos de produtividade, mas sim na nova relação com o cliente que permite, de alguma forma, introduzir o consumidor na cadeia de criação de valor, longo processo econômico que permite a cada interveniente, desde o que concebe o produto até o fabricante e depois o distribuidor, contribuir com uma parte de conhecimento e, portanto, ganhar dinheiro.

---

[14] Cito longamente neste parágrafo o texto de Comtesse que nos parece expressivo, mencionando de passagem o modelo original de publicação escolhido pelo autor, que reflete bem a ideia de cocriação em curso. Seu texto está disponível na internet em http://www.thinkstudio.com/selfservice.html. Ele está publicado sob licença de Creative Commons, que permite reutilizá-lo livremente com a condição de citá-lo, bem como de melhorá-lo e de modificá-lo, mas sempre com a condição de indicá-lo. Utilizamos esse direito aqui, segundo a lógica de cocriação proposta pelo autor.

A noção de ConsumAtor nos conduz a formas ainda mais elaboradas, como a cocriação. O exemplo da empresa Easyjet (easyjet.com) é interessante. O consumidor reserva e paga uma viagem pela internet, imprime o seu *e-ticket* e faz o *check-in* nos terminais eletrônicos nos salões de embarque dos aeroportos. O ganho de tempo e de produtividade é otimizado. Ele é distribuído em parte na forma de descontos aos usuários. A Easyjet pode praticar preços muito competitivos, porque é bastante produtiva e faz os clientes trabalharem. Todas as companhias aéreas seguem, aliás, esse caminho. A passagem ativa do consumidor na cadeia produtiva: eis o que muda tudo. E todos ganham com isso.

Essa abordagem tem vários méritos. Inicialmente, permite mostrar bem as tensões criadas pela web de hoje. A transferência das competências e a redistribuição das tarefas é um movimento em curso, que vai levar tempo. Por fim, é a uma integração muito forte do consumidor no processo produtivo que vamos assistir. Uma colaboração, até mesmo uma coprodução com o consumidor: um verdadeiro relacionamento forte. No sentido mais puro, é a exploração econômica da dinâmica relacional em jogo com a web que aqui está em ação. E, no final, é uma melhor eficácia na produção, na resposta à demanda, na cocriação.

A cocriação é uma fase muito bem realizada do modelo. No final, é a uma individualização total da oferta que podemos chegar. Imaginamos muito bem um fabricante de sapatos dando ao consumidor a possibilidade de "desenhar" o próprio calçado e, em seguida, terceirizar a produção. É a conclusão dessa economia de abundância e da diversidade, descritas por Anderson, mas com um ponto de vista mais abrangente, aquele da participação dos usuários na criação de valor na cadeia produtiva. A marca de tênis Nike, por exemplo, propôs aos visitantes de sua ilha virtual no site SecondLife desenhar e criar um modelo de sapato em três dimensões. A Nike os fabrica e, em seguida, os envia ao cliente. É claro que para a empresa é uma questão de imagem. Mas a utilização do SecondLife como laboratório daquilo que serão as relações com os consumidores de amanhã está também em ação.

Uma das forças do sistema está no fato que ele funciona melhor quando fornecemos ferramentas para as pessoas. As ferramentas de participação, de compartilhamento e de colaboração têm forte efeito *desmultiplicador* sobre a forma como são produzidos os bens e os serviços no modelo da economia direta. Quanto mais se permite aos usuários tornar-se atores, mais se criam alavancas para permitir a cocriação em direção à economia de amanhã. A dinâmica relacional que se estabelece, tornada possível pelas ferramentas da internet de hoje, tem, portanto, um impacto muito forte sobre a criação e a divisão de riquezas. Ainda é difícil nessa etapa avaliar as implicações concretas, mas é exatamente este o caminho que a economia toma. E ele não afeta só as empresas da internet, ou alguns setores de vanguarda como a dos bens culturais ou das mídias. Isso ocorre, como vimos, também na indústria farmacêutica e no caso da Procter & Gamble.

Numerosas incertezas, entretanto, permanecem. Quais os modelos de negócios dessas companhias "em transição"? Como remunerar/compensar a participação dos consumidores? A gratuidade dos serviços propostos será possível a longo prazo, na medida que implica um forte empenho do consumidor?

O aumento de valor pela participação

O papel das ferramentas na abordagem de cocriação e coprodução é determinante. Essas ferramentas são as da web de hoje e permitem integrar o consumidor na cadeia produtiva.

É o que se propõem estudar Don Tapscott e Anthony Williams, consultores em estratégia, em seu livro *Wikinomics*.[15]

Os autores constatam que as ferramentas de produção de conhecimento colaborativo, cujo modelo é o wiki, afetam muito profunda e duravelmente a forma como são produzidos os bens e os serviços. E isso não é verdade só no mundo da internet. Para eles, trata-se de uma verdadeira arte e de uma ciência da colaboração. Escolheram chamá-la pela extensão da ferramenta emblemática do fenômeno: *wikinomics*. "Falamos de profundas mudanças na estrutura do *modus operandi* das empresas e da economia, baseadas em novos princípios competitivos, como abertura, compartilhamento e ação global".[16]

Uma boa compreensão desses princípios e sua integração nos modelos de negócios se opõem evidentemente a um modelo mais antigo, ainda em operação: o das multinacionais com produtos e formas de produção muito hierarquizados, integrados e dominados de ponta a ponta. Os modelos antigos, arraigados numa concepção integrada e uma venda sustentada por um *marketing* às vezes agressivo, deverão mudar para deixar cada vez mais espaço ao engajamento dos usuários e favorecer a cocriação.

A web, acessível em todos os lugares, inclusive em mobilidade, tornou-se uma plataforma robusta para essas formas de cocriação graças notadamente aos wikis, blogs, ferramentas de personalização e outros buscadores...

Os autores analisam com cuidado as novas cadeias de valores que estão surgindo. As promessas de colaboração são muito fortes. O conhecimento coletivo, as capacidades e os recursos que podem ser mobilizados

---

15 Don Tapscott & Anthony Williams, *Wikinomics: How Mass Collaboration Changes Everything* (Richmond: Portfolio, 2006). [Edição brasileira: *Wikinomics: como a colaboração em massa pode mudar o seu negócio* (Rio de Janeiro: Nova Fronteira, 2007).]

16 *Ibidem*.

graças a uma rede bastante grande trazem a promessa de poder de criação bem mais forte que tudo o que uma empresa pode realizar sozinha.

Essas duas abordagens, a da economia direta e a do *wikinomics*, nos permitem ultrapassar a análise de Anderson da oferta, demanda e mercado, integrando uma reflexão sobre o papel da participação dos consumidores na produção de riquezas. Com as ferramentas da web, essa participação torna-se possível. Ela parece mesmo desejada pelos consumidores, que querem contribuir ativamente graças às ferramentas que lhes permitem relacionar-se profundamente com as empresas.

"Vamos assistir à emergência de uma economia de um tipo inteiramente novo, na qual as empresas coexistem com milhões de produtores anônimos, que se conectam e cocriam valor nas redes frouxamente unidas. Chamamos esse fenômeno de economia de colaboração",[17] escrevem Tapscott e Williams.

Isso não diz respeito somente às empresas da internet. A web de hoje troca potencialmente todo o leque do conjunto de setores.

Mas como ganhar dinheiro integrando mais a fundo os consumidores? Uma economia da relação é possível?

» Modelos de negócios ainda muito frágeis

O surgimento e a difusão na internet dessas novas ferramentas de colaboração são, então, um elemento decisivo. Inicialmente porque permitem explorar a cauda longa da oferta e, portanto, tentar monetizar uma economia de abundância e de diversidade. Apesar de parecer que os futuros vencedores serão sobretudo os gigantes, capazes de propor a oferta e as ferramentas para encontrar produtos. Em seguida, por-

[17] *Ibidem.*

que essas ferramentas permitem integrar fortemente o consumidor no processo de criação de valor, graças à cocriação e à coprodução. Mas os contornos dos modelos de negócios que deixam explorar a dinâmica relacional permitida pela web ainda estão longe de ser evidentes. E nenhum ainda funciona.

De um lado, vemos o desenvolvimento de modelos bem simples e já existentes, que encontram um prolongamento na internet: publicidade, assinaturas e comissionamento. De outro, encontramos um modelo mais complexo, que associa o consumidor "coprodutor" e propõe dividir parte do valor criado com ele. Duas abordagens um pouco diferentes para um objetivo similar: tentar gerar volumes de negócios graças à web.

Publicidade, assinaturas e comissionamento: como monetizar a cauda longa?

Para um Google que ganha bilhões, quantos serviços gratuitos não ganham nada? Se a gratuidade de todos esses serviços parece ser o Santo Graal e se os usuários se precipitam em massa sobre alguns deles, é necessário perguntar-se como vão ganhar dinheiro e sobreviver. O modelo publicitário, que parece encontrar todos os favores, será viável?

A era da web em que entramos apresenta desafios interessantes para o conjunto de atores em relação aos modelos de negócios. Resistência dos antigos, que se contraem para preservar modelos ainda rentáveis, ofensiva dos modernos, cujas ideias agradam maciçamente os utilizadores, mas sem reais fontes de receitas. Em grandes linhas: a gratuidade, a disponibilidade on-line em lugar da gravação no computador e o intercâmbio. Difícil de monetizar...

Noventa e nove por cento da receita do Google provém da publicidade, e isto faz sonhar. Ou seja, outros produtos do Google não agregam nada! Blogger, Picasa, Calendar, YouTube, Google Docs, Google Base...:

tantos serviços muito utilizados que são centro de custos. A mesma análise vale, por exemplo, para o eBay e sua filial Skype: milhões de usuários gratuitos e pouca receita!

O Google Docs é um bom exemplo do fenômeno em curso: veja um aplicativo tão difundido como o Word (ao qual se juntaram o Excel e o Power Point), e disponibilize-o gratuitamente on-line. Acrescentem as funcionalidades – uma melhor acessibilidade aos documentos e o trabalho colaborativo para o intercâmbio de textos. Libertem os usuários da chatice de instalar o programa e das atualizações, visto que tudo está na web. Muito sedutor, como atesta o número de jovens oriundos do Vale do Silício que se atiram em perseguição do "Office 2.0": Thinkfree e sua suíte burocrática, ou Zoho e seu "escritório virtual" (*virtual office*), por exemplo. Um movimento que vai obrigar progressivamente a Microsoft e outros a rever os próprios modelos de negócios. Mas como monetizar isso, visto que a gratuidade parece ser a palavra-chave? Dispomos de ao menos três pistas.

Primeira pista: a publicidade

O analista e futurólogo Mark Anderson, grande crítico do movimento da web 2.0, repetiu várias vezes, especialmente durante a Web 2.0 Expo, realizada em São Francisco no final de abril de 2007: "o dinheiro da publicidade é o único dinheiro novo". Ele tem razão. Os números são promissores. As taxas de crescimento da e-propaganda estão acima de 50% ao ano desde 2004. Segundo o centro de estudos ZenithOptimedia, a internet representou 10% do mercado publicitário em 2007 e virá a ser um dos três principais apoios para o anunciante até 2009. Na França, a publicidade on-line representou em 2006 cerca de 1,6 bilhão de euros de investimentos para os anunciantes, segundo o Irep, a associação francesa dos profissionais de publicidade e de *marketing*. Ainda esta se encontra muito atrás da imprensa e da televisão, mas está em progressão constante. Nos Estados Unidos, os gastos com publicidade virtual passaram de 6 bilhões de dólares em 2002 para 12,4 bilhões em 2005: crescimento de 106% em três anos, enquanto o mercado da publicidade no mesmo período não aumentou globalmente mais do que 19%, segundo o banco de investimentos Morgan Stanley. Suficiente para suscitar interesses. Google, Yahoo! e Microsoft concentram o ouro e o essencial das ferramentas dessa área, sobretudo a administração publicitária on-line. E, como eles detêm também a essência do tráfego, o prato está feito.

O essencial do dinheiro dessa publicidade vai então para aqueles que recebem mais tráfego em seus sites. Ou melhor, para aqueles que sabem desenvolver um bom serviço e conseguem recuperar um pouco do trânsito dos gigantes, quer vendendo para eles, quer tornando-se seus parceiros. Por exemplo, o YouTube foi vendido para o Google e o MySpace ao império das mídias de Rupert Murdoch. E não é por acaso. Mas isso não permite, na verdade, monetizar o efeito da cauda longa; cabe novamente às novas mídias de massa, e recaímos nas problemáticas clássicas bem conhecidas das mídias tradicionais: quanto mais temos tráfego, mais atraímos os anunciantes, e melhor podemos monetizar o espaço publicitário.

Para se beneficiar da cauda longa, é necessário olhar a publicidade contextual. A ideia é simples: propor uma mensagem ultrafocada segundo a atividade do web ator. A publicidade de uma loja de ferramentas próxima, por exemplo, quando procuramos por conselhos sobre bricolagem. Ou um hotel em Buenos Aires quando compramos uma passagem de avião para lá. Isso pode ser afinado à vontade. O Google é um especialista no assunto. Ele lhe propõe uma propaganda adaptada àquilo que você está procurando em seu buscador. É muito poderoso e permite seduzir os anunciantes que não poderiam esperar atrair uma clientela específica à qual propor seus produtos na hora certa, a da procura.

O Google vai mais longe, distribuindo a publicidade focada num aplicativo como o Gmail. O modelo merece mais detalhes, pois é considerado por muitos como o cavalo vencedor do amanhã. Essa publicidade leva uma mensagem que pode despertar um interesse verdadeiro para o usuário. Mas ela é intrusiva. Supõe-se que o usuário aceite que seus e-mails sejam lidos por um robô, no caso do Gmail. No caso dos aplicativos burocráticos, várias questões de confidencialidade podem ser levantadas. Por isso, inúmeros usuários ficam reticentes, e com boas razões. O que é aceitável num blog ou num site de conteúdo pode não o ser fora dele. Entretanto, ele poderia ser um bom sistema, por exemplo, para música e vídeo. O Joost, o serviço criado pelos fundadores do Skype, propõe difundir vídeos autorizados e gratuitos financiados pela publicidade contextual distribuída para usuários cujo perfil é analisado. Provavelmente muito eficaz: uma publicidade mais curta, mas muito precisa, é suficiente. Percebemos que a fase seguinte, inaugurada em novembro de 2007 pelo site de relacionamento social Facebook, consiste em focar a propaganda não mais nas questões propostas, mas em função do que somos a partir de nossas relações e de nossas atividades.

Mas eis que se evoca cada vez mais o filme *Minority Report*, de Steven Spielberg! Tudo registrado... Isso supõe também que, para ser rentável, um grande volume e uma muito boa taxa de retorno são necessários. O que está longe de ser fácil: é preciso focar muito bem e alcançar exatamente a audiência desejada. O YouTube, apesar de seu sucesso, ainda não conseguiu. Aqui, o efeito da cauda longa não parece até o momento funcionar, como demonstra o estudo sobre as receitas dos blogs já citados. Estamos num ambiente em que 10% dos sites geram 90% das receitas. Explorar o nicho pode ser francamente delicado... O movimento de concentração está em curso e a luta anuncia-se muito difícil. Ela deixará mais de um exangue.

Esse modelo de publicidade, que parecia o mais promissor para muitos e no qual muitos iniciantes se inspiram, é, muito provavelmente, o mais frágil e só trará vantagens para uns poucos.

Segunda pista: a assinatura

É o modelo de alguns grandes sucessos, como a Netflix na locação de filmes. Assinamos um serviço por um preço frequentemente inferior ao anterior graças aos ganhos de produtividade da empresa com a utilização das ferramentas da web.

A assinatura é em particular atraente para as empresas que propõem programas aplicativos que podem ser utilizados virtualmente: é o movimento chamado *software as a service* (programa como um serviço, e não como um produto vendido sob licença). Os novos editores, especialmente de aplicativos para empresas, veem-no com muito interesse. Cada vez mais jovens empreendedores propõem um serviço básico gratuito atraente e serviços suplementares mediante pagamento. O Box.net, um disco rígido virtual desenvolvido em Palo Alto que já conta com 1 milhão de usuários, propõe juntar a capacidade de armazenamento com funções de compartilhamento por meio de uma assinatura. O Google, com o serviço Google Apps para pequenas empresas, surfa na mesma onda. Mas esses modelos estão em observação: eles supõem que o serviço básico seja de boa qualidade, mesmo que o usuário esteja suficientemente frustrado para ser convencido a pagá-lo. Nunca é bom explorar a frustração de seus clientes – essa é um pouco a filosofia "2.0" em voga. Também as taxas de transformação do pago ao gratuito são difíceis de mensurar, e a competição severa entre os atores está dirigida para a gratuidade... O que escolher entre os serviços idênticos do tipo Microsoft Office, disponíveis "nas nuvens", e Zoho, ThinkFree ou Google Docs? Finalmente não serão essas grandes casas de *software*, já bem implantadas nas empresas, que vão querer mudar o modelo e propor um *software as a service*, varrendo essa jovem concorrência promissora? Os gigantes como SAP já começaram. O risco é grande, apesar de o modelo ser realmente interessante.

Terceira pista: o comissionamento

Essa pista é evidentemente perseguida por todos os sites de intermediação. É bem verdade que o eBay baseou o seu sucesso nesse sistema. Todos os que são capazes de reunir, numa Bolsa virtual, suficientes ofertas e demandas podem praticá-lo.

O modelo estende-se mesmo ao estabelecimento de uma relação entre os mundos digital e físico. Conectar esses mundos para gerar uma transação é o coração do modelo. A Amazon põe em contato os produtos e os usuários graças à web. Vários desses produtos são colocados à venda por terceiros que nem são filiados à Amazon, mas que se satisfazem em utilizar sua poderosa plataforma. Os serviços de impressão de fotos como Snapfish utilizam o modelo. Ele certamente conhecerá o sucesso.

Esses modelos que introduzem a mediação entre nós e essa economia da abundância e da diversidade têm futuro. Encontrar suas referências na cauda longa é difícil, o que cria espaços a serem tomados por aqueles que os norte-americanos chamam de *middle man*, o "homem do meio", o intermediário. É quase um paradoxo, visto que a web supostamente faria desaparecer esse *middle man*! Portanto, numa economia de abundância e de diversidade, aqueles que facilitam a aproximação da oferta e da demanda têm certamente papel importante a representar, graças, notadamente, à agregação de enormes quantidades de informações e de dados.

Concluindo, uma combinação da publicidade, da assinatura e do comissionamento é evidentemente possível. Um site com conteúdo poderá privilegiar o primeiro elemento e adicionar serviços pagos. Estamos no início e muito resta a ser explorado. Mas, decididamente, ganhar dinheiro descobrindo a cauda longa não é simples.

Como ganhar dinheiro fazendo os consumidores coproduzirem?

Vimos que uma nova característica da web de hoje é permitir aos consumidores tornar-se coprodutores de bens e serviços. Eles se associam ao projeto, à criação, à produção de um bem ou à administração de um serviço. Alguns exemplos:

- O site de classificados Craigslist utiliza os web atores para gerar o conteúdo. Cada um pode estimar a pertinência de um anúncio, sua honestidade, seu objetivo. Em suma, o "serviço ao cliente" de primeiro nível é assegurado pelos próprios usuários. O site só não garante a mediação de segundo nível, em caso de problemas ou contestação. Com vários milhões de anúncios publicados a cada dia, o Craigslist teria necessidade de grande número de moderadores para funcionar. Deixando os usuários fazer o trabalho, ele tem uma economia substancial. O benefício para o usuário: o site é em grande parte gratuito. O que não seria possível de outra forma. O usuário está integrado no modelo de negócios e, se ele parar de participar, o modelo afunda. Tudo bem, mas isso permite ao site não ter mais de 25 pessoas trabalhando para ele e não vai garantir a fortuna de seus dirigentes.
- A Procter & Gamble não hesitou em dar o passo propondo aos web atores que resolvam problemas técnicos ou que participem de sua inovação. Aqueles cujos projetos são aceitos são remunerados (de forma modesta). Os outros participam por esporte e pela competição. O benefício para aquele cuja contribuição foi aceita é evidente, mesmo se for limitado. É ainda mais evidente para a empresa que economizou tempo, recursos internos e dinheiro.

- A Wikipedia, que faz "trabalhar" gratuitamente todos os especialistas amadores que publicam artigos em seu site enciclopédico, repousa sobre o mesmo princípio. Mas as dificuldades financeiras que o site encontra hoje, apesar de seu sucesso, geram inquietações sobre a validade dos modelos gratuitos.

Entretanto, é provavelmente um dos fenômenos mais interessantes da web. O *crowdsourcing* é um modelo radical. Trata-se de convidar "a multidão" de usuários, via web, a realizar tarefas outrora elaboradas dentro de uma organização. Por um custo inferior ou até gratuito. De certa forma, é o modelo do *open source*, que propõe a todos os profissionais da informática participar no desenvolvimento dos programas, aplicado ao mundo do trabalho.

Esse modelo, entretanto, não é completamente satisfatório. Aplicado de forma "pura", como no caso da Wikipedia, ele levanta numerosas questões sobre a qualidade do produto e a não lucratividade. Um pouco diluído, como no caso do Craigslist, ele permite a uma pequena empresa viver bem, sem excessos. Aplicado em pequenas doses, como na Procter & Gamble, ele é um poderoso motor de inovações. Mas é o gigante que mais se aproveita. E não necessariamente ainda o usuário.

Uma primeira questão é a dosagem do modelo: quando é puro, ele funciona mal e limita as ambições de crescimento das pequenas sociedades. Uma segunda questão concerne ao grau de associação do usuário: até onde associá-lo? Até a terceirização completa? Nesse caso, que valor aporta a empresa? Enfim, é necessário interrogar-se sobre o lucro do web ator. Como remunerar justamente esse "webonauta" participante: gratuidade total ou parcial do produto fornecido? Prazer e orgulho de ter participado ou ganho financeiro? Inúmeras questões que só são resolvidas em parte.

No entanto, nenhum desses modelos ainda é convincente. E nenhum deles ainda passou por provas. Entretanto, eles se desenvolvem, se afirmam e numerosas empresas os experimentam – as iniciantes, como batedoras, e empresas maiores que se apropriam deles à medida que se interessam. Estamos numa fase de transição. Em direção a uma economia que associa valor à relação. Quer dizer que caminhamos para uma economia da dinâmica relacional.

» Em direção a uma economia relacional?

Jacques Attali a anuncia para não antes de 2060. Ela já existe parcialmente e é operante, graças à web. Poderia tornar-se altruísta, como ele o prediz. Hoje, ela busca mais modelos de negócios lucrativos.

A transição começou e notamos algumas tendências grosseiras:

- É uma economia da abundância e da diversidade. Tudo oferece e encontra potencialmente uma demanda, graças às ferramentas da web que permitem uma exploração sem fim daquilo que está disponível no mercado. A potência social das ferramentas da web permite essa exploração.
- Parte cada vez mais importante dos bens e serviços é coproduzida. A associação do usuário e do consumidor à produção torna-se um dos pilares dessa economia. Ela está associada à concepção, à inovação, à produção, à difusão, à venda, à manutenção.
- Os modelos de negócio que permitem monetizar tudo isso são ainda muito frágeis e no conjunto muito pouco convincentes. Sem que, por isso, as duas grandes tendências do modelo fiquem enfraquecidas: elas continuam a se expandir.

Ainda estamos numa fase de transição, difícil de caracterizar, mas que se apoia claramente na relação.

Tudo isso é possível pela generalização das ferramentas da web, que são principalmente relacionais, e por sua apropriação pelos web atores. Eles participam, por enquanto, aceitando não ter uma clara visão da forma como serão recompensados por sua colaboração.

As grandes características dessa economia são ainda delicadas. Entretanto, algumas pistas de reflexão existem.

Uma nova relação entre os atores econômicos é criada

Ela é caracterizada por interações expandidas. Com fronteiras cada vez mais tênues entre o produtor, o criador e o consumidor. Isso poderá gerar tensões no mercado, na medida em que aquele que oferece não é mais facilmente discernido daquele que demanda.

As tensões surgem sobre os preços. Dois fenômenos são notados:

- A cauda longa permite uma extensão considerável da oferta e da demanda. Mas a fixação do preço, num mercado de nicho, é um exercício muito difícil. "O que é raro é caro", temos o costume de dizer. Não é o caso da cauda longa: com frequência, o que é raro é quase gratuito. Mas, no fundo, como fixar o preço e onde realizar a negociação entre vendedor e comprador? Quando o iTunes, o site de venda pela internet de músicas da Apple, decide aplicar um preço único à música que vai vender milhões de vezes e à que vai vender uma só vez, isso é justo? Enquanto o *download* ilegal persiste? A oscilação entre gratuidade, uniformização dos preços e licitações traduz exatamente a forte tensão sobre os preços.
- Numa economia de coprodução, oferta e demanda se mesclam. O preço que nasce do encontro das duas é difícil de ser determinado. Isso gera modelos de negócios que oscilam entre a gratuidade – com aquele que oferece sendo remunerado pela publicidade – e a divisão dos ganhos (é menos caro, porque participamos). Sendo

mais difusa a criação de valor, o mercado tem dificuldade em realizar o seu papel de árbitro. A famosa "mão invisível" de Adam Smith hesita.

Haverá então, na economia da relação, outras formas de fixar os preços. A dificuldade para encontrá-las se reflete nos modelos de negócios de hoje.

Aqueles que souberem administrar a dinâmica da relação terão papel-chave a representar. A abundância dos bens e serviços, a dificuldade de arbitragem sobre os preços e a repartição das riquezas permitirão que terceiros assumam funções importantes. Os modelos de licitações, como o do Google ou do eBay, num mercado de abundância e de diversidade, é um bom sistema para fixar preços. Aqueles que souberem administrar licitações ou espaços no mercado sobre os quais poderão ser fixados os preços terão papel de primeira linha. Eles já são poderosos. Fornecerão as plataformas sobre as quais a relação se realiza com eficácia. Por outro lado, aqueles que conseguirem desenvolver boas ferramentas para permitir aos web atores se encontrar ou para fazer funcionar essa complexa economia da relação também terão lugar de evidência. Eles serão remunerados pela publicidade graças ao tráfego que ela gera, ou vendendo suas ferramentas se conseguirem ocupar posições fortes num mercado ultracompetitivo. Talvez encontremos entre eles alguns antigos gigantes, como a Microsoft. Enfim, nesse novo capítulo que se abre, ainda não entendemos bem os consumidores. Ora, se participam cada vez mais da produção, eles dispõem também de ferramentas para, em conjunto, influenciar as da web de hoje. Quando tiverem uma melhor consciência de seu poder, poderão pesar mais na economia. e então, uma verdadeira economia da dinâmica relacional verá a luz do dia.

7. Em direção à empresa líquida?

> "As tendências que sustentam a Web 2.0 na internet de massa se aplicam também ao mundo empresarial. Tudo se desloca on-line, seus clientes estão conectados, vocês estão conectados. Logo, as leis dos efeitos de redes vão se aplicar igualmente ao mundo dos negócios."
>
> Tim O'Reilly[1]

Alex é consultor num grande escritório de consultoria do Vale do Silício. Ele se lembra de seu início, há seis anos, quando saiu da escola de engenharia. Achava na época que as ferramentas de que dispunha no escritório eram de melhor qualidade que aquelas que utilizava em casa: um computador mais poderoso, conexão à internet de banda larga, aplicativos administrativos eficazes... Ele se extasiava diante dos projetos que realizava para um grande banco de investimentos: tornar acessíveis algumas aplicações em computadores portáteis dos agentes externos. Seis anos depois, constata que tudo isso está ultrapassado. Certamente seu empregador forneceu-lhe um Blackberry para

---

1 Entrevista concedida ao autor em novembro de 2006.

acessar seus e-mails profissionais. Mas o *notebook* pessoal com *wifi* é mais poderoso que aquele que ele tem no escritório. Este último não é equipado com *wifi* nem com Bluetooth. "Segurança, você compreende", respondem-lhe do setor de informática quando ele se queixa ao retornar de uma viagem de negócios. Alex acha que as ferramentas pessoais, como o *chat* e a telefonia na internet, são mais performáticas que aquelas que ele encontra no interior do *firewall* – muro de proteção virtual que separa a rede de sua empresa do mundo exterior. E, como muitos de seus colegas, ele começa a deixar transparecer e a burlar as regras que se tornaram excessivamente rígidas para ele. Pequenos desvios, mas importantes: de manhã ele sai um pouco mais tarde de casa para participar de um *chat* com seus colegas do exterior, porque não pode fazê-lo no escritório. Publicou seu perfil no LinkedIn, o site de relacionamento social para profissionais, bem como vários de seus colegas, em detrimento dos procedimentos clássicos de recursos humanos. Isso o ajuda a realizar missões e a reunir bons colaboradores para atender às necessidades de um cliente. E, se isso o ajuda a encontrar um bom lugar de trabalho em outro lugar, ele não fecha a porta... É uma pena para a empresa, que não soube lhe proporcionar boas ferramentas. Ele desvia seus e-mails para o endereço pessoal para vê-los mais tarde, em casa, e aproveitar suas ferramentas favoritas para melhorar os projetos em que está trabalhando. Alguns contêm dados sensíveis, mas ele não tem realmente outros meios se quiser concluir suas tarefas sem passar a noite no escritório.

Hoje é possível transferir "nas nuvens", quer dizer, na web, a quase totalidade dos dados e das aplicações necessárias ao funcionamento de uma empresa. Isso oferece inúmeras vantagens: flexibilidade de gestão, redução de custos, colaboração mais aberta com os funcionários, os parceiros e os clientes. Há também inconvenientes e riscos: perda do controle do estoque dos dados, abandono de parte das ferramentas de produção, e sobretudo redução da segurança. Entretanto, o movimento é inevitável. Porque, além do simples interesse técnico que representam essas ferramentas, elas estão a serviço de um projeto maior. Um movimento que é incentivado pelos próprios colaboradores, como vemos no exemplo de Alex, mas especialmente sustentado por uma necessidade de abertura e de colaboração aumentada nas formas de produção e de distribuição das empresas de hoje.

Existe, com efeito, uma dupla tensão: de um lado, o desejo crescente dos empregados de utilizar as ferramentas que adotaram em casa para "colaborar" e se socializar, e, de outro, a necessidade da empresa de favorecer mais a abertura da colaboração para permanecer competitiva.

Graças aos avanços da web, as ferramentas estão disponíveis para responder a esses dois movimentos. Serão suficientes? Podemos realmente hoje trabalhar na rede, ou "nas nuvens", segundo a expressão norte-americana? Veremos. Mas devemos constatar que se desenvolveu o que chamaremos, juntamente com um editor de programas administrativos norte-americano como o BEA, a "empresa líquida". A web de hoje acomoda-se mal às fronteiras excessivamente rígidas.

» A pressão vem de dentro: as fronteiras porosas da empresa

Tim O'Brien, que dirige a estratégia da plataforma da Microsoft, afirma que "o grande público força para o interior das empresas os aplicativos e os serviços que utiliza em sua vida pessoal. E o faz de forma que exerce uma pressão um pouco anárquica sobre os departamentos de informática".[2] Sob a pressão da web, a empresa torna-se

2 Entrevista concedida ao autor em janeiro de 2007.

porosa, e tensões fortes aparecem com as regras e a rigidez dos sistemas estabelecidos.

Essa demanda interna por novas tecnologias não é ditada pelas necessidades estritamente ligadas aos processos de produção nem à função da empresa, mas pelos hábitos adquiridos na utilização pelo grande público das tecnologias da web. A empresa, que instaurou uma política, regras, boas práticas para conter seu sistema informatizado atrás de um muro protetor, se vê confrontada por essa demanda de porosidade vinda do interior de suas fronteiras.

As mecânicas institucionais instaladas pelas empresas, especialmente a forte distinção entre o interior e o exterior definida pelo *firewall* (literalmente "parede de fogo"), estão mal adaptadas para responder a esse tipo de pressão. A empresa pode estar razoavelmente bem protegida das agressões externas, mas não está pronta para resistir às pressões internas. Assim, as "fugas" se multiplicam: transferência de mensagens para outros lugares, utilização de ferramentas pessoais pouco seguras para fins profissionais. Em suma, os remendos clássicos não serão mais suficientes e é o próprio conceito de fronteira informática que deverá ser revisto.

Simultaneamente, as diretrizes informáticas das empresas se encontram confrontadas com uma nova série de desafios: como abrir mais a rede interna para a internet? O *firewall* ainda é um conceito pertinente ou é necessário conceber sistemas de proteção estendidos? A empresa pode ainda ser uma fortaleza numérica ou deve migrar para "as nuvens"? As ferramentas da web, indispensáveis, são suficientes? E a pressão não vem só dos colaboradores. Ela chega também do mercado, dos clientes e das novas formas de produção, muito mais abertas e colaborativas.

» A colaboração no coração da empresa: em direção a métodos de produção mais abertos

Pesquisa e Desenvolvimento (P&D) são estratégicos num grande número de setores, desde o aeronáutico até o farmacêutico. Por isso as empresas os consideraram há muito tempo como uma reserva de caça a ser protegida ferozmente. No fim dos anos 1990, uma sociedade como a Procter & Gamble dedicou cerca de 2 bilhões de dólares para P&D. Hoje, para baixar os custos, mas também para aumentar a capacidade inovadora, várias empresas, incluindo a Procter & Gamble, apelam para colaboradores totalmente externos que elas encontram em sites como o InnoCentive.com. Essas empresas podem propor aos web atores problemas que têm dificuldades em resolver, ou colocar em concorrência suas equipes internas com o "exterior". Não importa quem contribuía. As propostas aceitas são recompensadas. Lançado pelo gigante farmacêutico norte-americano Eli Lilly em 2001, o InnoCentive é utilizado hoje por mais de 35 companhias entre as quinhentas maiores do mundo, como Boeing, Dow, DuPont ou Novartis. Um dos efeitos mais importantes é a troca de informações, incluindo as estratégicas, que isso implica. Porque o valor não vem mais da posse da informação, mas de seu compartilhamento.

O contexto do P&D, da produção e da venda, mudou profundamente para as empresas, especialmente com o desenvolvimento da internet. Thomas Friedman, em seu livro *O mundo é plano*,[3] propõe uma análise desse movimento: "por volta de 2000, entramos numa era completamente nova [...]. A dinâmica que dá a esta nova época o caráter único diz respeito ao poder que é dado aos indivíduos de colaborar e de estar

---

[3] Thomas L. Friedman, *The World Is Flat* (Nova York: Farrar Straus et Giroux, 2005). [Edição brasileira: *O mundo é plano* (Rio de Janeiro: Objetiva, 2009).]

em competição numa escala global. E a ferramenta que permite a essas forças individuais e aos grupos agir globalmente é o *software* – todo tipo de novos aplicativos –, em conjunto com a criação de uma rede de fibra ótica mundial que transforma cada um de nós em vizinhos de um mesmo andar".[4] Além dos aspectos econômicos dessas mudanças, isso tem fortes impactos na organização das empresas. A adaptação a esse contexto implica inicialmente a colaboração. Quanto mais a empresa disponha de procedimentos bem definidos, aquilo que chamamos uma "mecânica institucional forte", mais será difícil a adaptação. São os métodos de trabalho e de funcionamento operacional que devem ser mudados.

Trata-se de uma banalidade: depois da era agrícola e da era industrial, entramos agora na era do conhecimento.[5] Em sua obra consagrada ao tema, o consultor Charles Savage prevê que, na vinda deste período, somente 2% da população ativa vai se dedicar à agricultura e 10% à indústria. Os outros serão trabalhadores do conhecimento. A chegada dessa categoria relativamente nova corresponde a uma transformação da forma como as riquezas são produzidas e implica profundas reorganizações em todos os setores.

A IBM é uma das empresa que hoje vão mais longe nesse domínio. A sociedade revisa seu modelo de negócios. Depois da venda de sua filial PC, em 2005, o gigante da informática orienta a estratégia para os serviços e lança-se no trabalho colaborativo. A ponto de investir maciçamente no universo virtual para criar espaços de trocas e de colaboração para os assalariados. A IBM escolheu a plataforma SecondLife, na qual investiu mais de 10 milhões de dólares. É uma vitrina da sua capacidade de fazer, mas especialmente um espaço para funcionários e clientes. A IBM

---

4 *Ibidem.*

5 Ver, por exemplo, Charles M. Savage, *Fifth Generation Management* (Boston: Butterwoth Heinemann, 1996).

também criou salas de conferências e mais de duzentos empregados já trabalham em tempo integral no mundo virtual. Qual a vantagem? Não há mais necessidade de estar no mesmo lugar para encontrar-se e colaborar. As fronteiras, as nacionalidades, tudo desapareceu para uma gestão inteiramente orientada para o compartilhamento e os projetos. Por essa razão, os observadores de SecondLife constatam uma falta de correspondência entre o sucesso difundido pela mídia e o interesse real dos web atores. Esse universo virtual ainda está bem vazio! E com grandes incertezas sobre a sua *performance* tecnológica, que limita, por exemplo, o número de pessoas que podem colaborar ao mesmo tempo num mesmo espaço virtual. Ainda há trabalho a ser feito...

» O surgimento da empresa em rede

Compreendemos melhor a evolução de um número importante de empresas de ponta abordando-as como empresas em rede. Elas necessitam de colaboração, inclusive de sociedades que tenham produtos similares, para produzir bens e serviços cada vez mais complexos. É o caso, por exemplo, no domínio do *software*, da química ou da aeronáutica. Também têm necessidade de integrar os consumidores no processo produtivo e na divulgação de seus produtos. John Hagel (consultor e autor reconhecido) e John Seely Brown (ex-diretor do famoso centro de pesquisas da Xerox Parc) falam de "redes de processos globais" (*global process network*) para qualificar esse movimento.[6]

O "maior poder dos consumidores" representa papel determinante nas "redes de processos globais". Sob a pressão da concorrência e da demanda acelerada do consumidor por novos produtos, parece mais

---

[6] John Hagel & John Seely Brown, *From Push to Pul: Emerging Models for Mobilizing Resources* (Princeton: Working Paper, 2005). Esse ensaio está disponível em http://www.edgeperspectives.com/.

oportuno apresentar as plataformas em que as pessoas possam servir-se em função de suas necessidades em constante evolução do que "empurrar-lhes" produtos que não necessariamente lhes interessam. A plataforma de música iTunes, desenvolvida pela Apple, mostra bem esse modelo. Toda (ou quase toda...) música e todos os vídeos estão disponíveis no *software*, sem a tentativa de evidenciar mais um autor do que outro. Cada pessoa pode fazer as escolhas que desejar e propor as próprias seleções. Não empurra um produto para o consumidor; incita-o, ao contrário, a explorar infinitamente as possibilidades e a propor suas preferências.

Isso é ainda mais verdadeiro quando os clientes dispõem "de instrumentos para criar as próprias ferramentas e serviços, saltando assim as camadas inteiras de vendedores de produtos e de serviços".[7] As *tags*, os blogs e outros *podcasts* fornecem brilhantes exemplos nos domínios das mídias e do ensinamento on-line. As redes sociais como o Facebook, cujo conteúdo (incluindo numerosos aplicativos) é inteiramente gerado pelos usuários, são também um bom exemplo.

O valor dessas novas formas de produção está associado ao fato de que elas "suscitam a inovação, aumentam as oportunidades de colaboração e são muito mais eficazes na mobilização dos recursos de terceiros", continuam Hagel e Seely Brown. O modelo que eles propõem permite explicar mais claramente por que a força de uma empresa depende "menos do que ela possui e mais de sua capacidade de mobilizar os recursos dos outros". O iTunes não produz música nem vídeos, nem os possui. A plataforma satisfaz-se em mobilizar os recursos dos músicos e de seus produtores para propô-los ao maior número possível de interessados.

Estamos ainda bem no início desse novo "modelo de bom senso". Mas as plataformas *pull* (como iTunes, Facebook ou InnoCentive) de-

---

[7] *Ibidem.*

verão impor-se pelo menos por duas razões determinantes na hora da internet e da economia dos conhecimentos.

Inicialmente, elas contribuem para a aceleração de nossa mudança de identidade à medida que passamos "de consumidores a criaturas conectadas em rede".[8] Em seguida, "os modelos *pull* de mobilização de recursos são essenciais para dar seu pleno impulso à economia da 'cauda longa'",[9] um dos pilares mais importantes da web de hoje, que permite apostar nas diferenças em oposição à produção em massa e passar para uma economia em rede, mais flexível e diversificada.

A forte necessidade de colaboração para melhorar o processo de produção, de vendas e de levar em conta as necessidades dos clientes exprime-se cada vez mais em setores variados. Quanto mais a empresa se abre à colaboração, mais ela se beneficia. É o que faz a Procter & Gamble, abrindo seu processo de pesquisa e desenvolvimento a colaboradores externos. Colaboração dos clientes, dos fornecedores e dos parceiros. Mas também colaboração dos web atores. O jornalista e ensaísta Thomas Friedman exprime de forma bem simples a razão por trás disso: "Num mundo plano, cada vez mais os negócios serão feitos em colaboração, no interior e entre empresas. Por um motivo simples: a criação de valor – seja em tecnologia, *marketing*, biomedicina ou manufatura – será tão complexa que nenhuma sociedade ou loja de departamento será capaz de realizá-la sozinha".[10]

Existe uma premissa para que tudo isso funcione. A empresa deve adotar novas ferramentas: de colaboração e de participação, conectadas e abertas, as ferramentas da web de hoje.

---

[8] *Ibidem.*

[9] Referência especialmente ao livro de Chris Anderson, *The Long Tail*, cit.

[10] Thomas L. Friedman, *The World is Flat*, cit.

» As novas ferramentas da web: o falso problema da empresa?

AS FERRAMENTAS RELACIONAIS NA EMPRESA

Segundo um estudo publicado em 2006, realizado com 275 responsáveis de informática, a ferramenta relacional mais apreciada pelas empresas são os serviços de mensagens instantâneas (37% estimam que eles trazem um "valor substancial"). Os fluxos RSS vêm logo atrás (23% deram a eles um valor substancial), seguidos pelos *podcasts* (21%) e os blogs (11%). São ferramentas já estabelecidas na vida cotidiana que se espera que sejam adotadas inexoravelmente nas empresas.

Andrew McAfee, professor de administração na Universidade de Harvard, é o primeiro a procurar uma explicação racional dos impactos da web sobre a empresa. Uma de suas principais recomendações é que "os especialistas em tecnologia da empresa 2.0 não devem tentar impor aos usuários as ideias preconcebidas sobre a forma como o trabalho deve ser realizado ou como os resultados deverão ser organizados ou estruturados. Ao contrário, eles devem construir ferramentas que deixem esses aspectos, específicos do saber dos profissionais, surgir naturalmente".[11]

A abordagem que ele intitula "empresa 2.0" agrupa as tecnologias da empresa em seis componentes,[12] cuja lista está disposta sob o acrônimo Slates. Sem grandes surpresas, eles se comparam essencialmente às ferramentas mencionadas acima no estudo de Forrester: *search* (ferramentas e buscadores), links (conexões), *authoring* (capacidade de escrever e

---

[11] Andrew P. McAfee, "Enterprise 2.0: the Dawn of Emergent Collaboration", em *MIT Sloan Management Review*, 47 (3), Massachusetts, primavera de 2006.

[12] *Ibidem.*

publicar), *tags*, extensões (links melhorados e sistemas automáticos de recomendações contextuais), *signals* (sinais que indicam os conteúdos novos ou atualizados, especialmente nos fluxos RSS).

Vamos nos deter aqui nos três principais: as ferramentas e buscadores, os componentes que permitem o desenvolvimento dos links e as ferramentas de publicação. Os outros mais simples de serem realizados apresentam um desafio menos importante para a empresa de hoje.

As ferramentas e os buscadores

Vários estudos demonstram que o acesso à informação não é eficaz. Segundo o Pew Internet & American Life,[13] 87% das pessoas que fizeram buscas na internet se consideram satisfeitas com os resultados,[14] contra 44% apenas satisfeitas com a intranet de sua empresa, segundo um estudo de Forrester,[15] que complementa a pesquisa do Pew Internet. O acesso à informação é, evidentemente, o primeiro pilar da colaboração. Além disso, o caminho ainda é longo no seio das empresas por causa de várias razões:

- O acesso à informação é muitas vezes percebido como uma questão de poder, ligada à posição hierárquica. Seu compartilhamento ainda não é evidente.
- As tecnologias de busca da informação no seio das empresas são mais complexas que na web: informações não estruturadas, armazenadas em bases de dados que não se comunicam, gestão de

---

[13] Pew Internet & American Life é um instituto de pesquisa que estuda os impactos da internet sobre a vida dos norte-americanos, http://www.pewinternet.org/About-Us.aspx.

[14] Deborah Fallows, "Search Engine Users", em Pew Internet and American Life Project, janeiro de 2005, disponível em http://www.pewinternet.org/Reports/2005/Search-Engine-Users.aspx.

[15] Meredith Morris, "How Do Users Feel about Technology?", em Forrester Research, abril de 2005. Forrester é um dos principais institutos de estudos dedicados às novas tecnologias e à internet, http://www.forrester.com/FactSheet.

acessos com dispositivos de segurança são problemas que não existem na web, ou que não são visíveis, tão grande é a massa de informações disponível.

- É necessário acessar toda a informação para permitir a tomada de decisão a colaboradores bem informados. Ora, os buscadores de hoje não são capazes, principalmente por razões técnicas, de ter acesso a todos os dados. Estima-se hoje que a web "invisível" (que não é vista pelos buscadores) represente cerca de 70% a 75% do conjunto, ou seja, cerca de 1 trilhão de páginas não indexadas.[16] O que não é ainda um verdadeiro problema para o internauta, que pode se contentar frequentemente com a aproximação e com uma visão parcial, mas o é para a empresa, que necessita de precisão e de checar até o último detalhe.

As ligações

Para tornar os dados inteligentes e úteis, é necessário ser capaz de analisar as ligações que os conectam entre si, explica McAfee.

As tecnologias existem e estão largamente disponíveis para o grande público. É o que fazem os buscadores. Mas sua pertinência será suficiente para o funcionamento empresarial?

A análise das ligações pressupõe sua existência. Ora, o exame de certo número de intranets de grandes empresas mostra que a ausência de conexões entre os documentos é a norma. Quando existem, as ligações não são feitas pelos autores dos documentos, mas por técnicos encarregados da administração dos sites. O enriquecimento dessas ligações, indispensável para o surgimento de um sentido coerente para todos os

---

16 Ver especialmente, sobre esse assunto, Ian Smith, "The Invisible Web: Where Search Engines Fear to Go", disponível em http://www.powerhomebiz.com/vol25/invisible.htm.

membros da organização, pressupõe que a intranet abra a sua administração a um grande número de usuários e de colaboradores, porque só o conhecimento íntimo e inteligente da profissão pode dar sentido às diferentes informações disponíveis. A análise das conexões pressupõe também o acesso a grande quantidade de documentos, que permite criar uma rede suficientemente densa e complexa para fazer sentido. As barreiras não são técnicas: a abertura das bases de dados, uma maior publicação e circulação dos documentos podem permitir isso. As barreiras são mais organizacionais e políticas e, portanto, difíceis de serem ultrapassadas.

As ferramentas de publicação

As ferramentas de publicação existem em grande número e são, essencialmente, gratuitas ou quase. As duas mais importantes são os blogs, para a publicação individual ou de pequenos grupos, e os wikis, para a colaboração em documentos.

Mas quem sabe utilizar os blogs e os wikis? Se o web autor recorre a eles por escolha pessoal e voluntária, nada disso ocorre na empresa. É necessário mudar os hábitos e garantir um nível homogêneo de formação, com o risco de criar uma empresa com duas velocidades.

■ O WIKI DA FIDELITY

O Fidelity é uma empresa norte-americana de corretagem de ações que se lançou de forma muito pró-ativa nas novas tecnologias. Ela está na frente na utilização das ferramentas da web para os colaboradores e compartilha de boa vontade sua experiência.[17]

[17] Sobre o wiki aberto, encontraremos este e numerosos outros casos em http://www.socialtext.net/cases2/index.cgi.

Na Fidelity, é o wiki, famoso sistema de gestão de conteúdos que torna as páginas publicadas modificáveis, que conheceu o maior sucesso. Criado em 2005, ele comportava na metade de 2007 mais de 10 mil artigos, 8 mil usuários (um a cada quatro) e 80 mil páginas editadas e retrabalhadas. A cada dia, entre duzentas e mil páginas são editadas e cinquenta novos usuários são adicionados.

O responsável pelo Fidelity Labs, o laboratório de pesquisas da empresa, fala sobre a utilização dos wikis: "fundamentalmente, as pessoas querem sempre compartilhar informações. Seja na web, seja na empresa. A produtividade ou os benefícios são difíceis de mensurar, mas são muito importantes. É bastante raro encontrar ferramentas que os funcionários queiram utilizar na empresa sem serem forçados a isso. Nesse caso, os colaboradores começaram a utilizá-las sem a coerção autoritária dos dirigentes".[18]

Entre os desafios, ele cita:

"Começou como um movimento anárquico, e os nossos dirigentes ainda têm dificuldade em compreendê-lo. Há três anos, a maioria dos colaboradores não sabia o que era um wiki, e a formação da base da empresa em direção ao cume ainda é um processo muito lento. Apenas começamos a compreender que os buscadores são a porta de entrada de todas as interações sociais".

Em 2006, o Fidelity Labs foi aberto ao público no site fidelitylabs.com, propondo aos web atores testar novas ferramentas e deixar suas opiniões.

A abordagem pelas ferramentas é importante. Elas, entretanto, não permitem explicar todas as implicações. McAfee manteve em silêncio a questão da organização e da formação. Ora, para que essas ferramentas permitam à empresa adaptar-se à economia e à competição de hoje e de

[18] *Ibidem.*

amanhã, é necessário que ela se reorganize. As ferramentas não passam de um meio, o último, dessa reorganização.

É necessário acrescentar que McAfee se concentra em algumas ferramentas e descarta outras, como os sistemas de exploração e de automação de escritório que têm impacto fundamental sobre a maneira como a empresa trabalha, se desenvolve, colabora e se abre para fora. Na web ("nas nuvens"), as ferramentas propõem essencialmente as mesmas funcionalidades que quando estão abrigadas dentro do *firewall* da empresa. Mas elas agregam poderosas possibilidades de colaboração, de abertura e de mobilidade, ao mesmo tempo que permitem reduzir os custos. Dessa forma, colocam sérios desafios à empresa, sobretudo em termos de segurança.

McAfee não levou em consideração a questão do acesso aos dados, que, quando é simplificado e aberto, dá uma dimensão completamente diferente à colaboração.

» A empresa "nas nuvens"

A Intalio figura entre essas companhias promissoras do Vale do Silício especializadas na gestão de processos de negócios das organizações (*business process management* – BPM). Instalados em Palo Alto, os dirigentes da Intalio decidiram só trabalhar, na medida do possível, "nas nuvens", na web. Nada de programas instalados nos computadores da empresa; nada de dados armazenados em discos rígidos. Tudo é feito com ferramentas on-line. O sistema de correio eletrônico é essencialmente baseado na web. Os dados concernentes ao acompanhamento da relação com os clientes também.

Por que ignorar aquilo que mais de 98% das empresas ainda utilizam diariamente, como o Microsoft Office ou o Outlook? Economia de licenças? Segurança de ter permanentemente os programas mais recentes atualizados, sem se preocupar em adquirir novas versões nem de gerar migrações ou problemas de compatibilidade? Em parte, sem dúvida. Além dessas vantagens diretas, há outras induzidas. Essas ferramentas permitem à Intalio oferecer mais mobilidade aos colaboradores, que podem acessar todos os dados de qualquer lugar onde estejam. Eles podem compartilhá-los em tempo real entre si ou com os clientes da empresa. Beneficiam-se desse modo completamente das vantagens associadas à dinâmica relacional permitida pelas ferramentas da web.

Outro exemplo: a Crayon, uma agência de *marketing* oficialmente baseada em Nova York, criada em outubro de 2006, organiza o essencial de suas atividades na SecondLife, a plataforma virtual de três dimensões. O endereço físico não passa de uma caixa postal. Os colaboradores estão distribuídos em alguns cantos dos Estados Unidos e da Grã Bretanha, e se reúnem... nos escritórios virtuais da sociedade. A Crayon realiza até encontros com os clientes nas salas de reunião na SecondLife. As vantagens são inúmeras: economizam os escritórios, mas têm a possibilidade de se encontrar e intercambiar permanentemente. Ganho de tempo considerável. E uma forte interação. Com a introdução da voz, a experiência de trabalho é cheia de realismo. Ocorre o mesmo com a equipe de projetistas reunidos na Electric Sheep Company. Para trabalhar com eles, o mais simples é ainda "teletransportar-se" para a ilha virtual Sheep Island...[19]

As experiências de trabalho na web serão reservadas às pequenas empresas? Não é tão certo. Já mencionamos o caso da IBM e de seu investimento na SecondLife para experimentar a colaboração e o trabalho completamente virtuais.

Essa forte tendência convida a levantar numerosas questões.

---

19 The Eletric Sheep Company: http://www.electricsheepcompany.com/.

O que é trabalhar "nas nuvens"?

O conceito pode parecer fluido e até mesmo esotérico. Entretanto, a web, na sua forma atual, tem uma vantagem determinante: plataforma interativa, ela pode armazenar os dados e aumentar seu valor, graças à dinâmica relacional que ela favorece. Levando as informações da empresa e as ferramentas necessárias à sua utilização para essa plataforma, procuramos tirar o melhor partido dos efeitos de redes possibilitados pela web. Isso deve ser uma criação de valor. Qual? É o que falta demonstrar.

O que é bom para uma pequena empresa será válido para uma grande?

As pequenas empresas parecem ser as candidatas muito naturais. A informática delas é, em sua maioria, mais leve, mais simples, menos submetida às pressões do sistema estabelecido. São também mais frágeis diante das mudanças e sensíveis às promessas de economia e de ganhos de produtividade. É mais difícil, *a priori*, para uma empresa grande, que deve gerar um patrimônio de informática muito complexo feito de elementos acumulados ao longo do tempo para constituir aquilo que chamamos correntemente de "prato de espaguetes". A segurança, a amplitude dos investimentos, a gestão das mudanças e dos hábitos de trabalho: tantos obstáculos, que vão tornar a adoção progressiva das novas ferramentas mais lenta. Provavelmente até muito mais lenta. Entretanto, inexorável...

Podemos trabalhar o tempo todo "nas nuvens"?

Uma das questões recorrentes deste livro é o tempo de difusão e de adoção das tecnologias da web de hoje, bem como as condições necessárias para que essas evoluções funcionem no dia a dia. Isso coloca questões de conexão com a internet, de sincronização das informações, de disponibilidade e de compatibilidade das ferramentas, de segurança e da integridade dos dados. Hoje, ainda não é possível trabalhar permanentemente on-line. Mas, e amanhã? Em quanto tempo? Se o movimento está em curso, até onde ele vai? Será como esses funcionários da IBM que só trabalham "nas nuvens", isto é, só no mundo virtual? A necessidade de colaboração crescente passa necessariamente por mais de uma abertura na web. Esta se torna a ferramenta privilegiada da relação. Ela traz novas formas de trabalhar e de criar riquezas.

Isso supõe, portanto, no mínimo, que as ferramentas mais importantes da empresa estejam acessíveis "nas nuvens". Desde os sistemas de exploração aos dispositivos orientados para as especificidades e as necessidades das áreas, as ferramentas devem estar acessíveis em todo lugar.

ZOHO E THINKFREE

Entre os novos editores de escritório "nas nuvens", dois anunciam-se, em particular, promissores.

O Zoho propõe principalmente uma suíte ainda mais completa que a do Microsoft Office. É gratuito para as funções básicas, e não muito caro para as versões mais completas, com maior capacidade de armazenamento. Com muitas vantagens ligadas ao fato de que os documentos estão armazenados on-line: nenhum *download* é necessário, são acessíveis de qualquer computador e esses documentos podem ser compartilhados como se quiser. Muito mais fácil do que trocar e-mails com anexos, que são pesados para serem administrados e exigem muita atenção em relação às diferentes versões. Com, além do mais, a garantia de estar trabalhando num documento sempre atualizado.

O ThinkFree vai mais longe, permitindo a sincronização dos dados entre o computador e os documentos on-line. Isso é prático quando desejamos levar esses documentos para um lugar desprovido de conexão com a internet. O ThinkFree oferece também uma opção de servidor que a empresa pode abrigar internamente por um preço desprezível comparado aos custos das licenças da Microsoft.

Certamente, não seria justo aqui omitir os esforços do Google, com o projeto Google Docs, que propõe uma aplicação dedicada, mas paga para as pequenas empresas, e uma versão gratuita para o grande público. Mencionamos também os editores de ferramentas "nas nuvens", como o Salesforce.com, que propõe essencialmente ferramentas de gestão da relação com os clientes muito poderosas on-line, ou o seu concorrente Sugarcrm.com.

A segurança e a confiabilidade estão garantidas "nas nuvens"?

Essas novas ferramentas são simples de utilizar e com preço acessível, às vezes até gratuitas. Então por que tal lentidão de desdobramento nas empresas? As inquietações dos departamentos de informática se resumem em duas palavras: confiabilidade e robustez.

O problema da segurança é difícil de resolver. De certa forma, é a empresa que sai de sua rede, de sua muralha protetora (o famoso *firewall*), para instalar-se "nas nuvens". Ela pode, sobretudo, ter um sentimento de perda do comando, o que necessita de escolhas estratégicas difíceis de ser feitas. Como garantir a integridade dos dados, de sua preservação contra todos os ataques que sofrem as empresas, especialmente as grandes? Essas questões estão longe de ser resolvidas e vão necessitar de arbitragens para analisar os riscos em comparação com as vantagens reais que apresenta a utilização das ferramentas da web de hoje. Em paralelo, o progresso técnico para assegurar esses espaços "nas nuvens" vai também, com o tempo, trazer soluções confiáveis, que permitirão resolver o problema. As técnicas de criptografia, por exemplo, provam a sua robustez. Apesar de a segurança ser um desafio permanente, um caminho a ser percorrido eternamente, mais do que um fim.

Um segundo elemento bastante evocado tem a ver com a evolução das ferramentas com o passar do tempo. As necessidades da empresa mudam quando ela cresce, adquire novos clientes, desenvolve novos produtos. As ferramentas necessitam evoluir com as novas necessidades da corporação. Ora, se elas estão "nas nuvens", a empresa não consegue controlar bem a transformação. As ferramentas escolhidas, as soluções tomadas fora da empresa devem ser suficientemente resistentes e flexíveis para adaptar-se à evolução das necessidades da firma. Essa garantia ainda está distante, e isso continua incitando um grande número de empresas a privilegiar as soluções mais tradicionais, propostas pelos editores "clássicos" de soluções empresariais.

Os editores tradicionais que vendem as licenças terão interesse em acompanhar as empresas "nas nuvens"?

Os editores tradicionais freiam hoje em dia esse movimento, apesar de não poderem ignorá-lo. Colocando on-line as ferramentas, passa-se ao faturamento do serviço e de sua utilização mais do que à venda de licenças. É uma mudança considerável para os editores, que têm o hábito de concentrar seus esforços no P&D e, em seguida, na comercialização dos produtos-chave que elaboram, garantindo assim alguma renda. Com o faturamento do serviço e da utilização, as receitas são mais diluídas no tempo. O P&D deve ser feito continuamente e é necessário garantir a permanente qualidade de serviço, em especial se o aplicativo está alojado no editor. É uma nova profissão, um novo sistema de distribuição e outro modelo de negócio. Os principais editores não gostam muito disso. Ora, eles têm papel importante no desenvolvimento da informática das empresas, principalmente das grandes.

Temos o direito de nos perguntar se fazemos bem em deixar toda uma organização sob ferramentas ainda incertas, que deixam dúvidas de confiabilidade, de segurança e de robustez. Mas o problema poderia ficar nas diferenças de pontos de vista. Excessivamente concentrados nos *nodes* da rede – pontos de convergência dos fluxos da empresa e sobre as ferramentas, pontos de tratamento dos dados móveis –, esquecemos de olhar para os próprios fluxos? Graças à transferência virtual, assistimos ao nascimento de uma empresa cujas fronteiras se dissipam e que obtém seu valor da livre circulação dos dados, mais do que de seu controle. Uma empresa líquida?

» A empresa líquida

Uma rede se compõe de links e de nós (ou *nodes*, para retomar a expressão norte-americana, que preferimos porque é menos ambígua). Uma rede de informática ou a internet respondem a essa característica. Enquanto a informática das empresas se preocupou muito com os *nodes* das redes que dão acesso à web, frequentemente para travá-los por questões de segurança, chegou o tempo de propor uma nova visão: a análise dos fluxos de dados e de informações. Com efeito, vimos que os fluxos de informações e de dados devem circular cada vez mais livres tanto dentro da empresa como entre o interior e o exterior, se a empresa se preocupa em integrar a forma colaborativa e social de que necessita para permanecer competitiva. Essa necessidade estratégica para permanecer na competição é a empresa líquida.

Retornemos à Procter & Gamble. Apesar de seus 7.500 pesquisadores, a empresa não consegue acompanhar o ritmo necessário para introduzir suficientes produtos no mercado e permanecer competitiva: em cinco anos, ela lançou duas vezes mais produtos do que nos anos precedentes. Don Tapscott e Anthony Williams, os autores de *Wikinomics*,[20] relatam que Alan Lafley, o diretor-geral do grupo, decidiu não recrutar mais pesquisadores, mas solicitou a seus chefes de divisão buscar 50% de suas novas ideias e produtos fora da empresa. Nos sites como InnoCentive, com desconhecidos. Mais do que se concentrar no "*node* da rede", que fecha e protege o seu P&D do resto do mundo e de seus concorrentes, a Procter & Gamble, ao contrário, decidiu abrir as portas. Graças à web. O que conta para ela não é mais controlar o *node* da rede, mas sim a capacidade de captar um máximo de fluxo de informações e de agregá-las para criar novos produtos.

Outro exemplo: o site de gestão de fundos mútuos Marketocracy.com. No lugar de contratar, a preço de ouro, algumas dezenas de especialistas para analisar todos os fluxos de informações e tomar boas decisões de investimento, o site solicita a 70 mil pequenos investidores que administrem os portfólios virtuais. O site toma as decisões de investimento analisando e agregando as soluções desses milhares de especialistas amadores. Ele tem a melhor *performance* de todos os índices de referência. E seus custos são, evidentemente, mínimos.

Uma das maiores dificuldades para compreender o movimento em curso é a grande focalização dos analistas, como McAfee, sobre as ferramentas de um lado, e uma conceituação rápida e no fim pouco convincente de outro. A empresa 2.0 será aquela que utilizar as ferramentas 2.0 para mais colaboração. A demonstração é curta.

De fato, a abordagem pelas ferramentas concentra a atenção nos *nodes* da rede, enquanto a relação e a colaboração nascem da libertação do fluxo. A ferramenta é colocada sobre um *node* para permitir o tratamento dos dados. É necessária. Mas ela não é a colaboração. É o

[20] Don Tapscott & Anthony Williams, *Wikinomics: How Mass Collaboration Changes Everything*, cit.

fluxo que conta, a forma como os dados circulam e se enriquecem é o elemento central da análise.

Desde então, colocar a questão do *firewall*, o *node* central da rede da empresa, perde a importância quando queremos compreender o movimento em curso. Essa questão, essencialmente técnica, será resolvida com o tempo, a pressão dos usuários e a segurança dos fluxos. E é bem na segurança dos fluxos que a empresa eficaz deverá orientar-se, mais do que na construção da fortaleza. Isso passará por uma atenção maior sobre os dados que circulam, em detrimento dos canais e das fronteiras, que perdem seu sentido à medida que alcançamos seus dados de qualquer lugar.

O ecossistema da empresa é mutável. Na Procter & Gamble, dezenas de milhares de especialistas amadores podem participar no P&D da empresa e dar-lhe valor sem figurar na folha de pagamento. A geografia é, ela também, recolocada em questão pelo surgimento de uma empresa móvel, fora dos muros, uma empresa do "mundo plano". Até mesmo a produção é afetada com a participação dos clientes que são associados, como vimos no capítulo sobre a economia.

No total, a empresa 2.0 produz o valor de outro modo, por saber tirar verdadeiro proveito do estabelecimento das relações e das tecnologias, que lhe permitem ser mais eficaz nesse domínio.

Alguns freios permanecem. No texto "Top 10 Management Fears about Enterprise web 2.0" [Os dez maiores medos da empresa web 2.0], o consultor de *marketing* e blogueiro Jerry Bowles[21] afirma que são de duas naturezas: tecnológicos e culturais.

Tecnologicamente, porque permanecem numerosas questões a respeito das ferramentas, como já vimos. Segurança, confiabilidade, ama-

---

21 Jerry Bowles, "Top 10 Management Fears about Enterprise web 2.0", disponível em http://www.enterpriseweb2.com/?p=10.

durecimento, acessibilidade permanente, sincronização de dados: tantos desafios que ainda devem ser resolvidos.

Organizacional e culturalmente: a era da colaboração representa uma mudança capital para a empresa e seus dirigentes. É indispensável, mas será provavelmente muito lenta. Lembremos Jack Welsh, o carismático dirigente da General Electric, pedindo a suas tropas que *destroy your business* ("destruam seu negócio") para incorporar o que ele já havia pressentido como uma revolução: a chegada da internet. Será necessária, certamente, muita pedagogia para incorporar essas novidades nos usuários e na gestão da empresa.

■ A PALAVRA DE UM ESPECIALISTA: A EMPRESA "NAS NUVENS"

Entrevista de Ismaël Ghalimi, presidente da Intalio e fundador do salão Office 2.0[22]

Como o senhor define o conceito Office 2.0?

É fazer trabalhos administrativos utilizando um navegador web, em lugar de um programa instalado no computador, e armazenar todas as informações num servidor na web, em algum lugar "nas nuvens", e não num disco rígido. É a solução para um cliente de pequeno porte: com um computador, com poucos aplicativos, porque a maioria está na rede.

Quando as informações estão on-line, é muito mais fácil compartilhá-las. E compartilhar é útil.

Office 2.0 e empresa 2.0. Como estabelecer a ligação?

Isso não é exatamente a mesma coisa. O conceito "empresa 2.0", criado por Andrew McAfee, relaciona-se ao desenvolvimento de uma nova geração de programas empresariais que

[22] A segunda edição do Salon Office 2.0 ocorreu em São Francisco de 5 a 7 de setembro de 2007. Para saber mais sobre o salão, ver http://o2con.com/index.jspa.

deverá voltar-se muito mais aos aspectos colaborativos e, talvez, um pouco menos aos aspectos de transações. Quando vemos o que as grandes empresas utilizam como aplicativos hoje, encontramos, por exemplo, as ERP (gestão de planejamento) e CRM (gestão da relação com clientes). Esses são aplicativos de transações, que geram pedidos, folhas de pagamento, faturas, etc. De 5% a 10% dos empregados de uma grande empresa vão utilizar esses grandes sistemas, que são pesados e complexos. A empresa 2.0 interessa-se pelas necessidades dos 90% restantes, que procuram desenvolver grandes conjuntos, montar e gerar projetos, compartilhar o conhecimento. É ali que tecnologias do tipo blog ou wiki são muito interessantes. O termo "empresa 2.0" categoriza esses fenômenos.

Se "empresa 2.0" designa a colaboração, "Office 2.0" designa "os dados na rede". São essas duas novas tendências no novo universo de trabalho. Há outras como o *open source*.

Dizemos também que a empresa 2.0 é um fenômeno que emerge da demanda dos funcionários, que não compreendem não poder dispor no escritório das ferramentas que têm em casa...

Essa tendência está associada ao fato de que os sistemas de informática nas empresas tornaram-se cada vez mais complexos. A empresa não pode deixar de se preocupar com isso, as questões de segurança tornaram-se críticas, introduzindo uma forte rigidez no sistema. Os usuários estão cada vez mais limitados em sua informática profissional, que não lhes permite utilizar as ferramentas que se tornaram familiares em seu universo pessoal.

Fenômeno idêntico ocorreu nos anos 1980 com a introdução do computador pessoal. Nos anos 1970, as empresas só possuíam *mainframes* e terminais, e muito poucas pessoas eram capazes e autorizadas a utilizá-los. Os PCs nasceram inicialmente como projetos de apaixonados: o Altair ou o primeiro Apple 1. Só eram utilizados em casa para brincar. Os responsáveis pela IBM pensaram que ali estava uma tendência que poderia ser útil para a empresa e, em 1981, nasceu o PC. Os diretores de informática não estavam totalmente de acordo com o desenvolvimento de computadores pessoais: eles temiam a complexidade da gestão. E foi bem o que aconteceu. Um funcionário adquiriu um PC e o usava para tratamento de textos; outro, um Mac, depois de 1984, para utilizar a planilha; e assim por diante. Foi somente no fim dos anos 1980 que algum tipo de organização se estabeleceu. Mas, com o PC, foi o usuário que, a princípio, estabeleceu o que queria fazer com ele, às vezes em função da utilização que ele tinha em domicílio e que não podia ter no *mainframe*, ao qual, na maioria das vezes, não tinha acesso. Foi necessário colocar ordem por várias razões notadamente associadas à segurança, e essa ordem acabou tornando-se muito rígida. Hoje é rígida demais e necessitamos de uma nova revolução, como há vinte anos.

COMO O SENHOR VÊ A QUESTÃO DE SEGURANÇA "NAS NUVENS"?

É um verdadeiro problema. Que não vai desaparecer, muito ao contrário. Finalmente os diretores de informática deverão aceitar novos procedimentos porque há poucas formas de lutar contra, e camadas diferentes de segurança vão se desenvolver. Por exemplo, para os e-mails, quando houver necessidade de serviços mais confiáveis serão acrescentadas codificação, assinatura eletrônica ou confirmação de recebimento...

Mas, no fundo, a segurança talvez seja um falso problema. Admitimos comumente que, se deixarmos os dados na internet, não haverá mais segurança, nenhum respeito pela vida privada... Eu penso o oposto. Parece-me, de fato, que os dados mais sensíveis já estão na web. E posso provar com um exercício muito simples. Quais são as duas coisas não materiais e não relacionais que mais temeríamos perder? Os sensíveis dados monetários (dados bancários, por exemplo) e as fotos (tudo o que é ligado à memória). Ora, nosso dinheiro está no banco, e nossas fotos estão nos serviços do tipo Flickr. A verdadeira questão é a confiança que podemos ter no fornecedor do serviço.

QUAL É O PAPEL DO *OPEN SOURCE* NESSE FENÔMENO?

É um fator de aceleração. Quanto mais as arquiteturas e as tecnologias estiverem abertas, mais rápido essas tecnologias se desenvolverão. É uma ideia simples: quanto mais abrimos o acesso, mais fácil encontramos um desenvolvedor inteligente para corrigir os problemas. E, se ele é incentivado a compartilhar suas pesquisas, outras pessoas se inspiram para encontrar soluções de outros problemas. É um círculo virtuoso. Nós o vivemos na internet: o fato de ser uma rede aberta, essencialmente gratuita e baseada em padrões, permitiu-lhe desenvolver-se de forma muito mais abrangente que qualquer outra tecnologia proprietária do tipo Minitel.

As novas empresas que produzem essas ferramentas muitas vezes têm pouco dinheiro. Elas resolvem essa dificuldade buscando no estoque do *open source* para desenvolver tecnologias, sem precisar reinventar tudo a cada vez.

É nisso que o *open source* é realmente importante, não tanto no Office 2.0, mas nos aplicativos administrativos em geral. Os verdadeiros grandes consumidores do *open source* são as empresas em busca de economias de custos de compras, de manutenção e de atualizações. Pela primeira vez em sete anos, a SAP acaba de anunciar uma queda em seus resultados. Toda a indústria do "grande" aplicativo administrativo promete ser afetada por esse fenômeno nos próximos anos.

» Link para artigos interessantes para complementar o assunto

1. Blog de Fred Cavazza: http://www.fredcavazza.net/2007/07/24/quest-ce-que-Je slentreprise-20/.
2. Nota do consultor M. R. Rangaswami, do conselho da Sand Hill Group: http://sandhill.com/opinion/editorial.php?id=98.
3. Vídeo pedagógico do consultor Scott Gavin: http://scottgavin.info/?page_id=11.
4. Blog de Andrew McAfee: http://blog.hbs.edu/faculty/amcafee/index.php/faculty_amcafee_v3/the_three_trends_underlying_enterprise_20/.

5. Artigo da Wikipedia: http://en.wikipedia.org/wiki/Enterprise_social_software.
6. Artigo de Shiv Singh, consultor, no site dedicado à inovação e ao *design* Boxes and Arrows: http://www.boxesandarrows.com/view/a_web_2_0_tour_.
7. Artigo do jornalista Ron Miller, no site dedicado aos dirigentes de informática CIO.com: http://www.cio.com/article/123550/ABC_An_Introduction_to_Enterprise.

8. as multidões e suas mídias

As mídias tradicionais nos consideram, em termos gerais, como sua "audiência". Conduzida pelos web atores, essa audiência evolui. Familiarizada com a web, ela se serve desta com naturalidade e agilidades crescentes. Ela se diverte e o que aprende ali lhe permite resolver problemas de informação que as mídias tradicionais atendem de forma insatisfatória. Estas, muito frequentemente, resmungam diante desse movimento iniciado na periferia. Justificam-se invocando as hesitações da parte menos dinâmica de sua audiência e apresentam, não sem razão, que o modelo econômico ainda é incerto, no melhor dos casos. Elas não sabem como se comportar diante de um movimento em que a participação e a constituição de grupos perturbam as relações societárias (inclusive de poder) existentes. No final das contas, mesmo a noção de *news*, de noticiários, de informações, parece ser colocada novamente em questão.

» Os web atores, a web e os noticiários

Aquilo que se chama em inglês de "indústria da mídia" – o ecossistema constituído pelas mídias tradicionais, pelas novas formas que aparecem todos os dias, pelos jornalistas, diretores e usuários, entre outros – é muito sensível à evolução destes últimos. Isso não é realmente novo, mas a dinâmica não pode mais ser ignorada.

Jornais do mundo todo (com algumas exceções, frequentemente em razão de circunstâncias políticas particulares) começaram a perder leitores muito antes que a web viesse a tornar-se um fenômeno de massa. Mais grave e mais difícil de analisar, mas mesmo assim importante, eles não param de afastar-se daquilo que os jornalistas têm o costume de considerar como "notícias" (em inglês *the news*) em benefício do *entertainment* e de espetáculos cuja produção é mais barata.

As mídias podem resmungar diante da inexorável evolução da internet, mas os web atores não esperam. Eles descobrem novos serviços, novos prazeres, novos meios de expressão a cada vez que navegam na web. Eles os utilizam, recusando alguns, gostando de outros, habituam-se e acabam por solicitar a sua generalização. A cultura muda. Nada melhor para formarmos uma ideia do fenômeno do que um pequeno cruzeiro com escalas durante o qual veremos, inicialmente, como a frequência a alguns sites mais visitados modifica a audiência, mesmo quando não são propriamente sites de informação. Veremos, em seguida, alguns sites e ferramentas menos conhecidos, mas que mudam diretamente a relação da audiência com a informação.

Eis a lógica subentendida nessa abordagem: é acompanhando a audiência que compreenderemos o que se passa e encontraremos algumas das pistas mais ricas de ensinamento.

Os buscadores

As novidades não existem se não estiverem registradas pelos buscadores – entre 50% e 90% das novidades lidas ou vistas na web foram encontradas no Google, Yahoo!, Live (o antigo MSN) e alguns outros –, e não graças à passagem pela página de entrada cuidadosamente elaborada pela redação da mídia em questão.

Corolário: as mídias que funcionam em circuito fechado (aquelas que só deixam os pagantes ver seu conteúdo) não existem, na medida em que suas informações não são indexadas pelos buscadores.

É exatamente por essa razão que o *New York Times* deixou de cobrar o acesso a seu conteúdo em novembro de 2007. Alguns meses antes, *El País*, o principal jornal diário espanhol, viu-se obrigado à mesma decisão. Tanto mais importante visto que na web, ao contrário do papel, os velhos artigos continuam a atrair um tráfego respeitável e que a publicidade, que constitui o modelo dominante hoje em dia, pode acompanhar tanto esses velhos artigos como os mais recentes. Todos sabemos para que serve um jornal impresso há uma semana, um mês ou um ano... Mas, observa Chris Anderson numa passagem fascinante sobre a "cauda longa do tempo"[1] on-line, "o Google parece mudar as regras do jogo [porque ele] mede inicialmente a pertinência [de uma página] pelos links [que apontam para a página em questão] e não pela novidade". As páginas antigas têm mais tempo para acumular links e podem conseguir vantagem sobre as mais recentes.

Alguns sites populares que mudam nossos hábitos

1. **Craigslist.org.** Por muito tempo ignorado pelas mídias tradicionais, o Craigslist oferece pequenos anúncios gratuitos, mais vivos, mais flexíveis que no papel. Uma quantidade de informações mais importantes. Tudo ao gosto do cliente, que coloca on-line o que quer, quando quer, no formato de sua preferência. Esse site facilita, além disso, a criação de comunidades, na medida em que a dinâmica relacional humana se acrescenta à dinâmica das rela-

[1] Chris Anderson, *The Long Tail*, cit. Ver também em seu blog, http://www.thelongtail.com/the_long_tail/2005/11/the_long_tail_o_1.html e http://www.thelongtail.com/the_long_tail/2006/04/google_and_the_.html.

ções próprias da rede tecnológica. Os web atores adoram. Os jornais diários tradicionais, entretanto, não perceberam a mudança, tanto mais dramática, visto que, para eles, os classificados representam fonte não desprezível de receitas.

2. **Wikipedia.org.** O sucesso e, mais ainda, o valor desse site, inconcebíveis há alguns anos, mostram que o conhecimento, o acesso à informação e a capacidade de publicar não são mais privilégio de especialistas. Sua qualidade de enciclopédia dinâmica (ela é atualizada a cada momento) permite-lhe reagir à atualidade armazenando informações básicas e contextuais que as mídias tradicionais, obnubiladas pela última hora, o último minuto e, cada vez mais, o último segundo, tendem a ignorar. Foi nesse site que encontramos, nas horas que se seguiram ao atentado de 11 de setembro de 2001, as primeiras informações sobre a estrutura das torres gêmeas e as primeiras hipóteses sobre as causas do desmoronamento. A riqueza do conteúdo do site é produto direto da eficácia relacional máxima, consequência do funcionamento do grupo aberto que vigia seu bom funcionamento.
3. **YouTube.** Esse site de publicações e de compartilhamento de vídeos não tem nada a ver com o jornalismo tradicional (tal como ainda o conhecíamos ontem), mas revela que muitos dos web atores têm conexões de banda larga, produzem "conteúdo vídeo" e o publicam, enquanto outros se interessam mais por essas visões do mundo do que pelas dos jornalistas reconhecidos. Seu impacto no noticiário pode ser ilustrado pelo vídeo do senador americano tratando um blogueiro de "macaco"[2] (o que o fez perder sua cadeira em 2006 e permitiu aos democratas conseguir a maioria nas duas câmaras) e outro mostrando a execução de Saddam Hus-

[2] "Macaco" no YouTube: http://tinyurl.com/3646e7.

sein.[3] Mais recentemente, a forma como o rei da Espanha intimou o presidente da Venezuela a calar-se, deu a volta ao mundo pela web... Do mesmo modo que ontem tratavam da visita à sede da General Motors e seu aparecimento na televisão, os candidatos à presidência dos Estados Unidos fazem da sua aparição no Google e da sua presença no YouTube, que participou na organização dos debates, um elemento essencial de suas campanhas.

4. **eBay**. Mencionar esse site inteiramente dedicado ao comércio num capítulo consagrado às mídias pode surpreender. Entretanto... no eBay, todo web ator pode comprar (e vender) com tranquilidade para pessoas ou sociedades que ele não conhece graças a um sistema de "reputação" fornecido pelos próprios usuários. A prática da troca horizontal e a confiança que transmite ilustram maravilhosamente essas mudanças no comportamento dos web atores, que acabam por afetar as relações com seus pares e com as autoridades de todo tipo, incluindo as mídias.

Em resumo, os web atores inserem-se numa dinâmica relacional que os fazem sentir pesadas as construções de tipo hierárquico próprias das mídias tradicionais. É ainda mais verdadeiro para os jovens, que têm a cultura de criação e de comunicação muito horizontal. É muito mais importante que encontrem ferramentas e sites que lhes permitam organizar de formas diferentes o seu consumo de novidades.

Paralelamente à influência exercida pelos sites populares, o ecossistema das mídias é modificado pela multiplicidade de ferramentas que contribuem para mudar a maneira de nos informar. Nenhum dos que evocamos agora foi criado pelas mídias de informação. Entre as centenas de exemplos possíveis evidenciaremos seis.

---

3 Execução de Saddam Hussein no YouTube: http://tinyurl.com/ygh3n8.

As ferramentas que modificam nossa relação com a informação

1. **Google News.** Esse site propõe um panorama de notícias automaticamente selecionado e interpretado pelos computadores que varrem alguns milhares de sites em diferentes línguas. O usuário pode até preparar um coquetel pessoal de assuntos, línguas, países e ter assim, muito rapidamente, uma ideia do que se passa nos domínios e nos lugares que lhe interessam.
2. **Delicious.com.** Promessa de prazer e URL numa única palavra e, ainda por cima, com uma ponta de humor, esse site oferece três serviços relativamente distintos. O primeiro, bem simples, permite reagrupar seus marcadores favoritos numa página web e acessá-los de qualquer lugar. O segundo é a possibilidade de colocar *tags*, as etiquetas que quisermos aos sites encontrados, como vimos no capítulo sobre web atores. Mas a verdadeira fascinação exercida pelo Delicious.com é sua profunda utilidade: as *tags* podem ser públicas. A classificação torna-se social. Novas redes se constituem ao gosto dos interesses comuns, passageiros ou não. Aqueles que acompanham, por exemplo, os trabalhos de Howard Rheingold – autor de vários livros sobre dimensões sociais e intelectuais da informática –[4] com *smart mobs* e cooperação podem saber os sites a que ele atribuiu *tags*.[5] Isso não é tudo. Se pensam em ir para Barcelona, vocês podem encontrar páginas que não se encontram no alto da lista de resultados fornecidos pelo Google.[6] É um exemplo claro no qual a dinâmica relacional dá ideia de toda a potencial eficácia sobre a qual ela pode desaguar.

---

4 Sobre Howard Rheingold na Wikipedia, ver http://en.wikipedia.org/wiki/Howard_Rheingold.

5 Ver *tags* de Howard Rheingold em Delicious, http://del.icio.us/tag/rheingold.

6 Ver *tag* de "Barcelona" em Delicious: http://del.icio.us/tag/barcelona.

3. **Sphere.com.** Essa aplicação permite ao usuário que estiver lendo uma nota ou um artigo em qualquer site encontrar outros que o mencionam ou que tratam do mesmo assunto. Essa lógica de rede não leva em conta a competição entre mídias rivais e possibilita acessar diretamente informações oriundas de fontes muito diferentes daquelas com que estamos acostumados.
4. **ChicagoCrime.org.** Permite encontrar no mapa do Google os crimes, delitos e infrações cometidos em Chicago. Excelente exemplo de *mashup* (superposição de dados provenientes de dois aplicativos diferentes), esse site alimenta-se de informações provenientes da polícia. Os dados são reagrupados e localizados por rua, bairro, código postal e tipo de crime, entre outros. Os hiperlinks permitem consultar artigos publicados nas mídias sobre os crimes mais importantes. Em maio de 2007, Adrian Holovaty, seu fundador, recebeu uma bolsa de 1,1 milhão de dólares da Knight Foundation (fundação do grupo de jornalismo Knight Ridder, que se interessa especialmente pelas mídias) para criar em várias cidades americanas sites em que seriam publicados os documentos oficiais e as informações hiperlocais, bem como concorrentes das mídias tradicionais constituídos a partir de lógicas diferentes.
5. **Wikio.** Esse agregador que integra blogs e artigos de mídia é uma espécie de super Google News, mais ágil e mais sofisticado. Ele permite escolher temas sob a forma mais simples possível, acrescentando *tags* (etiquetas predeterminadas criadas a partir da inspiração do usuário). É suficiente digitar palavras separadas por vírgulas para que o Wikio se centre sobre os temas indicados. É tão fácil e simples que seus fundadores o qualificam de "agregador para idiotas".
6. **NewTrust.net.** Em clara oposição ao Digg e sua classificação, que lembra os "concursos de beleza", o NewsTrust.net convida os ci-

dadãos a julgar os artigos que leem com base em critérios jornalísticos tão rigorosos quanto possível. Suas contribuições são suficientemente interessantes para que um número crescente de usuários aceite o lema dessa empresa sem fins lucrativos que se vê como o nosso "Guia para um bom jornalismo".

Analisar esses sites de importância muito variada permite ver como aqueles que os utilizam têm recursos de instrumentos, adquirem hábitos, prazeres, que não encontram nas mídias tradicionais. Deixando de lado o Google certamente, e talvez a Wikipedia, eles não são conhecidos pela grande maioria de usuários, mostrando que as mudanças avançam da periferia para o centro. A dificuldade, o desafio para as mídias tradicionais é considerável. Suas formas de funcionamento, suas práticas, a maioria de seus campos de atividades são recolocados em questão. Seu verdadeiro problema talvez seja que a mecânica institucional sobre a qual repousam não tem a agilidade necessária para enfrentar a dinâmica relacional em atividade na web e nas relações entre os web atores.

» As mídias reagem lentamente

Os jornais, por exemplo, consideraram a web inicialmente uma ameaça ao papel. Esquecendo que a primeira Bíblia de Gutenberg era enorme e de manuseio difícil, os amigos da tinta insistiram na comodidade do suporte tradicional, no fato de que a escrita permanece e resiste ao tempo. Só alguns, sem realmente saber o que deviam fazer, lançaram-se na web, alegando que era a única forma ao mesmo tempo de compreender e de se posicionar para o futuro.

Verdadeiras instituições, as mídias reagiram como tais: pensando em sua sobrevivência, baseadas em valores e recursos que lhes haviam permitido impor-se e manter-se. Isso era ainda mais grave porque a situação já não ia muito bem.

Esboçada nos anos 1970, muito antes do aparecimento da web, a crise acelerou, como mostra perfeitamente o estudo intitulado *Abandonning the News*, no qual Merrill Brown, antigo redator chefe do MSNBC, demonstra a sangria que sofriam as mídias tradicionais.[7] Essa deserção progressiva deve ser avaliada no contexto da evolução cultural dos últimos cinquenta anos e da desconfiança crescente ante as instituições e dos relatos que elas produzem para se legitimar.[8] Os jornalistas compreenderam tão mal a origem desse distanciamento que se posicionam frequentemente como críticos dos poderes. É, portanto, a percepção da audiência que conta.

Mas de quais mídias falamos? Sem entrar no detalhe de todas as acepções,[9] distinguimos três níveis de utilização do termo:

- Denominação genérica: é utilizada para designar os meios de difusão que permitem comunicar a informação bem como a diversão. São agrupados frequentemente na expressão "*mass media*".
- Nível técnico: muito inspirado do inglês, ele pode designar os suportes de uma campanha publicitária (cartazes, cinema, televisão, etc.), ou a tecnologia que os caracteriza (digital, eletrônica, etc.).
- Evolução da palavra "imprensa": as mídias de informação. Elas podem, então, ser de massa ou não, eletrônicas ou de qualquer outro tipo. O que conta aqui é o papel que exercem, a função de informação dos cidadãos e da sociedade.

---

7 Merrill Brown, "Abandonning the News", em *Carnegie Reporter*, primavera de 2005, disponível em http://www.carnegie.org/reporter/10/news/index.html.

8 A noção é utilizada por Lyotard, que define o pós-modernismo como a "incredulidade em relação às metanarrativas" (Jean-François Lyotard, *La condition postmoderne* [Paris: Minuit, 1979]).

9 Sobre este assunto, ver Wikipedia, em francês: http://fr.wikipedia.org/wiki/M%C3%A9dias; em inglês: http://en.wikipedia.org/wiki/Media.

É de fato nessa última acepção que propomos nos deter agora, abordando o impacto da dinâmica social e da alquimia das multidões sobre as mídias de informação tradicionais.

As forças da mudança

A web de hoje articula-se, como já mostramos algumas vezes, ao redor de um punhado de noções contidas na ideia de que se trata de uma plataforma modificável à qual podemos ter acesso por canais de banda larga, o que facilita as contribuições que criam efeitos de redes e resulta numa economia da diversificação. Cada uma dessas características tem influência sobre as mídias, recolocando em questão todas as suas atividades.

A maior novidade, a mais perturbadora, é incontestavelmente o fato de que a web é facilmente modificável pelos usuários. Em lugar de reclamar sobre o artigo que não agrada, de desligar o rádio ou de mudar de um para outro canal na televisão, os leitores, ouvintes, usuários, web atores podem agora responder e/ou comentar. E o que é pior (do ponto de vista do telejornalismo tradicional), eles próprios podem se transformar em mídia de informação via blogs, *vlogs* (blogs vídeo) e *moblogs* (blogs atualizados por telefone celular), entre outros.

O fato de a web tornar-se uma plataforma na qual podemos fazer "quase" tudo apresenta dificuldades mais sutis. A consequência principal é, sem dúvida, que as atualidades, o acompanhamento das notícias, não são mais uma atividade entre outras. Os sites de informação não são mais "destinos", mas pontos de passagem. A nossa presença on-line é irrigada por novidades, que encontramos ao acaso em nossa navegação, na forma de fluxos RSS, de avisos aos quais nós nos associamos ou que nos enviam nossas mídias favoritas, resumos diários que recebemos nos e-mails. As notícias tornam-se um produto sem um valor particular (*commodity*). As mídias perdem o controle.

A *broadband*, ou banda larga, influencia as mídias em três níveis:

- Recepção: os usuários recebem tão bem as imagens em movimento quanto o som ou o texto. Os suportes se mesclam ou "convergem" como se pretende. Isso força as mídias a diversificar a oferta. Uma cadeia de televisão acrescenta o texto (o mais fácil). Outro jornal impresso acrescenta fotos, depois vídeos, *podcasts* (som), infográficos, etc. O meio de comunicação permanece o mesmo, os jornalistas transmitem para a "audiência" a informação recolhida, selecionada, tratada, formatada por eles. Cabe aos jornalistas aprender a dizer o que têm a dizer de múltiplas formas.
- Retórica: não é suficiente colocar on-line conteúdos que correspondem a formas de expressão diferentes. É necessário encontrar uma retórica adaptada. Aprendemos a nos expressar diferentemente na televisão, no rádio ou no papel. Resta descobrir as regras da multimídia que levam em conta especificidades próprias de cada mídia e permitem integrá-las de forma harmônica, "falante" e compreensível.
- Contribuições: conectados permanentemente graças às conexões em banda larga, os usuários não necessitam interromper nada para colocar on-line comentários, notas, fotos ou vídeos. A evolução cultural os impulsiona a isto. Eles obrigam, dessa forma, os jornalistas a dar-se conta de sua audiência de forma granular, quer dizer, artigo por artigo. A recompensa, outrora, era ser publicado na íntegra, decisão que cabia a seus chefes. Hoje é ver seu "papel" suficientemente apreciado pelos leitores para figurar entre os mais lidos, mas também entre os que mais são enviados por e-mail ou mais blogados.

On-line, os web atores expandem as redes que importaram do mundo real. O desafio consiste em inventar uma nova forma de diálogo, de relação com indivíduos e grupos dinâmicos – em lugar de uma audiência – que podem se expressar e têm os meios para isso.

A gravidade da situação das mídias tradicionais tem muito a ver com o fato de que todos os seus níveis de atividade estão ameaçados. Digitalização e dinâmica relacional revolucionam de fato a produção, a organização e a distribuição das informações e levantam novamente a questão das relações dos jornalistas com a audiência bem como sua função social.

Produção

A multimídia é o desafio mais conhecido. Ela implica relações complexas entre os elementos narrativos tradicionalmente separados (com seus formatos, suas retóricas e até empresas especializadas em cada um deles). Novas formas de expressão se multiplicam, se renovam a cada dia sobre os blogs, *moblogs*, *vlogs*, wikis, etc., frequentemente fora ou longe das mídias tradicionais. O que pensar, por exemplo, desses sites nos quais as pessoas contam histórias relacionadas com lugares que se situam nos mapas do Google? É o que fazem 43places.com, Platial.com, MyFirstKiss.com e alguns outros. Outros criam jogos para representar os horrores da guerra, para melhor ajudar a sua audiência a "sentir" as situações concretas. Kumanar.com oferece, por exemplo, um jogo sobre a batalha de Fallujah no Iraque. Assim, muitos convites são feitos. Nora Paul, professora da Universidade de Minnesota, recebeu muitos prêmios importantes por suas pesquisas sobre a narração interativa na forma de jogos.[10]

---

10 Sobre os trabalhos de Nora Paul, ler artigo de Wylie Wong, "Gaming in Education", em *EdTech*, maio/junho de 2007, disponível em http://www.edtechmag.com/higher/may-june-2007/gaming-in-education.html.

Organização

A organização das notícias, sua hierarquização e apresentação, é um dos privilégios tradicionais dos responsáveis da redação. Ela está em via de escapar das mãos deles em vários níveis.

- Até mesmo em seus sites, eles não são mais a lei. Os algoritmos intervêm. No site do Monde.fr, por exemplo, eles ajudam a distribuir o conteúdo de maneira dinâmica em função das notícias e do interesse manifestado pelos leitores. Um número crescente de usuários (frequentemente a maioria) ignora a página principal e entra pela porta de trás, ou pela chaminé: graças aos buscadores que enviam esses usuários diretamente para um artigo ou para um fragmento.
- Outros leitores, entre os mais assíduos, não se dão ao trabalho de entrar. Eles selecionam os fragmentos que os interessam e os recebem na forma de fluxo RSS num link virtual em que figuram ao lado de fragmentos provenientes de outros sites, eventualmente concorrentes (NetVibes.com. ou Google Reader, entre outros exemplos).
- Os leitores podem, por fim, organizar eles próprios o conteúdo, colando *tags*. Apresentadas na forma de "nuvens", essas etiquetas são uma nova forma de acessar a informação a partir de categorias criadas pelos próprios usuários e não pelos responsáveis do site. Isso resulta numa hierarquia móvel e caótica, líquida e que funciona, o que chamamos de *folksonomia*. Dar um lugar de destaque aos artigos "mais transmitidos" pelo correio é uma forma bastante clara de sugerir uma organização resultante do conjunto de leitores e não da redação. O recurso ao Digg tem um efeito semelhante.

Distribuição

Somente ela, palavra essencial na história das mídias tradicionais revela ao mesmo tempo o mecanismo e a visão do processo. É uma ilustração entre outras de um sistema que repousa sobre o *one-to-many*, em que o *one* – o centro, a mídia tradicional – distribui. A inserção do vídeo e do *podcast* no site de um jornal normalmente publicado em papel participa do mesmo procedimento. Continuamos a distribuir... outra coisa, ou a mesma coisa, mas de outra forma. Portanto, os novos tipos de produtos lançados pelas mídias tradicionais não são suficientes. Estas últimas devem agora adaptar o conteúdo que produzem para diferentes plataformas. E, fundamentalmente, é o usuário que decide (fazendo circular em lugar de distribuir).

Henry Jenkins diz claramente em sua obra *Cultura da convergência*:[11] "a circulação do conteúdo das mídias diferentes, de economias rivais e de fronteiras nacionais depende largamente da participação ativa dos consumidores. Estaremos errados em compreender a convergência como um processo essencialmente tecnológico que consiste em reunir múltiplas funções das mídias num mesmo conjunto. Ela representa, ao contrário, um deslocamento cultural que se produz quando os consumidores são encorajados a buscar novas informações e a estabelecer conexões entre conteúdos dispersos da mídia".

Relações com a audiência

A participação cidadã, de que se faz tanto caso hoje, pode sem dúvida ser concebida como uma amplificação das relações existentes, desde sua origem, entre as mídias e sua audiência. A escala, entretanto, muda. Aqueles que ontem se satisfaziam em ver um fragmento de sua carta

---

11 Henry Jenkins, *Convergence Culture: Where Old and New Media Collide*, cit.

ao diretor publicado num canto do jornal querem, hoje, poder ler o comentário ao lado de um artigo que lhes parece discutível ou do qual querem evidenciar a importância ou o valor. Vários deles desejam interpelar diretamente o jornalista, contribuir com informações de que dispõem. Ao lado dos blogs, os fóruns (que são anteriores) se multiplicam. Diversos sites publicam diretamente os elementos fornecidos pela audiência, sejam áudio, textos ou fotos. O jornalismo cidadão continua a procurar as fórmulas viáveis, mas ninguém mais pensa que os jornalistas têm o monopólio da informação.

Função do jornalista

Diante de tal número de pessoas que dispõem tanto da informação como do acesso a um "micro" (na imprensa ou no servidor) para torná-la pública (publicá-la) a um preço muito baixo, a posição do jornalista muda. Ela deve mudar. Dan Gillmor, pioneiro do jornalismo cidadão e autor de *We, the Media* [Nós, as mídias],[12] o primeiro grande livro sobre a inelutável transformação do jornalismo e das mídias, exprime isso perfeitamente: "Meus leitores juntos sabem mais do que eu. É por isso que devemos passar do jornalismo praticado como um curso universitário, do alto de uma 'cátedra', ao jornalismo compartilhado sob a forma de conversação".

Mídias e jornalistas devem aprender a exercer suas funções de forma mais humilde. Uma revolução...

[12] Dan Gillmor, *We the Media: Grassroot Journalism by the People for the People* (Sebastopol: O'Reilly, 2004).

» A revolução participativa

No coração da web atual, a participação é de fato o desafio mais sério que as mídias devem enfrentar. Ela recoloca em questão sua autoridade e seu papel social. Ela as obriga a reconsiderar as questões muito frequentemente retiradas de seu poder e dos jornalistas. Ora, ao mesmo tempo, pelo menos para uma parte da audiência, a participação torna-se uma relação essencial com a informação em razão da confluência da crise das mídias tradicionais, da evolução cultural (pós-moderna) e da multiplicação das ferramentas e das práticas próprias da web 2.0. Ela é imposta pela audiência que se mexe e encontra as ferramentas desejadas, e as mídias são obrigadas a adaptar-se.

A ex-audiência, portanto, apressou-se em criar para si novos espaços de informações e de atualidades quando percebeu que poderia fazê-lo.

O jornalismo cidadão faz parte, mas ele é só um dos polos. Melhor do que retornar sobre os exemplos mais conhecidos – o coreano OhMyNews.com e Agoravox.fr –, que são os mais entusiásticos, preferimos abordar esse aspecto com um ângulo mais aberto, das formas de participação oferecidas ao público no conjunto das mídias.[13]

Tudo começa de fato da ideia de que, ao "jornalismo cidadão" ou às "mídias cidadãs", preferimos as expressões "mídias participativas" e "jornalismo participativo". Elas têm três características comuns, definidas por Howard Rheingold num curso que ele deu[14] na Universidade de Berkeley sobre as mídias participativas (*participatory media literacy*):

---

13 É preciso assinalar também IndyMedia (indymedia.org), presente em várias partes no mundo, ou, entre milhares de outros, o exemplo ultralocal que é o Bluffton Today (blufftontoday.com).

14 Howard Rheingold, "Participatory Media Literacy", aula apresentada na Universidade de Berkeley, 1º de junho de 2007, disponível em http://www.socialtext.net/medialiteracy/index.cgi.

- Qualquer pessoa conectada pode receber e transmitir. Essa comunicação horizontal permite a difusão de informações *many-to-many* e rompe a assimetria difusor/audiência.
- Elas tiram seu valor e seu poder da participação de grande número de pessoas, o que constitui uma profunda mudança psicológica e social.
- As redes sociais reforçadas pelas redes de comunicação amplificam o fenômeno e contribuem para aumentar sua eficácia. Elas permitem a coordenação de atividades cujas dimensões econômicas e políticas devem ser levadas em conta.

Segundo Rheingold, as principais ferramentas das mídias de participação são: blogs, wikis, RSS, *tags*, *bookmarking* social, sites de compartilhamento de fotos, de vídeos ou de música, *mashups*, *podcasts*, *moblogs* e outros *vlogs*.

Num artigo publicado em 2003 pela *Online Journalism Review*,[15] J. D. Lassica, autor e jornalista, especialista em mídias sociais,[16] distingue diferentes tipos de jornalismo participativo:[17]

- Audiência participa das mídias tradicionais: um dos casos mais conhecidos atualmente é o da BBC, com sua página *Have your say*.[18] No mesmo site, uma versão mais elaborada, *Action Network*, permite às pessoas de diferentes localidades entrar em contato umas com as outras, trocar informações, participar de ações comuns.[19]

---

15 J. D. Lassica, "What is Participatory Journalism?", em *Online Journalism Review*, 7 de agosto de 2003, disponível em http://www.ojr.org/ojr/workplace/1060217106.php.

16 Sobre J. D. Lassica, ver http://www.jdlasica.com/aboutjd.html.

17 Lista das principais iniciativas de *citizen media* recenseadas por *CyberJournalist.net*, disponível em http://www.cyberjournalist.net/news/002226.php.

18 "Have your say", BBC, em http://news.bbc.co.uk/2/hi/talking_point/default.stm.

19 "Action Network", BBC, em http://www.bbc.co.uk/dna/actionnetwork/.

- Sites de informações independentes, tais como os blogs individuais e mais ainda os coletivos.
- Sites realmente participativos como AgoraVox e OhMyNews.
- Sites colaborativos como Slashdot.org e Kuro5hin.org.
- Outros tipos de *thin media*: é o caso das *newsletters* que veiculam importantes informações ou listas como *Interesting People*, de Dave Farber,[20] com 25 mil assinantes.

Uma lista não exaustiva dos modos de participação permite completar o quadro. Eles afetam a produção, a organização e a distribuição.

Documentos brutos

A fotografia tirada no metrô de Londres alguns minutos após o atentado de 7 de julho de 2005 é o exemplo mais conhecido de recorrer aos documentos visuais ou sonoros feitos por testemunhas e colocados na web.[21]

Artigos

Alguns sites tradicionais abriram-se recentemente à publicação de artigos de seus leitores. É notadamente o caso da cobertura hiperlocal que a Gannett Company (o primeiro grupo de imprensa norte-americano) tenta estruturar desde a metade de 2006 com os seus *Information Centers*.[22]

---

20 Interesting People: http://www.interesting-people.org/archives/interesting-people/.

21 Yuki Noguchi, "Camera Phones Lend Immediacy to Images of Disaster", em *Washington Post*, Washington, 8 de julho de 2005, disponível em http://www.washingtonpost.com/wp-dyn/content/article/2005/07/07/AR2005070701522.html.

22 Phil Currie, "Gannett's Information Center Plans Creating a Positive Stir in the Industry", disponível em http://www.gannett.com/go/newswatch/2006/november/nw1109-1.htm.

Comentários

Eles começaram com as cartas à redação na imprensa tradicional. On-line, a forma mais conhecida é a dos comentários que completam e criticam as notas dos blogs. LeMonde.fr os publica também ao lado dos artigos. ElPaís.com leva em consideração as sugestões corretivas (é suficiente clicar num botão para assinalá-las aos responsáveis do site).

Sondagens

Baseados nas primeiras abordagens de interatividade, numerosos sites escolheram consultar seus leitores. Não se trata de conhecer suas argumentações nem começar uma discussão, mas de colocar-lhes uma questão à qual eles respondem com "sim" ou "não". As questões são frequentemente fúteis e sem interesse. Trata-se mais de uma pseudoparticipação.

Gestão direta

É aquilo que se convencionou chamar de mídias participativas ou mídias cidadãs. Em OhMyNews e em Agoravox, temos de fato uma colaboração entre jornalistas amadores e profissionais. O essencial da informação provém do exterior, e a equipe dedica boa parte do tempo fazendo a triagem e verificando o que recebe.

Personalização

Esta forma de auto-organização é uma das primeiras modalidades oferecidas pelas mídias quando decidem se abrir. Isso permite ao usuário criar a apresentação do site como ele deseja. O *New York Times* oferece um exemplo com MyTimes.[23] É um passo tímido diante de uma

---

23 MyTimes: http://my.nytimes.com/.

audiência que se mexe muito rapidamente e que agora, como observou Tom Glocer, chefe da Reuters num artigo publicado no *Financial Times* de 7 de março de 2006, "consome, cria, partilha e publica seu próprio conteúdo on-line".[24]

Organização

Além de todas as possibilidades oferecidas pelos fluxos RSS de que já falamos, a participação dos leitores na organização do próprio site se vê diretamente na página de abertura do 20minutes.es (o equivalente espanhol de 20minutes.fr), por exemplo, onde os artigos mais lidos e mais comentados são colocados na frente.

Influência

Os web atores têm hoje a possibilidade de selecionar um artigo que acham interessante. É a base do Digg e do Reddit, para assinalar só dois entre os mais conhecidos. Muitas mídias servem-se agora desses sites para sua promoção. Colam botões permitindo "diggar" cada artigo que publicam, esperando contribuir assim para maior difusão. De forma indireta, o fato de evidenciar em diferentes sites tais como o New York Times, ElPaís ou LeMonde os artigos mais enviados, os mais lidos e/ou os mais blogados, contribui para fazer a ex-audiência participar de uma escolha tradicionalmente reservada à chefia de redação. O NewsTrust.net vai mais longe, pois permite notar a diferença de qualidade dos artigos em função de sua qualidade jornalística e não somente de sua popularidade, como vemos, por exemplo, no Digg.com ou no Reddit.com.

---

[24] Tom Glocer, "Old Media Must Embrace the Amateur", em *Financial Times*, 7 de março de 2006, disponível em http://www.ft.com/cms/s/0/e2bba176-ae0a-11da-8ffb-0000779e2340.html.

Qualquer que seja a forma de abordar o problema, pelo viés das mídias ou dos usuários cidadãos, é forçoso constatar que a participação destes revoluciona radicalmente o difícil equilíbrio político, social, cultural e financeiro, cuidadosamente estruturado ao longo de anos pelas mídias. E, no entanto... elas se abrem.

■ O ZERO GIGANTE E O JORNALISMO

"A internet é um zero gigante. Ela nos coloca à distância zero de todos os outros e de todo o resto", afirma o incomparável Doc Searls, fã da Apple, pregador do Linux e guru dos blogs.[25] Ele pode nos ajudar a compreender melhor o que se passa, especialmente no domínio das mídias de informação.

Doc Searls faz parte daqueles que dão grande importância ao *framing*, literalmente, a "moldura" dos campos de discussões e dos debates.[26]

Nessa linha, ele se recusa a ser um fornecedor de "conteúdo", noção inerte. Informar é formar.

Ele vai mais longe: "Somos os autores uns dos outros. Aquilo que chamamos autoridade é o direito que damos aos outros de serem nossos autores (*to author us*), de serem aquilo que somos. Esse direito não damos mais somente a nossos jornais, revistas, estações de televisão ou de rádio. Nós o damos a qualquer pessoa que nos ajude a aprender e a compreender o que se passa no mundo".

---

[25] Doc Searls, "Giant Zero Journalism", 6 de março de 2007, disponível em http://doc.weblogs.com/2007/03/06#giantZeroJournalism.

[26] Trata-se de uma história bastante popular, em certos meios políticos, lançada por George Lakoff, professor em Berkeley, disponível em http://www.george-lakoff.com/.

» Por que as mídias tradicionais se abrem

As mídias tradicionais abrem suas portas à participação de jornalistas amadores por pelo menos três boas razões: eles têm informações que os profissionais não têm; isso lhes permite economizar dinheiro; e as mídias procuram desenvolver relações com sua audiência. As três podem se fortalecer mutuamente.

Os jornalistas estão presentes apenas raramente no instante dos eventos. Pode ser em acidentes e atentados terroristas, por exemplo, mas também em acontecimentos locais que não querem ou não podem cobrir.

Recorrer aos amadores para cobrir a manifestação mundial contra a invasão do Iraque na primavera de 2003 ilustra o fato de que nem mesmo a BBC é capaz de cobrir sozinha um acontecimento que se realiza em tantas cidades simultaneamente. Recorrer às testemunhas locais era uma necessidade para quem queria fugir das abstrações e das generalidades. LeMonde.fr serviu-se disso no momento das manifestações contra a CPE em fevereiro de 2006.

A generalização desse tipo de contribuição é "inevitável", declarou Leon Brody durante uma conferência telefônica organizada pelo consultor Jerry Michalski[27] em 16 de abril de 2007.[28] Brody é cofundador de Nowpublic.com, site cujo conteúdo provém inteiramente de indivíduos voluntários. Ele está convencido de que, daqui a cinco anos, "será norma que pelo menos 50% das notícias que leremos, veremos ou escutaremos serão produzidas por pessoas comuns". A aposta do NowPublic é precisamente a de reunir informações fornecidas por testemunhas que

[27] Sobre Jerry Michalski, ver http://www.seedwiki.com/wiki/yi-tan/jerry_michalski.

[28] Public Journalism, *Yi-Tan*, http://www.yi-tan.com/wiki/yi-tan/public_journalism.

se encontram lá onde os jornalistas não estão ou que podem complementar aquilo que estes reuniram.

A segunda razão pela qual as mídias se abrem é que necessitam de dinheiro.

A participação de amadores no jornalismo não é de fato uma aplicação concreta do "conteúdo gerado pelos usuários". A primeira empresa a tirar conclusões suficientemente claras para, em consequência, reorganizar toda sua produção foi a Gannett. Em 2006, ela decidiu transformar seus *newsrooms*, ou salas de redação, em *infocenters* ou centros de informações. Isso implica, por um lado, produzir notícias para todas as mídias a partir do mesmo lugar e, por outro, integrar a participação dos usuários especialmente em nível local. No mesmo instante, o site do *USA Today*, como chamariz, colocou um link no alto de sua página principal para convidar os leitores que quiserem a enviar as informações que possuíssem. A Gannett aposta numa cobertura baseada no que conta mais para as pessoas: a vida ao redor, seja do bairro ou mesmo o que a maioria dos jornais cobre insatisfatoriamente.

Após ter realizado projetos piloto em onze cidades, a Gannett chegou à conclusão de que a cobertura hiperlocal é essencial e a participação dos leitores, indispensável: "Publicar na web as notícias à medida que chegam e atualizá-las pelo jornal atrai mais pessoas para essas duas mídias".[29] "Solicitar a ajuda para a comunidade integra o mecanismo e distribui os jornais para o coração das conversas da comunidade." É, além disso, um excelente modelo econômico: "o simples fato de apelar

[29] Memorando interno do CEO da Gannett enviado em 4 de novembro de 2006, disponível em http://crowdsourcing.typepad.com/cs/2006/11/memo_from_craig.html. O alcance disso é explicado em artigo de Jeff Howe, especialista do *crowdsourcing*, "Gannett: the Seven Desks", em *Wired*, 3 de novembro de 2006, disponível em http://crowdsourcing.typepad.com/cs/2006/11/gannett_the_sev.html.

para mais leitores e para leitores diferentes ajuda a atrair mais anúncios publicitários e anunciantes diferentes".[30]

Por fim, as mídias se abrem por necessitarem de audiência.

As boas relações com a audiência fazem parte do bê-á-bá das mídias comerciais, mas trata-se somente, e isto já é muita coisa, de servir bem. Fazê-la participar é outro assunto, e não ocorre sem um pouco de ambiguidade. Tem a ver inicialmente com o fato de que ninguém pode provar que isso corresponda aos desejos da audiência. O tom dos debates sobre alguns blogs em que os comentários são abertos mostra, entre outras coisas, que toda atitude traz reações e que tanto uma como a outra podem tornar-se violentas, ao menos verbalmente.

Melhor do que retomar aqui o argumento geral em favor da participação que se encontra mais ou menos presente em cada página deste livro, propomos uma pequena visita ao sul do Brasil. A experiência é tanto mais interessante por se realizar ao mesmo tempo na web e no papel.

ZERO HORA

Principal jornal diário do estado do Rio Grande do Sul, na fronteira com o Uruguai, *Zero Hora* dá lugar de destaque a seus leitores. Eles são convidados todos os dias a sugerir temas para artigos e a participar com textos e fotos. Todos os e-mails e todas as ligações telefônicas recebem uma resposta. A página 2 dedica-se a isso, bem como a maioria das seções analisadas individualmente. Em 2006, *Zero Hora* publicou mais de 5 mil cartas de leitores e respondeu a mais de 10 mil chamadas, das quais um quarto era de sugestões. Os conselhos dos leitores funcionam para o conjunto do jornal e para 18 das 23 seções.

---

30 Ver explicações apresentadas por Bruno Giussani em seu blog Lunch over IP, "Gannet: Turning Newsrooms into 'Infocenters'", disponível em http://www.lunchoverip.com/2006/11/gannett_turning.html.

Eles se reúnem a cada quinze dias ou todos os meses com o responsável.

Essa participação contribui largamente para que as vendas de *Zero Hora* não baixem e para que não deixe de crescer na classificação dos jornais diários brasileiros.

Observador prudente, o professor Juremir Machado da Silva estima, entretanto, que a influência dos leitores é circunscrita ao acessório. "Eles os deixam fazer sugestões de artigos sobre os acontecimentos da vida cotidiana, mas não lhes permitem sugerir artigos que os afastariam da linha do jornal",[31] nos declarou durante uma conversa pelo Skype. Eis o que ilustra claramente os limites clássicos da participação.

Num esquete gravado por ele mesmo e em que sua cabeça aparece simultaneamente em quatro janelas com bonés diferentes, o humorista norte-americano Phil Shapiro faz uma ilustração irônica, mas convincente, da adoção das mídias de participação para os jornais mais conhecidos. Os responsáveis de dois dos maiores jornais do país (ou melhor, sua representação pelo próprio Shapiro) rivalizam pela audácia. Um decidiu aumentar o tamanho das letras da data após uma consulta a numerosos *focus group*, seis meses de estudos e um investimento de 150 mil dólares. Muito mais engajado, o outro decidiu, sempre conforme Phil Shapiro, publicar todo dia cinco, e não mais quatro, cartas de leitores. Uma forma "de aumentar largamente a participação do público".[32] O efeito é tanto mais surpreendente visto o alcance ridículo das medidas anunciadas; é necessário acrescentar o fato de que é a mesma cabeça (que representa os responsáveis pelas mídias rivais) que anuncia essas decisões para nós.

---

[31] Conversa com os autores em 16 de fevereiro de 2007.

[32] Phil Shapiro, YouTube Panel Talks, disponível em http://www.youtube.com/watch?v=GHVbxsbECCM.

As grandes mídias sabem, por outro lado, enaltecer os leitores quando se trata de vender. Em algumas semanas, na passagem de 2006 para 2007, a *Time Magazine* afirmou "*YOU are the person of the year*", a *Newsweek* colocou "*Putting the We in the Web*" e a *Business Week* celebrou "*The Power of US*". Pena que o interesse delas pela participação dos leitores e usuários seja tão tímido na prática (e mais ainda fora dos Estados Unidos).

É muito pelo ressentimento diante dessa lentidão institucional que certos membros da ex-audiência decidem criar sites propriamente "cidadãos", sites de informações que repousam inteiramente na participação de todos aqueles que o querem. Um grupo mais bem formado do que Andrew Keen (perseguidor dos amadores como vimos) não quer admitir.

Os *pro-ams*: os atores da mudança

A colaboração entre amadores e profissionais está claramente na base dos projetos OhMyNews, Agoravox, IndyMedia e NewAssignment.net de que falamos no capítulo dedicado aos web atores. A informação chega de todas as partes. Ela é geralmente selecionada por pessoas que têm experiência em jornalismo – profissionais ou amadores que, de tão experientes na área, mesmo sem diploma nem registro, quase não se diferenciam dos profissionais reconhecidos como tais.

O erro que nos impede de ver claramente nesse movimento essencial está, sem dúvida, na base da identidade dos jornalistas, sua identidade oficial. Isso coloca o problema em termos de exclusão: somos ou não somos jornalistas. E não permite avançar pela simples razão de que alguns atos jornalísticos são realizados todos os dias por pessoas não formadas.

O primeiro nível é o da pessoa que teve o reflexo de utilizar o celular para tirar uma fotografia no metrô de Londres alguns minutos depois do atentado de 7 de julho de 2005 e, em seguida, colocá-la em circulação. Isso não faz dela um jornalista, mas seu gesto contribuiu para nos informar.

Mais importantes ainda são os blogueiros, por exemplo, que se dedicam, dessa vez de forma sistemática, a nos informar. Tal era o caso de Josh Wolf, vlogueiro de São Francisco que passou mais de sete meses na cadeia por ter-se recusado a fornecer à polícia as imagens de uma manifestação anarquista durante a qual uma viatura policial havia sido queimada.[33] As autoridades federais recusaram-se a considerá-lo jornalista, uma vez que não trabalhava para uma publicação conhecida. Em sua saída da cadeia, depois de um acordo amigável, Wolf declarou: "A missão de um jornalista é apresentar a verdade ao público. Eu fui para essa manifestação para fornecer informações e a verdade a ele".[34]

Outra forma de tratar do problema é inscrevê-lo numa abordagem mais ampla do ecossistema das mídias. Isso deveria, logicamente, levar-nos a recolocar em causa aquilo que entendemos por *news* (notícias ou informações da atualidade). Em vez de nos focalizarmos exclusivamente no conteúdo, devemos, talvez, aprender a dar mais espaço às discussões que o noticiário suscita, ou seja, a devolver-lhe sua função social.

O verdadeiro desafio provém da recolocação em questão dos poderes estabelecidos. Os jornalistas não têm mais o monopólio dos fatos. Perderam a exclusividade da análise depois que todos podemos ter a possibilidade de entrar em cena como blogueiros e atrair o mundo e o espaço publicitário ligado às *news*. Temos frequentemente a tendência de esquecer que, por seu conselho de administração (em particular

---

33 Bob Egelko, "Journalist Jailed for Refusing to Give up Tapes of Protest", em *San Francisco Chronicle*, São Francisco, 1º de agosto de 2006, disponível em http://www.sfgate.com/cgi-bin/article.cgi?f=/c/a/2006/08/01/MNGVQK97AK4.DTL.

34 Bob Egelko & Jim Herron Zamora, "Blogger Freed After Giving Video to Feds", em *San Francisco Chronicle*, São Francisco, 4 de abril de 2007, disponível em http://www.sfgate.com/cgi-bin/article.cgi?f=/c/a/2007/04/04/WOLF.TMP.

aqueles que dependem de Wall Street), a função principal das mídias de informação é reunir um público interessado ao qual os anunciantes podem submeter sua publicidade.

A lógica impulsionando para uma colaboração crescente é implacável pela boa razão de que, além de suas vantagens econômicas, tais como as recebidas pelo *USA Today*, ela permite produzir melhores informações. Tom Glocer, chefe da Reuters, explicou muito bem isso no artigo do *Financial Times* de 7 de março de 2006: "Em matéria de *news*, a combinação do conteúdo profissional e 'amador' cria um produto melhor. Ela relata a história mais profundamente",[35] como demonstram os testemunhos amadores das primeiras horas depois do *tsunami* de 2004, reforçados em seguida pelo trabalho dos profissionais mostrando a extensão do desastre. "A cooperação de profissionais e amadores permite contar a história em outro nível: o horror do choque da onda e suas trágicas consequências."

Mas talvez não tenhamos razão ao opor profissionais e amadores. Assistimos de fato ao crescimento de uma nova categoria de atores (na web e fora dela), os "*pro-ams*", que os autores britânicos Charles Leadbeater e Paul Miller definem como "pessoas que realizam suas atividades de amadores com o cuidado dos profissionais. [...] O século XX viu o crescimento dos profissionais na medicina, nas ciências, na educação e na política. Numa disciplina após outra, os amadores e suas organizações oscilantes foram marginalizados por pessoas que sabiam o que faziam e tinham diplomas para exercê-lo. A revolução dos *pro-ams* demonstra que essa tendência histórica está perto de inverter-se".[36] Mas, cuidado, Miller e Leadbeater evitam pregar a ditadura dos amadores. Eles vis-

---

[35] Tom Glocer, "Old Media Must Embrace the Amateur", cit.

[36] Charles Leadbeater & Paul Miller, *The Pro-Am Revolution: How Enthusiasts Are Changing our Economy and Society* (Londres: Demos, 2004), disponível no formato PDF em http://www.demos.co.uk/publications/proameconomy/.

lumbram mais soluções mistas que nos obrigarão a repensar nossas categorias anteriores.

O futuro reticular (em redes) do jornalismo e das mídias

Estará o jornalismo condenado como querem nos fazer acreditar? Longe disso.

Jeff Jarvis e Rich Gordon, dois blogueiros e professores de jornalismo, esforçam-se, eles também, para ultrapassar o bloqueio habitual, passando para a noção de jornalismo e de mídias reticulares.

Jeff Jarvis, professor da Faculdade de Jornalismo da Universidade da Cidade de Nova York, opõe o "jornalismo em rede" (*networked journalism*) ao "jornalismo cidadão". Os defeitos desta última fórmula são conhecidos: ela implica que o ator defina a ação, quando todos podem realizá-la; ela divide os que praticam o jornalismo em dois grupos; deixa entender que os jornalistas não agem, em sua função, como cidadãos.

Daí a proposição de Jarvis, definida da seguinte forma: "O jornalismo em rede leva em conta a natureza colaborativa do jornalismo de hoje: profissionais e amadores trabalhando juntos para publicar o melhor artigo, estabelecendo elos mútuos para além das marcas e dos limites de outrora, para compartilhar os fatos, as questões, as respostas, as ideias e as perspectivas. Ele reconhece a natureza complexa das relações que farão os noticiários. E se concentra mais no processo do que no produto".[37]

Algo muito semelhante faz Jay Rosen com seu NewAssignment.net, como vimos no capítulo sobre *crowdsourcing*.

---

[37] Jeff Jarvis, "Networked Journalism", disponível em http://www.buzzmachine.com/2006/07/05/networked-journalism/.

Isso implica algumas mudanças de fundo na prática do jornalismo tradicional, mas, como desejaria Jarvis, talvez um dia seja possível que "os jornalistas compreendam que são menos fabricantes de fatos do que moderadores das conversas que dirigem".

Rich Gordon, professor na Universidade de Northwestern, sugere que as mídias tradicionais erram na estratégia on-line. Todos os esforços parecem orientados, diz ele, para fazer da própria web um destino, como haviam concebido o próprio jornal, sua revista, sua cadeia ou sua estação. Eles fariam bem melhor se concebessem a própria oferta como uma plataforma reticular.[38] Sendo o objetivo, segundo ele, "conectar conteúdos e conversas", o que produzem os jornalistas e o que falam às pessoas.

Para isso é necessário transformar o site em *hub* ou centro, naquilo que, na teoria das redes, é um *node* de onde parte ou aonde chega grande número de links.

Um espaço assim "atrairia os usuários de muitos sites, seguraria alguns deles por algum tempo oferecendo-lhes links contextuais, dirigindo-os para materiais de valor situados em outros pontos e capitalizaria as conversas que têm lugar na web, sejam blogs, fóruns ou comentários colocados on-line pelos usuários". Seria necessário, para tanto, que as mídias multiplicassem os links para o exterior, em particular para os blogs, encorajando as conversas em volta de seu próprio conteúdo e construindo redes sociais próprias nas novas relações com os usuários.

---

38 Rich Gordon, "Build a Network, not a Destination", *Readership Institute*, Evanston, 17 de abril de 2007, disponível em http://www.readership.org/blog2/2007/04/build-network-not-destination.html.

» Sigamos a ex-audiência

O caminho que seguimos neste capítulo parte daquilo que vive a ex-audiência para ver como reagem (ou deveriam reagir) as mídias. Isso é maravilhosamente esboçado no livro de Henry Jenkins, *Cultura da convergência*, em que ele começa com a forma como os fãs (a sua especialidade) se apropriam de certos filmes ou programas de televisão para mostrar como muda a relação entre as antigas e as novas mídias. Seus exemplos são *Survivor*, *American Idol*, *The Matrix*, *Star Wars*, *Harry Potter* e a utilização do programa Photoshop na cultura popular.

A convergência é, em parte, feita pelas grandes corporações que procuram, assim, maximizar a rentabilidade de sua produção, constata Jenkins. Mas "ela também ocorre quando as pessoas assumem as mídias nas mãos".[39]

Disso resulta que a convergência que o interessa é "ao mesmo tempo um processo *top-down* animado pelas corporações e um processo *bottom-up* animado pelos consumidores".[40]

Jenkins presta muita atenção e permanece comedido. O movimento, insiste ele várias vezes, vem tanto do alto como de baixo. É difícil contestar. Mas nos parece que a verdadeira dinâmica, o motor que explica a aceleração constatada, provém dos consumidores que se apropriam das ferramentas colocadas à disposição para revolucionar o panorama e forçar as empresas de mídia a reagir, a adaptar-se. Alguns autores os qualificam de "*prosumers*" (produtores e consumidores [*consumer* em inglês]), com a mesma lógica que nos levou à palavra "web atores".

Debruçando-se sobre a "paisagem midiática", em outro texto que dedicou ao ensinamento, Jenkins define que "nossa atenção não deve-

---

[39] Henry Jenkins, *Convergence Culture*, cit.
[40] *Ibidem.*

ria voltar-se para as tecnologias emergentes, mas para as práticas culturais emergentes. Mais do que fazer a lista das ferramentas, devemos compreender a lógica subjacente que cria este momento das mídias em transição".[41]

O estudo de Jenkins é surpreendente e convincente, a não ser pela escolha do termo "convergência". A posse do conteúdo pelos usuários pelo simples fato da participação deles, à qual Jenkins dá grande importância, implica tanto divergências como convergências. Trata-se tanto de atrair como de redistribuir. De fato, a importância do compartilhamento (e seu papel no futuro da web como demonstra a fulgurante penetração do Facebook) mostra que à cultura da mixagem (movimento relativamente centrípeto) junta-se a da redistribuição (movimento centrífugo). A verdadeira prática da ex-audiência é uma prática de "transvergência" feita de mixagem e de redistribuições.

Quando não ignoram isso, as mídias têm excessiva tendência a continuar arrastando aquilo que haviam tomado o hábito confortável de considerar sua "audiência", da qual têm uma versão simplificada. Talvez tenha chegado o momento de considerá-la uma "ex-audiência" e de procurar uma nova relação mais equilibrada com ela.

---

41 Henry Jenkins, "Eight Traits of the New Media Landscape", 6 de novembro de 2006, disponível em http://www.henryjenkins.org/2006/11/eight_traits_of_the_new_media.html.

9. a web de amanhã

Por mais importantes e surpreendentes que possam parecer as revoluções surgidas na web ao longo dos últimos anos, elas só constituem o início, e sua continuação é difícil de imaginar... mas não impossível. A dificuldade consiste agora em antecipar o que pode mudar nesse universo móvel no qual já temos dificuldades para nos inserir.

Alguns elementos já são aparentes. Para melhor compreender seu impacto no futuro, talvez o mais simples seja sintetizar o caminho percorrido ao longo destas páginas.

Na origem das mutações que marcaram o surgimento da web de hoje, os web atores não se contentam em surfar nela, mas participam, modificam os dados e publicam textos, sons e imagens on-line. Conectados em redes com suas diferenças e contradições, eles enriquecem a web com criações próprias (Introdução).

O entusiasmo dos mais jovens pelas redes sociais abre a porta para novas utilizações (capítulo 1). Eles tendem a mostrar mais inventividade no uso das tecnologias. A sua chegada progressiva ao mercado de trabalho obriga as instituições tradicionais a adaptar-se às perturbações que teriam preferido evitar.

A abordagem que consiste em observar os comportamentos é essencial para apreender a inexorabilidade das mudanças. Em razão de os usuários mudarem e modificarem suas práticas cotidianas, a lenta mecânica institucional acaba por se deixar levar pela dinâmica relacional em operação na web e no mundo físico (capítulo 2). As duas lógicas se chocam, o que explica os avanços por trancos e, em parte, por confrontos.

Em tal contexto, as tecnologias facilitam o estabelecimento de relações e são mais fáceis de adotar por se tornarem mais discretas (capítulo 3). A apropriação das ferramentas da web está ao alcance de muitos; estas funcionam como uma plataforma performática sem que seja necessário dominar o funcionamento íntimo.

Os web atores são hoje centenas de milhões. Essa massa considerável cria suficiente conteúdo para fazer emergir novas propriedades (capítulo 4). A dificuldade consiste em qualificá-las. Fórmulas ambiciosas, como "sabedoria das multidões" e "inteligência coletiva", procuram designar os mecanismos que estão ativos. Elas abrem caminho para uma profunda transformação de nossa abordagem do conhecimento e nos permitem passar do "saber" ao "compreender".

Os resultados são tão surpreendentes que alguns glorificadores de mundos sempre novos evocam processos mágicos. Felizmente os censores estão ali para evidenciar os limites e os perigos desses processos de que nascem raras pepitas de ouro no meio de muito refugo. As duas abordagens são válidas. Reconhecê-las sugere que as multidões conectadas entre si, ao mesmo tempo ativas e participantes, produzem resultados suficientemente positivos para justificar sua participação e suficientemente aleatórios para que seja necessário permanecer vigilantes (capítulo 5). Daí a noção de "alquimia das multidões".

A dinâmica em questão não tem sentido nem interesse a não ser na medida em que opera no real. No domínio da economia, por exemplo, a oferta torna-se praticamente infinita e permite, assim, passar para uma era de abundância e de diversidade (capitulo 6). Sempre mais implicados na produção, os web atores tornam-se coprodutores. O impacto sobre os modelos de negócios das empresas fica difícil de avaliar, mas a dinâmica em ação indica que nos dirigimos para uma economia também relacional.

Estimulada por funcionários desejosos de utilizar as ferramentas da web para melhorar a colaboração e por clientes que se convidam para a coprodução, a empresa é levada a abrir suas janelas (capítulo 7). No interior, a mecânica institucional das tomadas de decisões e dos processos produtivos é revolucionada. Um número crescente de tarefas é realizado "nas nuvens", com todos os perigos que isso pode apresentar, especialmente em matéria de segurança. É assim que cada vez mais analistas se veem constrangidos a falar da "empresa líquida", que, para se desenvolver, deve mover-se de forma flexível e ágil no fluxo de informações e acompanhar os web atores em suas necessidades e expectativas. Nada mais é fixo.

Particularmente barulhentas, as mídias estão interessadas, em primeiro lugar, no surgimento dos web atores produtores, distribuidores e difusores de informações e de conhecimentos (capítulo 8). Doravante autores, os web atores encontram nas tecnologias as ferramentas que necessitam para recolocar em questão certas formas de autoridade.

» E agora?

Sempre arriscada, qualquer previsão sobre o futuro da web seria muito mais audaciosa, pois o contexto está mais complexo. Olhar para trás, por outro lado, pode ajudar a descobrir as articulações-chave. Os elementos mais marcantes de 2007 – um site, uma expressão bizarra e um objeto – podem nos servir de guias.

O site chama-se Facebook. Ali tecemos e entretemos relações sociais mais ou menos superficiais, mais ou menos constrangedoras. O potencial é enorme, em particular se os responsáveis da empresa chegarem a encontrar um modelo econômico rentável para eles e aceitável para os usuários.

A expressão bizarra é "*giant global graph*" (grafo global gigante). Ela foi proposta por *sir* Berners-Lee para substituir a "*world wide web*", que ele mesmo havia inventado em 1989-1990. Ela indica que a própria estrutura daquilo que é importante nas redes de comunicações está para mudar. As "páginas" contam menos hoje do que a forma como dão conta de nossas ações. Para tanto, devem tornar-se compreensíveis para os computadores. É aquilo que chamamos de web semântica, que alguns colocam no coração da web 3.0.

O objeto, certamente, é o iPhone, coqueluche das multidões... abastadas. Ligando computador, telefone, web e tocador de áudio, ele acrescenta uma nova dimensão à mobilidade.

O ano de 2008 marca a entrada numa época de "pós-rompimento" da web 2.0, segundo o gabinete de estudos IDC.[1] Os elementos mais perturbadores estão aí e largamente disseminados. As grandes mudanças tecnológicas e sociais já ocorreram. Resta-nos digerir o processo. Puxado pelo esfriamento da economia norte-americana, o reequilíbrio indispensável não deveria tardar. O que nos reserva o amanhã?

» Redes sociais

Pontos de passagem obrigatórios, os buscadores poderiam perder a atração em favor dos sites de redes sociais. O Google ainda domina, mas

---

1 "IDC Sees 'Post-Disruption' Marketplace Taking Hold in 2008", 6 de dezembro de 2007, em http://idc.com/getdoc.jsp?containerId=prUS20983407.

vai sofrer diante da ameaça do Facebook. Mark Zuckerberg, o fundador, nasceu depois da chegada da internet e tinha nove anos quando Marc Andreessen lançou o primeiro navegador visual Mosaic, que criou a web. "Mark Zuckerberg pensa diferente", evidencia a famosa analista Mary Meeker, de Morgan Stanley, "e acreditamos que é uma coisa boa",[2] uma fonte potencial de inovações.

O garoto – 24 anos em 2008 – não tem falta de ambições nem de método. Seu conceito-alvo é o "grafo social" (*social graph*), que ele define: "É o conjunto de relações de todas as pessoas do mundo. Existe só um e inclui todos nós. Ninguém o possui. Tentamos modelá-lo, representar exatamente o mundo real ao desenhar o grafo".[3]

Os usuários arriscam fatigar-se com a multiplicidade de ofertas incompatíveis e centralizadas, como no MySpace ou no Facebook. Deveríamos ver uma demanda de redes sociais distribuídas do tipo Ning.com e de sistemas que permitam navegar de um para outro como propõe o MyLife-Brand.com. O OpenSocial[4] lançou a iniciativa do Google em 1º de novembro de 2007, propondo adotar, pelos principais personagens, padrões que permitam a "portabilidade dos dados" de uma rede a outra.

"O mercado já decidiu que haverá uma cauda longa de redes sociais e que as pessoas pertencerão a mais de uma. Desde que vocês participem em mais de uma, a interação é essencial", estima Anil Dash do SixApart, que adere ao OpenSocial ao lado do MySpace, do LinkedIn e de muitos outros.[5]

---

2 Intervenção de Mary Meeker no auge da web 2.0 em novembro de 2007. Ver artigo de Richard MacManus, "Web 2.0 Summit 2007: Mary Meeker and Internet Trends", em *ReadWriteWeb*, 18 de outubro de 2007, disponível em http://www.readwriteweb.com/archives/mary_meeker_web_20_summit_2007.php.

3 Entrevista com Michael Arrington sobre TechCrunch40 em 24 de setembro de 2007, disponível em http://www.techcrunch.com/2007/09/24/chat-with-mark-zuckerberg-at-techcrunch40-the-video/.

4 OpenSocial: http://opensocial.net/.

5 Anil Dash, "Blackbird, Rainman, Facebook and the Watery Web", disponível em http://www.dashes.com/anil/2007/10/rainman-blackbird-facebookand-the-new-tables.html.

» *giant global graph* (grafo global gigante)

A importância do grafo social introduzido na moda pelo Facebook é tal que Tim Merners-Lee sugere que estamos em via de passar do *world wide web*, termo que ele inventou, para o *giant global graph*, o "grafo global gigante" ou GGG.[6] No início, a internet interligava os computadores entre si. A web permite interligar os documentos.

Estamos na terceira etapa e nos damos conta que "não são os documentos que contam, mas sim o que eles contêm". "*Obvious, really*", escreve o inventor da web. "Não são os sites de *networking* social que são interessantes – é o próprio *social networking*. A forma como estou conectado, não como as minhas páginas são conectadas. Podemos utilizar a palavra 'grafo' agora para distingui-la de web."[7] O objetivo é exprimir essas relações independentemente dos documentos para que elas possam ser reutilizadas por todos os sites interessados.

"Pensar em termos de grafo em vez de web", escreve ele, "é essencial se queremos tirar o melhor partido possível da web móvel, da plêiade de aparelhos diferentes que nos permitem acessar o sistema". Quando reservamos um lugar num avião, é o voo em questão que nos interessa, não a página sobre a qual se encontra o voo, nem a da companhia aérea. Mergulhamos em direção de informações cada vez mais finas, sempre situadas numa rede de relações.

Talvez o GGG consista nas conexões entre informações detalhadas. A dinâmica relacional pode, assim, funcionar de forma ainda mais precisa. À diferença de Zuckerberg, Berners-Lee não acha que o grafo social seja aquele das nossas relações. Ele o vê mais como o de nossas ações, o que

---

6 Tim Berners-Lee, "Giant Global Graph", 21 de novembro de 2007, em http://dig.csail.mit.edu/breadcrumbs/node/215.

7 *Ibidem.*

lhe permite estabelecer uma ligação com a web semântica, da qual é o promotor mais conhecido. Dizendo de outra forma, a nossa "amizade" com tal ou qual pessoa é menos importante do que aquilo que fazemos concretamente juntos e aquilo que intercambiamos...

Complicada demais para seduzir, a proposição suscitou inúmeros debates. Uma das contribuições mais notáveis é a de Nova Spivack, fundador de uma das primeiras aplicações sobre a web semântica, Twine.com. A propriedade semântica consiste simplesmente em acrescentar uma camada superficial de dados para que as máquinas, e não só os humanos, possam tratá-los. Spivack é adepto do "grafo semântico", muito mais fácil de ser reutilizado em múltiplos aplicativos, porque "é um grafo que carrega o seu próprio sentido com ele".[8] Um grafo, lembremos, é a representação de um conjunto de links entre os *nodes*.

O grafo concebido por Berners-Lee é uma camada de abstração suplementar que permite representar os links entre indivíduos mensurados através de suas interações on-line. O grafo semântico acrescenta metadados que permitem às maquinas ler as interações em questão. É importante para os usuários que essa camada de abstração seja comum a todos os sistemas, na ausência da qual, só teríamos acesso a fragmentos de nossas relações sociais.

Colocando o foco sobre as conexões em nível granular mais do que no conjunto, Berners-Lee convida a uma abordagem menos totalizante que o *social graph* de todas as relações humanas tal como entende Zuckerberg.

---

8 Nova Spivack, "Defining the Semantic Graph. What is it Really?", 23 de novembro de 2007, disponível em http://novaspivack.typepad.com/nova_spivacks_weblog/2007/11/defining-the-se.html.

» Web 3.0?

Não é realmente necessária muita imaginação para perceber que a próxima etapa da web será chamada de "web 3.0". Grande número de pessoas pensou nisso enquanto ela não chega, e todos os nomes de domínios foram adquiridos. Com a web 2.0, Tim O'Reilly realizou uma bela operação no instante em que se tratou de mostrar que, longe de estar morta, a internet estava bem de saúde e até mesmo mudava de pele. É muito pouco provável que a próxima etapa seja batizada com um nome que não denote um mínimo de ruptura.

Mas a fórmula é cômoda. As pessoas compreendem instantaneamente que se trata da web de amanhã, e as conversas se fixam na definição, sem dúvida na esperança de fincar ali uma bandeira vencedora e proprietária.

Jason Calacanis, blogueiro e empresário, definiu "oficialmente" a web 3.0, em 3 de outubro de 2007, como "a criação do conteúdo de grande qualidade e de serviços produzidos por indivíduos talentosos utilizando a tecnologia da web 2.0 como plataforma".[9] Exemplo: "Uma versão do Digg em que os especialistas verificariam a validade das afirmações e retificariam os títulos para que fiquem mais precisos seria a versão web 3.0".

Não de acordo, objeta Tim O'Reilly, chefe, protetor e proprietário da "web 2.0", num comentário sobre essa nota:[10] o conteúdo revisado por outros... é o que acontece depois de publicado. Ele também não está de acordo com aqueles que se satisfazem em dizer que "a web 3.0 é a web semântica". Esta aparecerá com "a ruptura do paradigma teclado/tela e o

---

9 Jason Calacanis, "Web 3.0, the 'Official Definition'", 3 de outubro de 2007, disponível em http://www.calacanis.com/2007/10/03/web-3-0-the-official-definition/.

10 *Ibidem.*

mundo em que a inteligência coletiva emerge vinda não de pessoas em via de digitar num teclado, mas da realização de nossas atividades por instrumentos".

Nova Spivack, chefe da Radar Network e um dos coautores da definição de "web 3.0" na Wikipedia,[11] interveio, por sua vez, com uma definição surpreendente: a web 3.0 "é a terceira década da web (2010-2020)".[12] Uma lógica em que a web 4.0 seria a quarta.

Ele define: "Visto que a web 3.0 não é sinônimo da web semântica (haverá muitas outras mudanças tecnológicas importantes durante esse período), ela será largamente caracterizada pela semântica em geral". Quer dizer, pela capacidade conferida aos computadores de "compreender" os documentos e as ações que eles exercem.

■ A WEB 3.0 SEGUNDO TIM O'REILLY

Durante uma entrevista realizada em novembro de 2006 em Sebastopol, ao norte de São Francisco, onde fica a sede da sua empresa, Tim O'Reilly nos confiou a sua visão dos elementos que, segundo ele, constituirão a web 3.0.

A PARTIR DE QUANDO O SENHOR CONSIDERA QUE PODEREMOS FALAR DE "WEB 3.0"?

Tenho de fato dois ou três cenários plausíveis diante dos quais eu diria: "sim, é suficientemente diferente para que eu a chame web 3.0".

O primeiro repousa mais sobre um novo tipo de inteligência artificial (IA) que emerge com toda essa ideia de tirar partido da inteligência coletiva (*harnessing collective intelligence*) que caracteriza a web 2.0. É quase como a velha piada de Pogo, o per-

---

[11] Ver definição de web 3.0 na Wikipedia, http://en.wikipedia.org/wiki/Web_3.0.

[12] Nova Spivack, "Web 3.0. The Best Official Definition Imaginable", 4 de outubro de 2007, disponível em http://novaspivack.typepad.com/nova_spivacks_weblog/2007/10/web-30----the-a.html.

sonagem de quadrinhos com o mesmo nome: "Nós encontramos a IA e somos nós".[13]

O fato é que o Google é inteligente porque nós contribuímos para isso. É o gênio do *pagerank*. Não se trata somente de um algoritmo que estuda o documento. Ele estuda a conduta das pessoas por meio dos links. No Digg.com, no qual os artigos são promovidos pela votação das pessoas, somos explicitamente postos a trabalhar como componentes de um programa.

Quanto à web 3.0, existem duas histórias que indicam pontos de inflexão (*tipping points*). O primeiro concerne à tradução do Google. Eles ganharam uma competição de tradução automática do chinês para o inglês e do árabe para o inglês, organizada pela Darpa (Defense Advanced Research Projects Agency), a agência de pesquisa do Pentágono. Ora, nenhum especialista de chinês ou de árabe trabalha nesse projeto. Eles nem mesmo têm novos algoritmos. Simplesmente têm mais dados. Aquilo que não funciona quando as bases de dados têm milhões de palavras funciona muito bem quando elas têm bilhões.

A outra história me foi contada por Jeff Jonas, fundador da Systems Research & Development, uma empresa de Las Vegas adquirida pela IBM. Ele começou nos cassinos tentando reconhecer as pessoas com um *software* capaz de dizer algo do tipo: "Vocês sabem que o fulano que está ganhando na mesa 4 tinha o mesmo endereço, há três anos, que o beltrano que distribui as cartas daquela mesa?". Eles têm agora um contrato com o departamento de segurança interna. A dimensão política tem por que se assustar, mas a tecnologia é realmente boa. Eles construíram uma base de dados com 3 milhões de norte-americanos e 670 milhões de elementos de informações. Quando encontram um nome como Tim O'Reilly e um T. O'Reilly, não sabem se se trata da mesma pessoa. Eles apenas juntam os dados.

Quando as reunimos, essas duas histórias dizem que existem pontos de inflexão na escala de dados aos quais estamos em via de chegar e que, a partir de certa escala, chega-se a novos

---

13 Ver definição de Pogo na Wikipedia, http://en.wikipedia.org/wiki/Pogo.

comportamentos. Se juntarmos a isso a noção de inteligência artificial, chegamos a um nível em que poderemos ter surpresas. É um dos cenários possíveis da web 3.0.

Que gênero de perspectivas isso nos abre?

Trata-se, sem dúvida, de alguma coisa rica e estranha. Por exemplo, o fato de que a informação chegará cada vez mais de *sensors* [detectores, tateadores]. O teclado é um deles, evidentemente, mas vamos gerar quantidades enormes de informações por meio de outros detectores. As empresas encontrarão um meio de tirar partido, o que poderia conduzir para um tipo radicalmente novo de aplicações e de estruturas de poder. Tomemos por exemplo o caso das companhias de seguros sediadas na Grã Bretanha. As apólices são tradicionalmente calculadas em função do lugar onde se vive. Agora, graças a câmeras e aos *sensors*, elas sabem que você dirige – em alta velocidade – no centro de Londres. Pouco importa onde more. Elas vão fazê-lo pagar mais.

[Numa nota posterior de agosto de 2007, O'Reilly fala da "revolução dos detectores":[14] "Encontram-se cada vez mais sensores de diferentes tipos que permitem construir aparelhos que respondem inteligentemente a uma gama maior de estímulos exteriores. (...) Um novo tipo de interface utilizada, compreendendo detectores, nos interessa particularmente (pensem no Wii da Nintendo, por exemplo). Ao qual é necessário juntar a multiplicação dos sensores conectados em rede, que vão reunir o universo de inteligência implantada e o da inteligência coletiva que chamamos web 2.0".]

[A terceira dimensão, continua ele durante a entrevista em Sebastopol, é a confluência dos jogos on-line, dos mundos virtuais e da fabricação.] Esta tem o ar um pouco forçado, mas... eu gosto de citar esta frase maravilhosa de William Gibson: "o futuro já está ali, mas ainda não está distribuído equitativamente".[15]

---

14 A ideia já tinha sido lançada por Paul Saffo, em 1997, num ensaio intitulado "Sensors: the Next Wave of Infotech Innovation", disponível em http://www.saffo.com/essays/sensors.php.

15 Autor de romances de ficção científica do gênero *cyberpunk* (enfoque em alta tecnologia e baixo nível de vida), entre os quais o mais conhecido é *Neuromancer*.

Somados esses três elementos vão dar alguma coisa muito diferente.

É suficiente, por exemplo, ver a utilização que as pessoas fazem do Google Earth e o que elas representam no Second Life ou no World of Warcraft, depois de estabelecer uma ligação com toda a revolução "FAB" [o fato de poder fabricar objetos com o próprio computador a partir de dados numéricos transmitidos e modificados on-line].[16]

Creio que vamos entrar num mundo de fabricação pessoal nos próximos cinco ou dez anos. Veremos também a versão 3D do MySpace. Não se tratará mais somente de jogos, mas de espaços. Second Life: "é ainda pequeno, mas é um conceito muito poderoso".

[Numa nota de outubro de 2007 sobre o assunto, Tim O'Reilly retoma parte de suas considerações sobre a web 3.0. Ele insiste na noção de descontinuidade, a única que justifica que necessitamos de outro termo para falar de outra realidade.]

Algo está cozinhando lentamente. É evidente. Mas não o qualificaremos de web 3.0. É cada vez mais verossímil que isto será muito mais amplo e mais onipresente do que a web, à medida que a tecnologia móvel, os *sensors*, o reconhecimento da voz e outras novidades tecnológicas nos darão uma informática muito mais "ambiente" do que é hoje.[17]

O acréscimo da mobilidade e da onipresença das tecnologias conectadas poderá nos obrigar a procurar outro termo...

---

16 Consultar livro escrito por Neil Gershenfeld, *Fab, the Coming Revolution on your Desktop. from Personal Computers to Personal Fabrication* (Nova York: Basic Books, 2007).

17 Ver mensagem de Tim O'Reilly de 4 de outubro de 2007, "Today's Web 3.0 Nonsense Blogstorm", disponível em http://radar.oreilly.com/archives/2007/10/web_30_semantic_web_web_20.html.

» Mobilidade+ ou mobiquidade?

Na lista de compras do final de 2007 dos jovens japoneses, os PCs ficaram bem atrás dos fones, das câmeras, dos consoles de *videogame* e de outras parafernálias eletrônicas. Eles se divertem, se conectam e se comunicam de outras formas. A queda nas vendas de *laptops* e de *desktops* começou cinco trimestres mais cedo e continuou a seguir.[18] Um em cada dois japoneses utiliza o celular para enviar e-mails e surfar na web. A Mobagay Town, a rede social que mais cresce, foi concebida exclusivamente para ser utilizada em telefones.

Os japoneses parecem ser assim os primeiros a dar-se conta de que não temos realmente necessidade de processadores mais poderosos e que os discos fixos gigantescos não valem necessariamente o preço pelo qual são vendidos. Trata-se de um primeiro passo na era da mobilidade. No lugar de "web 3.0", seremos talvez levados, para marcar diferença, a falar de "mobilidade 2.0", ou, para libertar-se da referência, de "mobilidade+" (ou "m+", para ser mais rápido no SMS).

Em comentário sobre uma nota publicada no *Transnets*, o consultor Xavier Dalloz sugere o termo "mobiquidade"[19] (mobilidade + ubiquidade).

A própria mobilidade está em plena mutação. Trata-se de dar conta ao mesmo tempo do fato de que, depois do aumento de lugares e de situações, podemos acessar um mundo de informações e de prazeres tão rico (ou mais) e infinitamente mais apaixonante do que aquele que temos diante de nossos computadores e nossas televisões.

---

[18] Mensagem da Associated Press encontrada no Yahoo! em 4 de novembro de 2007, http://news.yahoo.com/s/ap/20071104/ap_on_hi_te/bye_bye_pcs.

[19] Francis Pisani, "Japon: Mobilite+", em *Transnets*, 4 de novembro de 2007, disponível em http://pisani.blog.lemonde.fr/2007/11/04/japon-mobilite/. Ver também site de Xavier Dalloz, http://www.dalloz.com/.

A banda larga sem fio abre uma nova gama de perspectivas.

O surgimento e depois a multiplicação de produtos para a web, como o iPhone da Apple ou o Kindle da Amazon, são sinais. A tendência vai se fortalecer com a chegada ao mercado de computadores ultraportáteis menos poderosos que os *laptops* aos quais estamos acostumados, muito menos caros e completamente suficientes, tais como o EEE da Asus, ou, para os que têm recursos, o MacBook Air da Apple.

A Amazon se enganou com os localizadores GPS oferecidos como presentes de Natal em 2007. Isso quer dizer que as pessoas querem saber precisamente onde estão e aguardam informações úteis. Isso permite às empresas propor-lhes produtos ou serviços nas proximidades. Elas poderão até mesmo, como fazem o Dodgeball.com entre outros, conectar-se aos membros de suas redes que se encontram nos arredores. A dimensão é social, tecnológica e econômica.

■ O FUTURO SERÁ MAIS MÓVEL

Danah Boyd, doutoranda de Berkeley especializada no estudo dos jovens e das redes sociais, que participou do primeiro capítulo, está convencida da importância crescente e "evidente" da mobilidade, como explicou ao longo da entrevista que tivemos com ela.

O telefone móvel nos Estados Unidos vai certamente acabar decolando. Ou um aparelho de comunicação portátil e completo vai se impor. Existe uma forte pressão para "tornar-se móvel". Não somente a telefonia, mas também porque vamos querer não ficar presos diante do computador como estamos hoje. As barreiras não são tecnológicas. Elas nos são impostas pelas operadoras de telefonia móvel. Há tantas coisas que gostaríamos de fazer, mas que não podemos.

[Ela, no entanto, se recusa a dar nome ao fenômeno do qual constata o surgimento.] Eu não quero tentar fazer como todos: a cada cinco anos, é necessário algo novo, uma nova expressão. Há os que acreditam que o futuro será mais "on-line" e aqueles que acreditam que o futuro será mais móvel. Eu acredito que será mais móvel. É a próxima etapa.

Redes sociais, grafo global gigante, web semântica, inteligência embarcada, mundos virtuais (em duas ou três dimensões), mobilidade ou *mobiquidade*, a web de amanhã ainda não tem um nome que nos convença pela análise dos componentes. E nem tudo ainda foi dito. Falta pelo menos um elemento que poderia representar um papel perturbador insuspeito na evolução da web e na sua forma de influenciar as mudanças do mundo.

A rebelião dos usuários ainda é um sinal fraco, como dizem os analistas de tendências, mas ela não pode ser ignorada. Depois do sucesso dos protestos dos usuários do Digg contra um ato de censura da empresa em abril de 2007, vimos, em novembro, uma rebelião igualmente coroada de êxito dos usuários do Facebook contra a forma unilateral como a empresa tratava as informações referentes a eles na criação de um sistema de publicidade eficaz.

O futurólogo Mark Anderson, – que havia previsto o barril de petróleo a cem dólares desde fevereiro de 2005 –,[20] faz da "revolta dos usuários" a sua primeira predição para 2008 e afirma: "Quando os anunciantes se interessam pelas redes sociais, os usuários se rebelam contra essa tendência e, no mundo dessas redes, o poder se desloca do proprietário ao usuário no que diz respeito a questões que vão das regras do Second Life e da proteção dos dados pessoais no Facebook ao faturamento dos telefones móveis. A influência dos usuários se fará sentir de maneira nova".[21]

---

[20] Mark Anderson, "The First to Call $100 Oil", 2 de janeiro de 2008, disponível em http://www.tapsns.com/blog/?p=96.

[21] Mark Anderson, "My Top Ten Predictions for 2008", cit.

É ilusório pensar que a web poderá ser participativa, que ela possa contribuir para mudar o mundo sem vislumbrar que as implicações de poder e de dinheiro não deem lugar a tensões e enfrentamentos. Cada vez mais solicitados e cada vez mais ativos, os usuários têm direito à palavra. É claro que estão dispersos, mas essas multidões dispõem de ferramentas para se comunicar, organizar-se e agir. O sistema necessita de sua participação inteligente para funcionar e fornecer-lhes as ferramentas necessárias. O mais difícil de conceber, quando tentamos compreender do que será feito o amanhã, além das mudanças tecnológicas, é ainda imaginar novas formas de intervenção dos cidadãos da web para fazer-se entender e para influenciar as próprias mudanças.

Posfácio

O espaço (ainda a ser explorado) de uma nova inteligência coletiva

Cuidado, o livro que acabam de ler não os deixará incólumes. Porque, por trás das transformações da internet, existe uma revolução profunda dos cérebros e das mentes que os autores nos deixam entrever. E, por trás dessas mutações individuais, uma profunda mudança da organização social.

Vamos nos deter um instante na transformação dos cérebros. Quem nunca contemplou a Lua esperando ver nela os pensamentos secretos de desconhecidos que nos compreenderiam? Visto que o século XX terminou com o triunfo da imagem, o século XXI começa com uma reabilitação da escrita, a ferramenta que melhor permite exprimir os pensamentos sem distrair-se com as aparências visuais ou auditivas. Já sabemos que podemos a cada momento compartilhar tanto a impressão do instante como os nossos pensamentos profundos com alguém próximo, mas também com simples relações ou com desconhecidos. Isso não impede a nenhum de nós conservar os próprios segredos, mas, ao mesmo tempo, a vida virtual é uma vida que se vive com o cérebro aberto, transformando até a nossa forma de pensar. Não estamos mais sozinhos com nossa vida interior, ou, em todo caso, a sua porta já não está trancada nem reservada a um minúsculo círculo de íntimos, ou, para os crentes, a Deus... Esse é o primeiro grande dado dessa "alquimia das multidões" descrita pelos autores. Se os adolescentes de hoje se interessam mais por seus semelhantes do que pelos mistérios do espaço, ou pelos segredos do mar Vermelho, é porque, com a internet, a exploração da vida interior alheia substituiu a descoberta de mundos desconhecidos como forma de buscar a si próprio.

O segundo grande dado da alquimia das multidões é que essa vida interior a céu aberto é organizada e dividida em temáticas como um romance de Georges Perec. A internet *alquímica* nos ajuda a classificar e a tornar apresentável para qualquer desconhecido o nosso universo mental. Isso é formidável e é perigoso. As imagens – nossas fotos, nossos vídeos preferidos, etc. – tornam-se componentes de um autorretrato impressionista cuja desordem é notavelmente regrada. A regra, já evidente desde o início da web, segundo a qual o maior perigo da internet consiste não no que ela diz, mas nos seus silêncios, aparece hoje mais exata do que nunca. Felizmente, como mostram os autores, a internet oferece também uma forma de reabilitação da diversidade, incluindo a oferta de personagens econômicos que não deixaram de evoluir para uma padronização na segunda metade do século XX. Esperamos que ao lado da "economia da cauda longa", quer dizer, a capacidade de produzir a preço baixo produtos específicos que correspondam à diversidade espontânea dos gostos de cada um, a web saiba também produzir e encorajar um "pensar de cauda longa".

Mas, se muda nossa forma de pensar, a internet permite também a aplicação da inteligência coletiva em condições totalmente inéditas desde as origens da humanidade. Quando o budismo, o cristianismo, o islã redesenham o mundo, eles são sistemas de pensamento construídos desde as origens e revelados por um único profeta. Quanto aos grandes sistemas políticos, eles não são obrigatoriamente fruto da imaginação de uma única pessoa, mas quase sempre criados por um grupo, reunido no espaço e no tempo, de pensadores e de reformadores. A colocação em rede das mentes transforma de verdade as relações de força na sociedade e faz surgir, de alguma forma, modos de vida e de pensar, aspirações e desejos inteiramente novos e, portanto, bastante compartilhados, visto que não foram, em princípio, inspirados por algum guru ou filósofo. Eles são puros produtos de uma inteligência social coletiva. A diferença entre os conflitos da geração de hoje e os da de ontem é que esses últimos estavam sempre inspirados por escritores rebeldes da geração dos pais. Não se pode subestimar a formidável virtude de um porta-voz que permite às massas fazer-se ouvir sem sair às ruas e votar sem fugir correndo. Não é mais necessário ser ingênuo. Evitando toda teoria fácil de um complô organizado por um *big brother* multinacional, os autores nos mostram que o risco existe mesmo vendo uma parte da inteligência coletiva da web sendo confiscada e contrariada por algumas *little sisters* de interesses estreitos. E vemos também como a web pode tornar-se o teatro de novas "febres obsidionais", movimentos de multidões que levavam, na Idade Média, todos os habitantes da cidade para uma de suas saídas, simplesmente porque de boca em boca havia sido noticiada a chegada de uma tropa de homens armados ou um bando de leprosos.

Mas o progresso técnico não para de avançar, num sentido que dará ao usuário cada vez mais a possibilidade de dominar os conteúdos, as facilidades de acesso e também a capacidade de se rebelar contra as práticas ou as ofertas que não lhe agradam. No momento em que muitos se preocupam com as consequências ecológicas da atividade industrial, mesmo reconhecendo a sua utilidade para o bem-estar coletivo, certamente chegou a hora de associar ao impulso da web um verdadeiro esforço durável de desenvolvimento intelectual. 1 + 1 = muitos, nos dizem os autores. Talvez, mas a qualidade da educação, do nível cultural e da consciência ética de cada pequeno 1, quer dizer, de cada "web ator", vai influenciar na capacidade desse “muitos” para nos impelir ao progresso ou nos enviar ao paredão.

Antoine Sire
Diretor de Marca, de Comunicação e de Qualidade do BNP Paribas